오십에 읽는 노자

오십에 읽는
노자

박영규 지음

일에일북스

오십, 인생관이 달라져야 할 때

2,500년 전 중국 춘추전국시대 황실 도서관. 한 남자가 서가 앞에서 걸음을 멈췄다. 내일 모래 육십을 바라보고 있는 그는 머리가 희끗희끗했고 얼굴에는 주름이 깊게 패어 있었다. 젊은 시절부터 학문에 뜻을 두고 한평생 연구자의 길을 걸어온 그였다.

우주의 근원과 삶의 이치, 생명과 평화라는 화두를 끌어안고 연구에 몰두했지만 세상은 그가 추구하는 이상과는 정반대 방향으로 움직이고 있었다. 전국의 제후들은 한 뼘의 영토라도 더 넓히고자 밤낮없이 전쟁에 몰두했고 백성의 삶은 갈수록 피폐해졌다. 마침내 그

는 결심했다. '이제 떠나야 할 때가 되었다.'

사표를 제출한 그는 다음 날 어스름한 새벽 별빛을 바라보며 국경으로 향했다. 관문을 지키던 윤희라는 이름의 국경지기가 그의 앞길을 막아섰다. 학자로서 명성이 자자했기에 윤희는 금세 그를 알아봤던 것이다.

그가 나라를 떠난다는 건 국가로 볼 때 크나큰 손실이었기에 윤희는 한사코 그의 출국을 만류했다. 하지만 그는 뜻을 굽히지 않았다. 한참을 실랑이해봤지만 마음을 돌리지 못하자 윤희는 말했다. "그렇다면 떠나시기 전에 한 말씀 남겨주십시오."

즉석 강연 요청이었다. 남자는 "떠나는 사람이 무슨 할 말이 있겠나?"라며 단박에 강연을 거절했다. 하지만 윤희가 워낙 강하게 나오자 청에 못 이겨 마침내 그 자리에서 5천여 자의 강연을 했다. 주제는 '도(道)란 무엇인가?'였고 강연은 '도(道)'로 시작해 '부쟁(不爭)'으로 끝났다.

'도가도비상도(道可道非常道)'
도라고 말할 수 있는 건 항구적인 도가 아니다.

'성인지도위이부쟁(聖人之道爲而不爭)'
성인의 도는 다투지 않는 것이다.

'도란 다투지 않는 것, 즉 평화'라는 게 강연의 요지였다. 국경지기 윤희를 앞에 두고 즉석 강연을 한 남자의 이름은 '노자'였고, 그가 국경에서 행한 즉석 강연은 『도덕경』이라는 이름의 기록물로 남아 오늘날까지 우리에게 깊은 울림을 주고 있다.

「상경」과 「하경」을 합쳐 81개 장으로 구성된 『도덕경』은 5천여 자의 운문으로 기술된 동양사상서다. 짤막한 분량이지만 담고 있는 철학적 함의는 광활한 우주만큼이나 깊고 오묘하다.

『도덕경』은 『논어』와 더불어 가장 많이 읽히는 동양 고전 중 하나이며 레프 톨스토이, 헤르만 헤세, 칼 구스타브 융과 같은 서양 지식인들에게도 큰 영향을 끼쳤다.

사료(史料)로 남아 있는 노자의 행적은 그리 많지 않다. 사마천의 『사기』 「노장신한열전」에 기록된 노자의 행적이 노자의 삶에 관한 유일한 공식 기록이다. 『장자』에도 노자와 관련된 에피소드가 몇 편 나오지만 우화의 형식을 취하고 있기 때문에 실존 인물로서 노자의 행적이라고 단정지을 순 없다.

과거에는 오십을 넘어 육십이 되어가면 슬슬 인생을 정리해야 하는 시점이었다. 하지만 평균 수명이 늘어나면서 그런 패턴이 깨졌다. 육십은 인생의 제2막으로 접어드는 길목이고 오십은 그때를 위해 잠시 숨을 고르면서 새로운 무대를 준비하는 시기다.

살아온 날만큼 살아갈 날이 남아 있는 인생 후반전 초입에서 무엇을 어떻게 준비해야 할까? 우선 안락하게 살아갈 수 있는 물질적 조건을 갖춰야겠지만 그에 못지않게 영혼의 양식 또한 중요하다. 영육(靈肉)을 두루 강건하게 할 수 있는 준비물을 갖출 때 인생 후반전이 더 편하고 행복하지 않을까?

오십 고개를 넘어설 즈음의 어느 일요일 아침, 그날도 나는 지인들과의 라운딩을 위해 골프채를 메고 현관문을 나서고 있었다. 그동안에는 시간에 쫓겨 허겁지겁 문을 나서느라 거울을 제대로 보지 않았는데, 그날은 무슨 영문인지 현관 신발장 전신 거울에 비친 내 얼굴에 시선이 꽂혔다.

겹겹이 주름진 이마와 흰서리가 무성하게 내려앉은 머리를 보는 순간 온몸에서 힘이 쭉 빠지는 느낌을 받았다. 어깨에 짊어졌던 골프채가 스르르 바닥에 떨어졌고 나는 속으로 내 이름을 부르며 자문했다. '나는 지금 어디를 향해 가고 있는가?'

회한이 밀물처럼 밀려오고 눈물이 차올랐다. 이유는 몰랐다. 특별한 계기가 있었던 것도 아니었다. 하지만 신의 계시처럼 엄습해온 그날의 회한과 눈물이 내 인생 후반기를 바꾸는 전환점이 되었다.

그동안 나는 헛된 것들을 쫓으며 살아왔다. 부질없는 권력과 명성을 추구하느라 삶에서 진짜 소중한 게 무엇인지 모르고 살았다. 어떻게 사는 게 인생을 낭비하지 않고 알차게 사는 건지 돌아보지 못했다.

내 삶의 시작과 끝이라 할 수 있는 가족을 너무 등한시했다. 주중에는 밤늦도록 술을 마시느라 아이들 얼굴 한 번 제대로 보지 못했고, 주말이면 새벽같이 골프채를 메고 집을 나서다 보니 아내가 좋아하는 마블 영화 한 편 같이 본 적이 없다. 시부모 모시랴, 아이들 건사하랴, 학교 나가랴, 아내는 몸이 열 개라도 부족할 만큼 고단한 삶을 살았다. 그런데 돌아보니 아내를 위해 한 게 아무것도 없었다.

그날 이후 나는 술잔과 골프채를 손에서 내려놓았다. 그렇게 번 시간을 아이들을 위해, 아내를 위해 썼다. 그러고도 남는 시간에는 책을 읽었다. 삶의 의미를 깨닫게 해주는 주옥같은 고전들을 벗 삼아 영혼의 허기를 채워나갔다.

노자도 그렇게 만났다. 노자라는 그늘 우거진 나무에 몸을 기댄 채 인생 전반전의 삶을 반추하고 성찰하며 인생 후반전의 밑그림을 그렸다. 『도덕경』을 열 번 읽으니 남은 인생을 어떻게 살아야 하는지 답이 어렴풋이 보이기 시작했다. 스무 번, 서른 번을 읽으니 좀 더 선명하게 보이기 시작했다.

『도덕경』에서 가장 먼저 발견한 삶의 지혜는 '멈춤'이다. 걸음을 멈출 때 비로소 보이는 것들이 있다. 바삐 걸을 때는 길가에 핀 민들레와 제비꽃의 아름다움을 볼 수 없다. 너무 작아서 걸음을 멈추지 않고선 결코 볼 수 없다.

내 삶에도 민들레와 제비꽃처럼 작지만 소중한 것들이 있다. 아이들을 데리고 놀이동산에 가서 회전목마를 탄 시간, 아내와 함께 동네 도서관에서 가서 책을 본 시간, 어머니를 모시고 호수공원에 가서 망중한을 즐긴 시간…. 작지만 아름다운 민들레와 제비꽃들이었다. 하지만 그동안 급히 달리느라 속살을 제대로 보지 못했다.

인생의 반환점을 돌 무렵 노자를 만난 이후 비로소 나는 멈춰 섰다. 걸음을 멈추니 눈에 들어왔다. 노란 민들레와 자줏빛의 제비꽃이 얼마나 아름다운지 알게 되었다. 가족과 함께하는 소박한 시간이 세상 무엇과도 바꿀 수 없는 소중한 선물이라는 사실을 깨달았다.

노자는 말한다. "지지불태(知止不殆) 가이장구(可以長久), 멈출 줄 알아야 위태롭지 않고 오래 간다." 이 구절을 금언으로 삼아 인생 후반전을 느리게 천천히 살아가리라 단단히 마음먹고 있다.

김정운의 『노는 만큼 성공한다』에는 일화 하나가 나온다. 두 농부가 있었다. 수확 철이 되어 두 농부는 함께 벼를 벴다. 한 농부는 쉬지 않고 벼를 벴고, 다른 농부는 중간중간 논두렁에서 쉬었다. 그런데 일이 끝난 후 보니 쉬지 않고 일한 농부보다 쉬어가며 일한 농부의 수확량이 더 많았다.

쉬지 않고 일한 농부가 물었다. "아니, 쉬지 않고 일한 나보다 자네의 수확량이 더 많다니 이게 어찌 된 일인가?" 그러자 쉬어가며 일한 농부가 말했다. "쉬는 동안 나는 낫을 갈았다네."

노자의 『도덕경』을 읽으며 이 이야기의 참뜻을 깨달았다. 일손을 놓고 잠시 쉬는 건 게으름이나 시간의 낭비가 아니라, 새로운 창조를 위해 꼭 필요한 멈춤이고 가장 우아하게 시간을 버리는 것이다.

『도덕경』에서 배운 또 다른 삶의 지혜는 '용서'할 줄 아는 용기다. 인생의 반환점을 돌 무렵의 나는 "그때 내가 왜 그랬지?" "그랬어야 했는데."라는 말을 입에 달고 살았다. 심할 경우 머리를 쥐어 뜯어가 며 자책했다.

하지만 노자는 내 삶의 허물을 책망하지 않았다. 오히려 "그만하 면 잘살았다."라며 내 등을 두드려줬다. 노자를 만난 후 나를 힘들게 하는 나쁜 습관을 많이 내려놓을 수 있었다. 그동안 나는 내 편이 아 니었는데, 노자를 만난 후 비로소 나는 내 편이 되었다.

인생 전반전의 내 삶에 후한 점수를 주지 못한 건 결국 '욕심' 때 문이다. '나 정도면 그보다 훨씬 더 잘할 수 있었는데.'라는 나에 대 한 과신, 오만한 마음이 나를 힘들게 하는 주된 요인이었다. 과한 욕 심이 집착을 낳았고 집착은 괴로움이 되었다.

노자를 만난 후 나는 더 이상 나를 괴롭히지 않는다. 대신 "그만하 면 충분해."라는 말로 나를 격려하고 응원한다. 낙오자라는 열등감 과 패배감을 갖고 살았는데 이제 마음의 짐을 내려놓고 담담하게 인 생 후반전을 살아가고 있다.

무거운 짐 때문에 몸도 편치 못했다. 인생 전반전에 있었던 사건 하나가 발단이 되어 뜻하지 않은 송사에 휘말렸고 극도의 상실감이 겹쳐 번아웃이 찾아왔는데, 노자를 읽으며 나만의 케렌시아(투우사 들이 숨을 고르기 위해 잠시 쉬는 장소)를 찾았다.

인생 전반기 내 삶은 '채움'을 지향했다. 실적, 성과, 재물, 명예를 채우려고 아등바등 살았다. 그러나 채우려 할수록 영혼은 더 큰 허 기를 느꼈다. 빼곡하게 채운다고 채웠는데 '공허'에 시달렸다. 그러면 더 많은 걸 채우고자 나를 몰아세웠고 나는 더 힘들어졌다.

그러다 노자를 만난 후 존재의 본질은 채움이 아니라 '비움'이라는 사실을 깨달았다. 소유와 욕망, 생각을 비우면 비울수록 삶이 더 충만해진다는 역설을 노자에게서 배웠다. 『도덕경』에 '거피취차(去彼取此)'라는 구절이 있는데, 나는 채움이라는 저것을 버리고[去彼] 비움이라는 이것을 취했다[取此].

결핍에 시달리던 시절에도 나는 삶의 본질을 유지하는 데 필요한 모든 걸 가지고 있었다. 다만 만족하지 못했을 뿐이다. 위로 견주면 모자라고 아래로 견주면 남는다고 했는데, 위로만 견주려 했다.

그러다 보니 늘 부족했고 허기졌다. 내가 가진 검(劍)은 내 삶을 행복하게 영위하기에 충분할 만큼 날카로웠고 재물도 먹고살 만큼 되었다. 그런데 나는 '조금만 더, 조금만 더' 하며 검을 더 날카롭게 벼리려 했고 더 많이 모으려 했다. 그런 욕심이 삶에 허물을 남겼고 그 때문에 힘들었던 것 같다.

부족하다고 여기면 한없이 부족하지만 충분하다고 여기면 모든 게 넘쳐난다. 가진 것에 만족하지 못하면 늘 가난하지만 가진 것에 만족하면 여느 재벌 부럽지 않은 부자다.

인생 후반전이 편하기 위해선 전반전에 짊어졌던 마음의 짐부터 내려놓아야 한다. 자책하는 마음과 회한을 내려놓아야 자유로워진다. 하늘 나는 새가 배낭을 메지 않듯 먼 길 떠나는 여행자는 무거운 짐을 지지 말아야 한다. '한 발만 더' 하는 욕심을 내려놓아야 한다.

적당한 지점에서 멈추는 게 결코 쉬운 일은 아니다. 눈앞에 황금이 주렁주렁 매달려 있는 낙원이 있는데 목전에 두고 걸음을 멈추는 건 악마의 달콤한 유혹을 뿌리치는 것만큼이나 어렵다. 어지간한 의지와 결단, 용기가 없으면 해내기 어렵다. 그럴 때마다 노자의 『도덕경』 명구들을 외워보면 어떨까? 마법 같은 힘을 가져다줄 것이다.

나는 요즘 『도덕경』과 함께 명리학 책을 자주 본다. 명리학에 관심을 가지는 건 타인의 운명을 들여다보는 신묘한 재주를 얻고자 함이 아니다. 내 운명의 지평을 스스로 가늠해보고 인생 후반기를 좀 더 소박하고 단순하게 살려는 뜻에서다.

나는 운명에 끌려가고 싶지 않다. 그렇다고 대놓고 거역하고 싶지도 않다. 주어진 운명의 파도에 몸을 맡긴 채 손에 쥔 작은 노를 요령껏 저을 수 있는 지혜를 터득하고 싶다.

나의 사주팔자에는 금 기운이 세 개 있고 수 기운이 두 개 있다. 그리고 목 기운과 화 기운, 토 기운이 각각 하나씩 있다. 삶의 토대를 단단하게 구축하면 비교적 균형 있게 인생을 마무리할 수 있는 사주를 타고났다.

좌로도 우로도 치우치지 않는 '중용'의 삶을 사는 게 내 인생 후반기의 소망인데, 사주대로만 살면 큰 허물을 남기지 않고 인생을 마무리할 수 있는 구조다. 『도덕경』을 삶의 지표로 삼고 명리학으로 노를 저으며 인생 후반기를 살아가면 삶의 말년을 곱게 물들일 수 있을 것 같다.

공자는 『논어』에서 오십을 '지천명(知天命)'이라 하고 육십을 '이순(耳順)'이라 했다. 나이 오십에는 천명을 깨닫고, 육십에는 자연의 섭리에 맞게 살아간다는 의미다.

노자는 『도덕경』에서 천명과 섭리의 현실적 규범으로서 '지지(知止)'와 '신퇴(身退)'를 제시했다. 나이가 들수록 욕심 앞에서 걸음을 멈추고 몸을 뒤로 물리는 게 지혜로운 처신이라는 가르침이다.

천명과 자연의 섭리에 맞게 사는 삶의 모습이다. 나도 그렇게 살고 싶다. 이 책은 나의 그러한 소망을 담아 지은 것이다. 그러하기에 이 책은 인생 전반전에 대한 반성문이자 인생 후반전을 준비하는 나에게 바치는 나만의 『도덕경』이다.

박영규

목차

1부 | 이제 속도가 아니라 방향이다 : 멈춤

5부 | 삶의 군더더기를 덜어내는 법:조화

1부

이제 속도가 아니라
방향이다

멈춤

'한 걸음만 더' 하는 순간 멈추는 지혜

정지

만족할 줄 아는 사람은 치욕을 당하지 않고
적당할 때 그칠 줄 아는 사람은 위태로움을 당하지 않는다

知足不欲 知止不殆
지족불욕 지지불태

"소화가 잘되는 음식을 위주로 천천히 조금씩 먹는 게 최고의 건강 비결이다." 허준의 『동의보감』에서 이런 내용을 읽은 후 식습관 두 가지를 고쳤다.

첫째, 빨리 먹는 습관을 느리게 먹는 습관으로 바꿨다. 숟가락을 들자마자 누가 쫓아오기라도 하는 것처럼 급하게 먹는 게 예전의 내 식습관이었는데, 요즘은 '세월아 네월아' 하면서 천천히 먹는다. 아내와 딸아이가 숟가락을 놓은 후에도 한참 동안 식탁에 앉아 뭉그적거린다. 그러다 보니 자연스럽게 내 담당인 설거지가 늦어진다.

하지만 설거지가 조금 늦어진다고 큰 탈이 나진 않는다. 대신 내장 건강이 눈에 띄게 좋아졌다. 예전에는 툭하면 장에 탈이 나 병원 신세를 졌는데 요즘은 배가 아파 병원을 찾는 경우가 거의 없다.

또 하나 고친 건 많이 먹는 습관이다. 예전에는 배가 부르다는 느낌이 완전히 들 때까지 숟가락을 놓지 않았는데, 요즘은 배가 부르다는 느낌이 들기 전에 숟가락을 놓는다. 밥의 양을 3분의 2로 줄이고, 식사 후 과일을 먹을 때 '하나만 더 먹고 그만 먹어야지.'라는 생각이 들면 바로 손에서 포크를 내려놓는다.

간단한 원칙 같지만 이 습관이 가져다주는 효과가 매우 큰 것 같다. 속이 더부룩한 느낌이 확실히 줄었고, 자고 일어난 후 속이 불편한 증상이 많이 사라졌다.

식습관 개선과 함께 식사 후 곧바로 자리에 눕거나 소파에 앉는 습관도 고쳤다. 대신 거실과 안방, 복도를 왔다 갔다 하면서 10여 분 정도 걷는다. 그런 후 악력기나 아령 같은 기구를 들고 간단한 근력 운동을 한다.

허준은 『동의보감』에서 "식사를 마친 후 100걸음을 걷는 것만으로도 많은 질병을 예방할 수 있다."라고 했다. '겨우 100걸음으로?'라는 생각이 들 수도 있겠지만 따라해보니 허준의 말이 과히 빈말 같진 않다. '100걸음'이라는 걸음 수가 중요한 게 아니라 식사 후 신체의 모드를 정지 상태에서 활동 상태로 바꾼다는 게 중요한 것 같다.

남자보다 여자의 평균 수명이 긴 건 습관의 차이에서 기인하는 바가 크다는 게 내 생각이다. 식사를 끝낸 후 여자들은 대개 설거지를 하거나 부엌 바닥 청소를 하느라 몸을 움직인다. 남자들은 대개 소파에 앉아 텔레비전을 보거나 일찌감치 자리를 깔고 눕기도 한다. 요즘에는 그런 풍경이 많이 사라졌지만 예전에는 어느 집 할 것 없이 흔하게 볼 수 있는 풍경이었다.

식사 후 신체 모드를 정지 상태로 두느냐 활동 상태로 두느냐의 차이가 평균 수명 4~5년의 차이를 결정짓는 요인으로 작용하는 것이다. 아버지와 어머니의 경우를 떠올리면 맞는 것 같다.

아버지는 전형적인 식사 후 정지 모드셨고 어머니는 그 반대셨다. 아버지는 옛날 드라마에서 많이 봤듯 식사가 끝나면 곧바로 곰방대를 입에 물곤 "재떨이 가져오너라." 하고 호령하던 유형이셨고, 어머니는 식사 전후 부엌에서 부지런히 몸을 움직이는 유형이셨다. 여든 살 초반에 돌아가신 아버지와 아흔이 넘도록 살아계시는 어머니의 수명은 벌써 10년 이상 벌어지고 있다.

나는 인생의 반환점을 돌아 나이 육십 줄에 접어든 남성이다. 내가 아버지를 닮아 지금까지도 여전히 식사 후 신체 모드를 정지 상태로 유지하고 있었으면 탈이 났을 것이다. 다행히 나는 조금 늦었지만 그런 습관을 고쳤다. 그 때문인지 몰라도 예전에는 걸핏하면 몸이 고장 나 자리에 누웠는데 요즘에는 비교적 건강하게 잘 지내는 편이다.

일상에서도 '한 걸음만 더' 하는 순간 바로 멈추는 습관을 들이고 있다. 마트나 백화점 같은 곳에 가서 물건을 살 때 손에 집어 들었다가도 '이게 꼭 필요한지'를 따져본 후 그렇지 않다는 판단이 서면 곧바로 진열대에 다시 내려놓는다. 원고를 쓸 때는 '한 꼭지만 더 쓰고 쉬어야지.' 하는 생각이 들 때 바로 마우스에서 손을 뗀다.

허준의 『동의보감』이 하나의 계기로 작용했지만, 그보다 인생 후반전에 접어들며 읽은 노자의 『도덕경』이 근본적인 요인으로 작용했다. 『도덕경』에서 나는 '멈춤의 지혜'를 배웠다.

노자는 말한다.

"명성과 몸 중 무엇이 더 중요한가? 몸과 재산 중 무엇이 더 소중한가? 얻는 것과 잃는 것 중 어느 쪽이 더 큰 병인가? 지나치게 좋아하면 크게 낭비하고 너무 많이 쌓아 두면 크게 잃는다. 만족할 줄 아는 사람은 치욕을 당하지 않고 적당할 때 그칠 줄 아는 사람은 위태로움을 당하지 않으니 오래오래 삶을 누리게 된다."

名與身孰親(명여신숙친) 身與貨孰多(신여화숙다) 得與亡孰病(득여망숙병) 是故甚愛必大費(시고심애필대비) 多藏必厚亡(다장필후망) 知足不辱(지족불욕) 知止不殆(지지불태) 可以長久(가이장구)

_『도덕경』 44장

봄여름을 지나 가을에 접어들면 왕성하던 식물들에서 물이 빠지고 단풍이 들기 시작하듯, 사람의 신체도 나이 오십을 넘어서면 서서히 물이 빠진다. 그럴 때 마음만 앞세워 성성한 시절처럼 행동하다간 화를 당하기 쉽다.

사람마다 정도와 결이 조금씩 다르겠지만 대체로 인생 후반기에는 삶의 무게 중심을 공성보다 수성에 두는 게 현명하다. 나이가 들수록 욕심 앞에서 걸음을 멈추는 지혜가 필요하다.

장량이 발휘한
멈춤의 지혜

유방을 도와 천하통일에 큰 공을 세운 한신과 장량의 경우가 그랬다. 한신은 내친김에 본인이 황제가 되려고 한 걸음 더 내딛다가 목숨을 잃었다. 화(禍)는 한신 한 사람에 그치지 않았고 일가친척이 모두 멸문지화를 당했다.

장량은 한신과 거꾸로 처신했다. 유방은 장량의 혁혁한 공로에 걸맞게 큰 규모의 식읍을 주겠다고 했다. 하지만 장량은 토사구팽이 권력의 속성임을 잘 알고 있었다. 그래서 큰 규모의 식읍을 마다하고 중간 규모의 식읍을 자청했다.

지방으로 내려간 후에는 주민들의 민생을 살피는 데만 열중했을 뿐 중앙 정치 무대에는 일체 발걸음을 내딛지 않았다. 멈춤의 지혜를 발휘한 장량은 인생 후반기에 일신의 안락을 도모하며 유유자적하는 삶을 살았다.

한 걸음의 차이가 큰 차이를 만든다. 생사를 가르기도 하고, 한신과 장량의 예처럼 역적으로 남을지 충신으로 남을지를 가르기도 한다. 그랜드캐니언의 경치가 아무리 좋아도 벼랑 끝에선 걸음을 멈춰야 한다. 그렇지 않고 '한 걸음만 더' 하는 마음으로 앞으로 나아가다가는 절벽 아래로 떨어져 목숨을 잃을 수 있다.

정치인들이나 공직자들, 기업인들 가운데 '한 걸음만 더' 하다가 평생 쌓아 올린 명성과 재물을 하루아침에 잃어버리는 사례를 얼마나 많이 보는가? 그들은 노자의 말처럼 만족할 줄 몰라 치욕을 당하고, 적당할 때 그칠 줄 몰라 위태로움에 처했다.

나도 한때 그렇게 살았다. 하지만 지금은 삶의 모드를 바꿨다. 인생 후반전 내 삶의 속도를 늦추고 욕심이 차오를 때 멈추는 습관을 들이니 다른 세상이 보인다.

바람 부는 대로 물 흐르는 대로 사는 삶

순리

하늘은 도를 법으로 삼고
도는 자연을 법으로 삼는다

天法道 道法自然
천법도 도법자연

집에서 엎어지면 코 닿을 거리에 서울식물원이 있다. 이사 올 땐 없었는데 4년 전 개장했다. 최근엔 LG아트센터라는 대규모 오페라 공연장이 식물원 입구에 들어서서 간간이 문화생활도 즐기고 있다.

전세살이를 전전하다가 '강서구 마곡동 미분양 아파트 선착순 분양'이라는 신문 공고를 보고 서울주택도시공사(Sh) 강당에 가서 제비뽑기로 분양받은 집인데, 이사 와서 보니 이런 호재들이 있다. 덕분에 나는 인생 후반기 뜻하지 않은 호사를 누리고 있다.

식물원이 가까이 있다 보니 매일 산책하는 버릇이 생겼다. 특별히 준비할 것도 없이 집에서 입는 옷 그대로 운동화만 신고 나서기만 하면 되니 산책하는 일이 식은 죽 먹기처럼 간편하다.

하루이틀 하다 보니 어느새 일상이 되었다. 오전에 글을 쓰고 오후에 책을 읽는 게 내 루틴인데 오후 다섯 시쯤 되면 '산책 나갈 시간입니다.' 하고 몸이 자동으로 반응한다. 1년 365일 가운데 300일 이상은 산책을 한다.

지금의 건강을 유지하는 데 일등 공신이 바로 산책 아닌가 싶다. 한때 혈압이 높아 고혈압약까지 처방받았는데 산책이 일상화된 후엔 혈압이 정상으로 돌아왔다. 2년마다 한 번씩 받는 정기 검진 때 내 혈압은 늘 정상이다. 콜레스테롤, 혈당 수치 등도 모두 정상이다.

식물원에선 자연을 접할 수 있다. 이식해서 심은 식물들이라 순수한 모습의 자연은 아니지만 시간이 흐르니 자연스럽게 자연의 모습을 갖춰 간다. 그러니 식물원의 꽃과 나무들을 자연이라 불러도 크게 부자연스럽진 않다. 빌딩들만 성냥갑처럼 빼곡하게 들어차 있는 도심에서 이나마 자연을 일상적으로 접할 수 있다는 건 여간한 행복이 아니다.

자연 속을 걸으며 하루를 마무리할 수 있다는 사실 그 자체만으로도 내겐 큰 기쁨이다. 덩달아 꽃이 피었다가 지고 단풍이 들었다가 낙엽이 되어 떨어지는 계절의 흐름을 지켜보며 세상살이의 이치를 깨닫기도 하는데, 그런 의미에서 식물원은 인생 후반전 내 삶의 스승이라고 해도 과언이 아니다.

자연은 서두르는 법이 없다. 언제 봐도 느긋하고 여유가 있다. 즐겨 찾는 식물원의 연못엔 봄여름에 수련과 연꽃이 차례로 핀다. 식물에 조예가 없었던 시절 나는 수련과 연꽃이 같은 식물인 줄 알았다. 형제지간이긴 하지만 서로 다른 식물이라는 걸 최근에 알았다.

수련은 물 표면에 붙어 피는데 부처님 오신 날에 맞춰 피기 시작한다. 연꽃은 물 표면으로부터 한 자 정도 올라와 꽃을 피우고 개화 시기는 수련보다 한 달 정도 늦다. 3~4년 동안 직접 관찰한 결과 둘 사이에 개화의 순서가 뒤바뀌는 일은 없다.

수련이 주변에 피어 있는 매화나 진달래를 시샘해 개화 시기를 일찍 당기는 일은 결코 없고, 연꽃이 자신보다 일찍 피는 수련을 시샘해 꽃망울을 성급하게 터뜨리는 일도 없다. 때가 되면 피었다가 때가 되면 지는 게 자연의 순리다.

서울식물원에는 4천여 종의 식물이 있다. 우리나라에서 자라는 고유한 토종 식물도 있고 외국에서 건너온 종들도 있다. 봄이 되면 여기저기 흐드러지게 피는 식물 중에 조팝나무가 있는데, 이 조팝나무에도 수십여 종이 있다. 색깔도 다양하다. 가장 흔하게 보는 일반 조팝나무는 흰색을 띠고 일본산인 골드마운드는 황금색, 삼색조팝은 분홍색으로 피어난다.

늘 같은 색, 같은 자리에서 피었다가 때가 되면 진다. 남의 자리가 탐나 밀쳐내고 그 자리를 차지하는 일도 없고 옆자리의 식물 색깔이 곱다고 그 색으로 자신을 꾸미지도 않는다.

늘 자신의 고유한 모양과 빛깔로 자리를 묵묵히 지킬 뿐 분수 밖의 욕심을 부리지 않는다. 조팝나무만 그런 게 아니라 이팝나무도 그렇고 산수유, 목련, 영산홍, 보리수 등 식물원을 장식하고 있는 모든 식물이 그런 순리에 따라 피고 진다.

노자는 말한다.

> "도도 크고 하늘도 크고 땅도 크고 임금도 크다. 세상에는 네 가지 큰 게 있는데 왕도 그 가운데 하나다. 사람은 땅을 법으로 삼고 땅은 하늘을 법으로 삼고 하늘은 도를 법으로 삼고 도는 자연을 법으로 삼는다."

> 道大(도대) 天大(천대) 地大(지대) 王亦大(왕역대) 域中有四大(역중유사대) 而王居其一焉(이왕거기일언) 人法地(인법지) 地法天(지법천) 天法道(천법도) 道法自然(도법자연)
>
> _『도덕경』 25장

자연은 위대한 스승이다. 그래서 노자는 '도(道)'가 자연을 법으로 삼는다고 했다. 순리대로 산다는 것의 의미를 자연을 통해 깨닫는다. 욕심을 내려놓고, 서두르지 않고, 분수와 자리에 맞게 하루하루를 여유롭고 너그럽게 살아가는 게 자연을 닮은 삶이다.

바람이 불면 부는 대로 물이 흐르면 흐르는 대로 허허롭게 사는 게 순리대로 사는 삶이다. 아등바등 살아봐야 키 한 자도 늘릴 수 없는 게 우리 인생이다. 인생 후반전에 이르러 동네 근처 자연을 벗 삼아 살다 보니 '산은 산이요 물은 물이로다.'라고 하는 선불교의 화두가 마음에 절로 스며든다.

자연과 더불어 살아가는
인디언의 삶

인디언은 영국, 네덜란드 등 유럽 각지에서 신대륙으로 이주해온 백인에게 삶의 터전을 내줬다. 역사의 이면을 들여다보면 내줬다기보다 빼앗겼다는 표현이 더 적절할 것 같다. 백인이 역사의 승자일지 모르지만 정신적인 면에선 백인이 패자고 인디언이 승자다.

백인은 자연을 수탈의 대상으로 여겼다. 하지만 인디언은 달랐다. 인디언에게 자연은 삶의 한 축이었고, 대지는 그들의 영혼을 살찌우는 어머니였다.

류시화 시인이 편찬한 『나는 왜 너가 아니고 나인가』에 나오는 시애틀 추장의 연설문은 순리대로 사는 삶이 어떤 것인지에 대해 많은 걸 생각하게 한다.

"워싱턴 대추장(대통령)이 우리 땅을 사고 싶다는 전갈을 보내왔다. 백인들은 참으로 이해할 수 없는 종족이다. 어떻게 저 하늘이나 땅의 온기를 사고팔 수 있는가? 공기의 신선함과 반짝이는 물을 우리가 소유하고 있지도 않은데 어떻게 그것들을 팔 수 있다는 말인가? 우리에게는 이 땅의 모든 것들이 신성하다. 빛나는 솔잎, 모래 기슭, 어두운 숲속 안개, 맑게 노래하는 온갖 벌레들, 이 모두가 우리의 기억과 경험 속에서는 신성한 것들이다. 우리가 죽어서도 이 아름다운 땅을 결코 잊지 못하는 것은 이것이 바로 우리들의 어머니이기 때문이다. 쏙독새의 외로운 울음소리나 한밤중 못가에서 들리는 개구리 소리를 들을 수가 없다면 삶에는 무엇이 남겠는가? 인간들은 바다의 파도처럼 왔다가는 간다."

—류시화,『나는 왜 너가 아니고 나인가』

인생 후반전, 영혼이 메마른 느낌이 들 때마다 인디언의 잠언집을 펼친다. 자연의 가르침과 순리의 의미를 깨닫곤 새삼 마음의 옷깃을 고쳐 맨다.

잘 물든 단풍은 봄꽃보다 아름답다

성숙

천지가 서로 합해
감로가 내린다

天地相合 以降甘露
천지상합 이강감로

　7~8월의 무더위가 한풀 꺾이고 선선한 바람이 불어올 즈음이면 식물원에도 가을이 찾아온다. 내겐 화살나무가 가을의 전령사다. 장롱 속 깊숙이 넣어두었던 긴팔 옷을 꺼내 입고 산책을 나서면, 코오롱 R&D센터 쪽 출입구 방면에 죽 늘어서 있는 화살나무가 가장 먼저 계절의 변화를 알린다.

　가을 단풍 하면 뭐니 뭐니 해도 노란 은행나무와 붉은 단풍나무가 대표적이지만 물이 드는 순서로 보면 화살나무가 선두주자다. 허리 높이 정도의 나지막한 화살나무는 9월 초입이면 벌써 울긋불긋한 기운이 감돈다.

　이름만큼 세월을 달리는 속도가 빠르다. 빨리 물들면 빨리 떨어질 텐데 화살나무 단풍잎은 그래도 제법 오래 간다. 다른 식물들에 본격적으로 물이 올라오는 10월 초순 무렵에도 화살나무 단풍은 아름다운 자태를 뽐내며 눈길을 사로잡는다.

　계수나무도 단풍이 제법 일찍 드는 축에 속한다. 식물원을 산책하며 옛날 동요 속에서나 들었던 계수나무를 처음으로 봤다. 나뭇잎이 보름달처럼 큰 줄 알았는데 직접 보니 반달 모양의 송편보다도 더 작다. 플라타너스처럼 잎사귀가 큼직큼직한 식물들도 있는데 계수나무 잎사귀는 아기자기하다.

　담백한 노란색으로 물든 작고 깜찍한 계수나무 잎사귀들은 수수하고 단아한 모습이 좋아 보인다. 공짜로 이용할 수 있는 식물원 외곽 공원보다 유료로 운영되는 주제원(보타닉가든)에 핀 계수나무가 더 멋지다. 그래서 10월이면 계수나무 단풍의 제대로 된 정취를 카메라에 담기 위해 가끔 지갑을 연다.

　단풍색이 변하지 않고 오래 가기로는 남천이 으뜸이다. 이름조차 들어본 적이 없는 나무인데, 유심히 지켜보니 묘한 매력이 있다. 서울식물원에는 도시 정원 형태의 꽃밭들이 군데군데 조성되어 있는데, 남천은 가장 먼저 조성된 '도시의 틈새'라는 이름을 가진 정원 입구에 한 무더기가 피어 있다.

　그리고 배달, 선덕, 화랑, 단심 등의 이름을 가진 무궁화 수십 종을 심어 놓은 '무궁화 동산'도 있다. 그 옆에 또 한 무더기의 남천이 피어 있다.

산책할 때마다 지나다니는 길이라 두 군데의 남천을 매일 같이 본다. 신기한 건 가을이 저만치 물러가고 차가운 겨울바람이 불어올 즈음에도 남천의 단풍색은 전혀 변하지 않는다는 사실이다.

식물원의 가을을 수놓던 단풍잎들이 모두 떨어져 대지의 품으로 돌아갈 때도 남천은 홀로 붉은 가을 색으로 남아 있다. 더 놀라운 건 눈보라가 휘몰아치는 한겨울에도 남천 단풍은 그 모습을 그대로 유지한다는 것이다.

눈이 몹시 오는 날, 혹시 하는 마음으로 찾아봐도 남천은 여전히 붉은색으로 피어 있다. 남천의 붉은 단풍잎 위에 살포시 얹혀 있는 눈꽃은 묘한 신비감을 자아낸다. 그 모습을 카메라에 담고자 폭설이 내리던 날 우산을 받쳐 들고 식물원을 찾은 적도 있다.

남천의 단풍이 떨어지는 건 이듬해 3~4월이다. 다른 식물들이 새 싹을 틔울 때 남천은 비로소 옷을 갈아입는다. 남천의 일반적인 속성인지 서울식물원 남천만의 특유한 현상인지 식물에 문외한인 나로선 판정을 내리기가 어렵다.

하지만 분명한 건 내가 관찰한 남천의 단풍은 가을에 물들기 시작해 겨우내 그 모습을 그대로 유지하다가 이듬해 봄에 비로소 떨어진다는 사실이다.

곱게 물든 단풍은 봄꽃보다 아름답다. 붉은 물감을 뿌려놓은 것 같은 화살나무의 단풍이나 은은하고 담백한 노란색의 계수나무 단풍, 북풍한설에도 끄떡없이 견디는 남천의 단풍은 특히 그렇다. 봄에 피는 매화나 산수유, 목련보다 단풍이 더 애틋하고 아름답다.

만추지절(晩秋之節), 나는 그들을 지켜보며 '나도 단풍잎처럼 곱고 담백하게 인생 말년을 물들이고 싶다.'라고 다짐을 한다. 그리고 뜻하지 않은 역경이 내 삶을 덮쳐도 남천처럼 꿋꿋하게 견디리라 마음먹는다.

노자는 말한다.

"도란 항구적으로 이름을 붙일 수 없다. 질박한 통나무처럼 작아 보이지만 천하에 이를 다스릴 신하는 없다. 제후나 왕이 이를 지킬 줄 알면 만물이 장차 저절로 번창하고 천지가 서로 합해 감로가 내리고 백성은 법이 없어도 저절로 균등해진다."

道常無名(도상무명) 樸雖小(박수소) 天下莫能臣也(천하막능신야) 侯王若能守之(후왕약능수지) 萬物將自賓(만물장자빈) 天地相合(천지상합) 以降甘露(이강감로) 民莫之令而自均(민막지령이자균)
_『도덕경』 32장

사람은 대체로 나이가 들며 부드러워진다. 세월이 그렇게 만든다. 바닷가 조약돌을 부드럽게 만드는 건 영겁의 세월 동안 밀려왔다 빠져나가는 파도다. 파도에 실려 오는 세월의 힘이 조약돌을 부드럽게 만들 듯 사람도 세월의 힘으로 유연해진다. 육십 문턱을 넘고 보니 보인다. 인생은 억지로 붙잡으려 한다고 붙잡을 수 있는 게 아니라 순리에 맡기는 게 가장 좋다는 걸 인생 전반전엔 깨닫지 못했다.

톨스토이와 법정 스님의
잘 물든 단풍

노자의 말처럼 '도'란 인위적으로 이름 붙일 수 있는 고정된 사물이 아니다. 삶에서의 '도'도 그러하다. 봄여름가을겨울 사계절의 변화에 맞춰 순리대로 살아가는 게 도에 가까운 삶이다.

봄에는 꽃으로 피고 여름에는 청청한 푸른 잎을 휘날리다가 가을이 되면 단풍으로 물들고 겨울에는 자신을 내려놓고 떠날 준비를 하는 게 자연스러운 삶의 도다. 단풍 들 시절에 봄꽃을 시샘한다고 청춘으로 돌아갈 수 있는 것도 아니고, 행여 단풍이 떨어질까 두려워 억지로 부여잡는다고 오는 세월을 막을 수 있는 것도 아니다.

자연의 이치에 순응하며 살면 내면은 성숙해지고 인간관계는 부드럽고 원만해진다. '천지가 서로 합해 감로가 내리고 백성은 법이 없어도 저절로 균등해진다.'라는 구절에는 그런 의미가 담겨 있다.

톨스토이와 법정 스님은 인생 후반전의 길잡이로 삼는 스승들이다. 내가 첫 번째와 두 번째 손가락으로 꼽는 잘 물든 단풍들이다.

톨스토이는 젊은 시절 불꽃처럼 살았다. 지주의 아들로 태어나 경제적으로 윤택한 삶을 살았고, 질풍노도와 같은 청년기를 보냈다. 그러나 인생 말년에는 모든 걸 내려놓는 무소유의 삶을 살았다.

대표작 『안나 카레니나』에 나오는 브론스키와 안나가 봄꽃 시절의 톨스토이였고, 「두 노인」에 나오는 예리세이가 단풍 시절의 톨스토이였다. 브론스키와 안나의 삶은 봄꽃처럼 화려했지만 허무했다. 예루살렘으로 순례를 떠났다가 가진 돈을 몽땅 털어 가난한 농부를 도와준 예리세이의 삶은 화려하진 않았지만 아름다웠다.

법정 스님의 삶은 그 자체가 비움이었고 무소유였다. 법정 스님은 단 한순간도 재물에 집착하지 않았다. 백석의 애인이었던 김영한으로부터 시가 1천억 원이 넘는 대원각을 시주받아 길상사를 창건했지만, 그곳에서 단 한순간도 머무르지 않고 강원도 산골의 오두막에서 검소하고 간소한 삶을 살다 갔다.

톨스토이와 법정 스님처럼 나도 인생 후반전을 단순하고 담백하게 살고 싶다. 요즘 내 머리맡에 노자의 『도덕경』과 톨스토이 전집, 그리고 법정 스님의 저서들이 자주 머무르는 까닭도 여기에 있다.

오십에는 절로 맑아지는 흙탕물처럼

누가 능히 탁한 걸 고요하게 해
서서히 맑아지게 한다

孰能濁以 靜之徐淸
숙능탁이 정지서청

비틀즈는 내가 가장 좋아하는 아티스트다. 그들을 가수, 밴드 혹은 그룹이라는 이름으로 부르지 않고 '아티스트'라고 하는 이유는 말 그들에게서 예술가의 혼이 느껴지기 때문이다.

요즘 젊은 세대에겐 BTS(방탄소년단)가 타의 추종을 불허하는 최고의 그룹이겠지만 1970~1980년대에 청춘의 시기를 보낸 내 또래에겐 비틀즈가 단연 첫 손가락에 꼽히는 그룹일 것이다. 그중에서도 나는 비틀즈의 빅팬이자 마니아다.

내가 비틀즈를 좋아하게 된 건 〈예스터데이〉나 〈렛 잇 비〉 같은 노래 때문이었지만, 그들의 삶에 담긴 서사와 4인조 그룹의 결성 배경 등을 알고 나서부턴 존경심을 갖게 되었다.

사람들이 주로 기억하는 비틀즈는 화려한 무대 조명을 받으며 공연하는 모습이지만 무대에서의 퍼포먼스가 있기까지 쏟아부은 땀과 눈물, 열정이 없었더라면 아티스트 비틀즈는 탄생할 수 없었다. 그들은 긴 세월 리버풀의 음침한 뒷골목 바에서 무명 가수로 노래를 부르고 악기를 연주하고 드럼을 두드렸다.

비틀즈의 〈렛 잇 비〉는 내 18번 곡이다. 그래서 친구들이나 직장 동료들과 노래방에 갈 때면 항상 〈렛 잇 비〉를 불렀다. 그리고 또 한 번 내게 마이크가 오면 19번 곡인 〈예스터데이〉를 불렀다.

〈렛 잇 비〉는 특히 가사가 너무 마음에 들어 요즘에도 가끔 흥얼거린다.

　　"내가 지치고 힘들 때
　　어머니는 내게 오셔서 지혜의 말씀을 하셨죠.
　　애야 가만 두렴, 가만 둬, 가만 둬."

노자의 『도덕경』을 본격적으로 접하고 관련된 책을 쓰는 연구자의 신분이 되면서 나는 비틀즈의 〈렛 잇 비〉를 더 사랑하게 되었다. 노자 사상의 요체를 흔히 '무위자연(無爲自然)'이라고 하는데 비틀즈의 〈렛 잇 비〉가 여기에 가장 잘 들어맞는 노래이기 때문이다.

그래서 노자 강의를 할 때면 내 육성으로 짤막하게 위 노랫말을 부른 후 강의를 이어간다.

무위는 '아무것도 하지 않는 것', 즉 가만히 두는 것이고 자연은 '스스로 존재하는 것'이므로, 무위와 자연 두 단어를 합쳐 '저절로 해결되도록 아무것도 하지 않은 채 가만히 둔다.'라는 의미로 무위자연이라는 말을 쓴다.

『도덕경』에는 무위자연이라는 형태로 완성된 사자성어가 단 한 번도 나오지 않지만, 그 속뜻을 짚어 노자 사상의 핵심을 무위자연이라고 부르는 것이다.

무위자연을 떠올리게 하는 구절들은 『도덕경』 곳곳에 등장하지만 그 가운데서도 15장 본문에 나오는 '숙능탁이정지서청(孰能濁以靜之徐清)'이라는 구절을 백미로 꼽을 수 있다는 게 내 생각이다.

노자는 말한다.

"도의 모습을 자세히 알 길은 없지만 드러난 모습을 가지고 대강 형용하자면 겨울에 강을 건너듯 신중하고 사방의 이웃을 대하듯 조심스럽고 통나무처럼 도탑고 계곡처럼 확 트이고 흙탕물처럼 탁하다. 누가 능히 탁한 걸 고요하게 해 서서히 맑아지게 하고 누가 능히 가만히 있던 걸 움직여 서서히 생동하게 할 수 있을까. 도를 간직하고 있는 사람은 채우려 하지 않는다."

夫唯不可識(부유불가식) 故强爲之容(고강위지용) 豫焉若冬涉川(예언약동섭천) 猶兮若畏四隣(유혜약외사린) 敦兮其若樸(돈혜기약박) 曠兮其若谷(광혜기약곡) 混兮其若濁(혼혜기약탁) 孰能濁以靜之徐淸(숙능탁이정지서청) 孰能安以久動之徐生(숙능안이구동지서생) 保此道者(보차도자) 不欲盈(불욕영)

_『도덕경』 15장

15장에서 노자는 도의 속성을 흙탕물에 비유했다. 흙탕물을 깨끗하게 하려고 인위적으로 휘저으면 더 탁해진다. 흙탕물이 맑아지게 하는 방법은 그냥 그대로 가만히 두는 것이다. 가만히 두면 시간이 지나며 흙탕물은 저절로 맑아진다.

본문에 쓰인 정(靜)과 서(徐), 두 글자에서 '도란 곧 무위자연'이라는 노자의 속뜻을 짚어낼 수 있다. 정은 '고요할 정'으로 읽는데 사람의 작위가 배제된 채 가만히 있다는 의미를 지니고, 서는 '천천할 서'로 읽는데 시간의 흐름, 즉 자연의 순리대로 일이 이뤄진다는 의미를 지닌다.

그래서 '숙능탁이정지서청(孰能濁以靜之徐淸)'이라는 본문 구절의 의미를 살리며 입에 좀 더 잘 붙게 하려면 '탁정서청(濁靜徐淸)'이라는 사자성어로 줄여 쓸 수 있다. 탁정서청은 〈렛 잇 비〉의 『도덕경』 버전이라 할 수 있다.

정약용이 사랑한
『도덕경』

다산 정약용도 『도덕경』 15장을 무척 사랑한 문사(文士) 가운데 한 명이다. 다산은 개혁 군주 정조의 총애를 받은 초계문신(임금이 직접 시험을 보아 선발하는 국비장학생 격의 선비)이었다.

이덕무, 박제가, 유득공 등 당대를 대표하던 북학파 선비들과 함께 규장각을 중심으로 연구 활동에 몰두하던 다산은, 정조 말년 정적들이 자신을 향해 칼끝을 겨누자 고향인 남양주로 낙향했다.

연구실로 쓸 집을 짓고 '여유당(與猶堂)' 편액을 걸었는데 『도덕경』 15장 본문에 나오는 구절 '예언약동섭천(豫焉若冬涉川) 유혜약외사린(猶兮若畏四隣)'에서 따온 것이다. 『도덕경』 「백서을본」에선 예(豫)를 여(與)로 쓴다. 다산도 예(豫) 대신 여(與)를 취해 뒷 문장의 유(猶)와 합쳐 여유당이라고 이름 지었던 것이다. 다산이 지은 『여유당전서』를 보면 이런 해설을 가능하게 하는 대목이 나온다.

다산은 여유당이라는 이름처럼 '겨울에 강을 건너듯 신중하게, 사방의 이웃을 대하듯 조심스럽게' 처신했다. 일체의 정치적 발언을 삼가고 연구 활동에만 전념했다. 하지만 끝내 격변기에 접어든 중앙 정치의 칼바람을 피해 가진 못했다.

정조 사후 임금에 오른 순조를 대신해 수렴청정을 한 정순왕후와 그녀를 둘러싸고 호가호위했던 노론은 눈엣가시 같던 개혁파 선비들을 대거 숙청했다. 개혁 군주 정조의 총애를 받았던 다산도 그 대상이었다. 다행히 목숨을 부지한 다산은 유배지로 내려갔고, 그곳에서 18년이라는 긴 세월을 보냈다.

다산이 풍상을 겪으면서도 끝까지 견딜 수 있었던 건 그가 '서청(徐淸)'이라는 무위의 힘을 믿었기 때문이다. 다산은 세월을 견디다 보면 언젠가는 어두운 시절이 지나간다는 생각을 갖고 있었다. 다산이 아들들에게 보낸 편지를 보면 그런 심경을 짐작할 수 있는 구절들이 곳곳에 보인다.

식물원 산책을 하며 느끼는 자연의 섭리 가운데 대표적인 것도 바로 '탁정서청'의 원리다. 식물원의 모든 꽃과 나무는 세월의 흐름을 묵묵히 견디며 자신의 길을 간다. 한여름의 땡볕이나 한겨울의 폭설과 칼바람을 한마디 불평도 없이 견딘다.

더위가 싫다고 북극으로 이사를 가는 경우도 없고, 겨울의 추위를 피해 따뜻한 남쪽 나라로 자리를 옮기는 일도 없다. 그 자리에서 무위한 채로 서서히 열기가 식고 추위가 가라앉길 기다릴 뿐이다.

나도 무위자연하는 식물들처럼 무위와 서청의 지혜로 인생 후반전을 허허롭게 살고 싶다. 삶의 물이 탁한 순간도 있겠지만 그런 순간에도 조급한 마음에 휘젓지 않고 서서히 맑아지길 기다리는 지혜로 인생 후반전을 여유롭게 살고 싶다.

물이 깊지 않으면 큰 배를 띄우지 못하니

미묘하면서도 지극히 넓고 깊어
그 깊이를 가늠할 수가 없다

微妙玄通 深不可識
미묘현통 심불가식

대학에 입학했을 땐 모든 게 신기했다. 어린 시절부터 고등학교를 졸업할 때까지 지방에서만 살다가 대학생이 된 후 서울로 삶의 터전을 옮긴 것부터가 내겐 색다른 경험이었다. 명동, 종로, 광화문, 남산, 한강 등 말로만 듣던 수도 서울의 명소들을 가까이서 봤을 때 가슴 두근거리고 설레던 기억이 아직도 생생하다.

대학 캠퍼스가 주는 느낌도 남달랐다. 초등학교, 중학교, 고등학교 때 보던 학교 건물은 대개 한두 동이었고 많아 봐야 대여섯 동이었는데, 대학 캠퍼스는 세기 힘들 정도로 많았다.

수십 개의 단과대학 건물과 학생회관, 도서관 등 현대식 건물들이 뿜어내는 위용은 시골에서 갓 올라온 스무 살 청년을 주눅 들게 하기에 충분했다. 더군다나 기숙사라는 집단생활 시설을 처음 봤던 터라 입학 초기에는 하루하루가 신기함의 연속이었다.

하지만 푸릇푸릇하던 신입생 시절의 기억들 중에서 내 뇌리에 가장 오래 남아 있는 건 대학 노트에서 본 문구 한마디다. 누런색으로 된 대학 노트의 커버 하단에는 이런 말이 적혀 있었다. '水之積也不厚 則 負大舟也無力(물이 깊지 않으면 무릇 큰 배를 띄우지 못한다).'

공부를 열심히 하라는 의미로 적어뒀겠지만 내겐 공부 이상의 의미로 다가왔다. 학교 문구점에서 노트를 구입한 후 이 문구를 처음 봤을 때의 느낌은 말 그대로 '심쿵'이었다.

『장자』「소요유」에 나오는 이 구절을 다시 만난 건 그로부터 수십 년의 세월이 흐른 뒤였다. 박사학위까지 받았던 정치학을 뒤로 밀어내고 인문학에 본격적으로 재미를 붙이기 시작하던 오십 대 중반, 『논어』와 『맹자』를 비롯한 동양 고전들을 차례대로 읽기 시작했는데 『장자』를 읽는 순서가 되었을 때 이 구절이 떡 하니 눈에 들어왔다. 그때의 기분은 뭐랄까, 깊은 바다에서 진주를 길어 올린 것 같은 혹은 깊은 산속에서 100년 묵은 산삼을 발견한 것 같은, 한 치의 과장도 없이 딱 그런 기분이었다.

'너의 존재를 잊고 있었는데 여기서 이렇게 조우하다니 인연이라 하지 않으면 달리 이 세상에 무슨 인연이 있겠느냐?' 나는 「소요유」

의 이 구절에 눈을 박은 채 인연의 의미를 떠올렸고, 인문학이 인생 후반기 내 삶의 맞춤한 시절인연임을 내게 각인시켰다.

새롭게 맞아들인 시절인연을 좀 더 성숙한 관계로 만들고자 그 후 나는 『순자』『한비자』『열자』『귀곡자』 등 자(子) 자가 붙은 동양 고전을 빠짐없이 탐독했다. 하지만 『장자』만큼 구미가 당기는 고전은 만나지 못했다.

그러던 차에 마침 〈동아비즈니스리뷰〉 'Fable Management' 코너에 장자와 관련한 칼럼을 연재하며 『장자』와 수시로 만났다. 원고 한 꼭지를 쓸 때마다 「내편」 「외편」 「잡편」 등 33장으로 구성된 『장자』 전체를 한 번씩 새로 읽었으니 횟수로만 보면 『장자』와 족히 수십 번을 만난 셈이다.

그래도 『장자』는 질리지 않았다. 우화 형식을 취한 것도 흥미로웠지만 에피소드 하나하나에 담긴 사유의 깊이가 워낙 깊어 『장자』는 만날 때마다 새로운 영감을 줬다.

그런 연유로 『장자』는 내 곁에 3~4년 정도 머물렀다. '삼년유성 (三年有成)'이라 했던가? 그만하면 『장자』는 내게 하나의 일을 이룰 수 있을 정도의 시절인연이 되었다고 할 수 있다.

『장자』를 한 발짝 옆으로 밀치게 된 건 노자 때문이었다. 『도덕경』을 처음 읽었을 땐 딱딱한 느낌이라 구미가 크게 당기지 않았는데, 뜻밖의 송사(訟事)와 함께 찾아온 번아웃을 계기로 노자는 내 삶의 지도리가 되었다.

두 달간 자리에 누워 있으면서 이 생각 저 생각이 들었는데 그러다가 자리를 털고 일어나 미니멀리즘을 삶의 모토로 정했고, 그때부터 자연스럽게 노자의 『도덕경』이 내겐 성경 말씀 이상 가는 영혼의 양식이 되었다.

『도덕경』을 자주 읽다 보니 새로운 사실을 깨달았다. 도의 입장에서 보면 노자가 곧 장자이고 『도덕경』이 곧 『남화경』(당나라 현종이 장자를 노자와 같은 반열의 성인으로 예우하기 위해 『장자』에 새로 붙인 이름)이다.

운문 형식으로 된 노자의 『도덕경』을 산문으로 풀어 놓은 게 『남화경』이라고 해도 과언이 아닐 정도로, 노자와 장자 두 사람이 말하는 도의 모습은 일치한다.

대학 신입생 시절의 내 기억을 소환한 『장자』의 한 문장과 비슷한 맥락을 가진 구절이 『도덕경』에도 나온다.

"예로부터 도를 제대로 깨달은 사람은 미묘하면서도 지극히 넓고 깊어 그 깊이를 가늠할 수가 없다."

古之善爲士者(고지선위사자) 微妙玄通(미묘현통) 深不可識(심불가식)

_『도덕경』15장

오랜 세월 전해져 오는 고전을 저울에 달면 그 무게가 천근만근은 된다는 게 내 생각이다. 예술 작품 중에는 피카소의 그림들이나 베토벤의 교향곡들도 그만큼의 무게가 나가지 않을까 싶다. 동양 고전 중에는 『논어』의 무게를 첫손가락으로 꼽지만 내겐 노자의 『도덕경』이 으뜸이다. 노자가 말하는 도는 위 구절에 나오는 표현 그대로 '심불가식(深不可識)'이다. 장자식으로 표현하면 노자의 『도덕경』은 항공모함을 수백 척 띄울 수 있을 정도로 물이 깊다.

이어령이 남기고 떠난
꽃 한 송이

내 바다에는 얼마나 무거운 배를 띄울 수 있을까 자문해본다. 가벼운 나룻배 한 척 정도 띄울 수 있을까? 10년 넘게 인문학에 뜻을 두곤 동서양 고전들을 두루 읽어 글을 쓰고 있지만, 나이에 걸맞는 삶의 무게를 지닌다는 게 여간 어려운 일이 아니라는 걸 깨닫는다.

세상 이치는 조금 눈에 보이는가 싶다가도 금세 사라지고, 노자가 말하는 '도'라는 것도 머리로는 어느 정도 이해가 되지만 마음과 영혼에는 제대로 뿌리 내리지 못하고 있다. 남은 인생을 다 살고 나면 그때쯤 보일까? 쉽지 않겠지만 그래도 그 깨달음의 순간을 위해 나는 오늘도 부지런히 내 바다에 물을 채운다.

최근 작고한 이어령의 마지막 인터뷰 영상을 보며 '나도 죽음을 눈앞에 두고 저렇게 담담하게 내 삶을 되돌아보고 싶다.'라는 소망을 갖는다. 텔레비전 화면에 비친 그는 죽음을 목전에 둔 노인이 아니라 바람개비를 돌리고 연을 날리는 천진난만한 소년이었다. 신선한 충격으로 다가왔다. 연륜과 내공의 의미를 다시 한번 돌아보게 했고 나로 하여금 그런 소망을 갖게 했다.

영화가 끝나고 엔딩크레딧이 올라가면 자리에서 일어난다. 엔딩크레딧이 올라간다는 건 영화의 마침표가 찍혔다는 의미이기 때문이다. 그러나 이어령의 생각은 다르다.

그는 자신이 영화감독이라면 'the end' 마크가 찍힐 자리에 꽃봉오리를 놓을 거라고 말한다. 그 꽃을 보며 관객들은 영화의 속편을 기대하고 다시 영화관을 찾을 것이기 때문이다.

그의 삶에는 라스트가 없다. 라스트는 또 다른 시작을 위한 한 송이의 꽃봉오리에 지나지 않는다.

"영화가 끝나고 'the end' 마크가 찍힐 때마다 나는 생각했네. 나라면 저기에 꽃봉오리를 놓을 텐데. 그러면 끝이 난 줄 알았던 그 자리에 누군가 와서 언제든 다시 이야기가 시작될 수 있을 텐데. 그때의 라스트 인터뷰가 끝이 아니고, 다시 지금의 라스트 인터뷰로 이어지듯이. 인생이 그래."

–김지수,『이어령의 마지막 수업』

이어령이 죽은 후 그의 생각과 말을 소환하는 일들이 신드롬처럼 일어났다. 이어령은 자신의 무덤에 꽃 한 송이를 미리 놓고 떠났다. 그 꽃을 보며 사람들은 라스트를 떠올리는 게 아니라 새로운 시작을 떠올린다.

그는 우리에게 얼마나 귀한 선물을 주고 떠났는가? 인생을 아름답게 마무리하고 싶은 소망을 간직한 사람이라면 한 번쯤 이어령의 삶에 비춰 자신을 되돌아볼 일이다.

앉은 자리에서 천하를 내다보는 법

안목

문을 나서지 않고도
천하를 안다

不出戶 知天下
불출호 지천하

2022년 봄, 아내는 35년간의 교직 생활을 마감하고 명예롭게 퇴직했다. '축 퇴직! 사랑하는 우리 엄마! 찬란하고 빛나는 퇴직을 축하드립니다. 존경하고 사랑합니다.' 엄마의 명예퇴직을 축하해주고자 아이들이 마련한 식사 자리에서 이런 문구가 적힌 풍선을 보는 순간 가슴이 뭉클했다. 풍선 이벤트 외에 아내의 교직 생활 추억이 담긴 사진을 배경으로 달력도 만들어 줬는데 열두 컷의 사진 한 장 한 장에서 세월의 무게가 느껴졌다.

아내는 비교적 무난하게 교직 생활을 마감했다. 초등학생 아이들을 가르치다 보니 자잘한 사건 사고들이 더러 있었지만, 그만하면 대과 없이 긴 세월을 잘 견뎠다는 게 내 생각이다. 나는 아내가 별 탈 없이 명퇴를 할 수 있었던 걸 단순한 행운으로 여겼다.

그런데 최근 아내의 사주를 뽑아본 후로는 생각을 달리했다. 명리학에 관한 어느 정도의 지식을 습득한 후 나는 가장 먼저 아내의 사주를 뽑아봤는데, 내 사주보다 아내의 사주가 더 궁금했기 때문이다. 세상 모든 남편의 심리가 그럴까? 잘은 모르겠지만 정상적인 부부라면 아마 그렇지 않을까 싶다.

명리학으로 풀어 보니 아내의 사주는 조금 특이한 케이스에 속한다. 수(水) 기운이 다섯 개다. 팔자(八字) 가운데 다섯 개니 통계로 보면 60%가 조금 넘는 수치다. 목(木), 화(火), 토(土), 금(金), 수(水) 오행 가운데 특정 기운으로의 쏠림 현상이 상당히 심한 편이다. 이 밖에 아내의 사주에는 목 기운이 두 개, 금 기운이 하나 있고 화 기운과 토 기운은 하나도 없다.

음양오행의 원리에 의하면 수 기운은 목 기운을 이롭게 하고 화 기운과는 상극이다. 이른바 수생목(水生木) 수극화(水克火)이다. 이 원리를 아내의 사주에 대입하면 아내는 기르고 육성하고 재배하는 데 특화된 팔자를 타고났다.

특히 상극을 이루는 화 기운이 하나도 없기 때문에 불필요한 곳에 에너지를 낭비하지 않고 직업으로 삼는 일에 능력을 최대한 발휘할 수 있는 구조다. 게다가 수를 이롭게 하는 금이 하나 있기 때문에 일이 힘들어 기운이 조금 달린다 싶으면 비타민제나 청량음료를 마시듯이 그때그때 보충을 받을 수 있는 사주다.

명리학으로 풀어 보면 아내가 35년간의 교직 생활을 잘 마무리할 수 있었던 건 행운이 아니라 팔자대로 잘살았기 때문이다. 내 사주에 금 기운이 세 개 있는데 아내가 지쳤을 때 공급해주는 활성 비타민 역할을 했던 건지도 모르겠다.

아내는 명퇴한 후 버킷리스트를 만들었다. 가보지 못한 곳 여행가기, 읽고 싶었던 책 실컷 보기, 그리고 텃밭 가꾸기. 여행과 독서를 내가 왈가불가할 건 못 되지만 텃밭 가꾸기는 쉽게 찬성할 수 없었다. 농사는 이제껏 전혀 해보지 않은 새로운 일이기도 하거니와 노동력이 많이 들어가는 일이라 체력에 무리가 올까 봐 은근히 걱정되기도 했다.

그래서 "그동안 아이들 가르치느라 고생했는데 명퇴한 마당에 굳이 또 다른 일거리를 만들 필요가 뭐 있냐."라며 처음에는 만류했다. 하지만 아내의 사주를 뽑아본 후로는 아내의 텃밭 가꾸기 버킷리스트를 권장하는 쪽으로 생각을 바꿨다. 기르고 재배하고 가꾸는 방면으로 특화된 사주팔자를 타고났으니, 아이들 가르치듯 작물을 가꾸면 농사일도 잘할 수 있을 것 같다며 아내를 응원하고 있다.

예전에는 비가 내리면 산책길이 여의치 않을 것 같아 반기지 않았는데 요즘은 비가 기다려진다. 아내의 텃밭 작물들이 잘 자라주길 바라는 마음이 있다 보니, 비가 내리면 기다리던 손님이 온 것처럼 반갑다.

채소는 사람 발자국 소리를 들으며 자란다는데 아내가 부지런히 가서 물을 주고 퇴비를 뿌리고 잡초를 뽑고 해서 그런지, 아내의 텃밭 작물들은 비교적 싱싱하게 잘 자란다. 시간이 날 때 나도 가끔 텃밭을 둘러보는데 그때마다 초보 농사꾼치곤 제법이라는 덕담이 절로 나온다.

사주팔자는 못 속인다더니 그 말이 과히 틀리지 않은 것 같다. 장맛비가 흠뻑 내리는 날에는 밖에 나가지 않아도 저 멀리서 아내의 텃밭 작물들이 숨을 쉬고 키가 쑥쑥 자라는 모습들이 눈앞에 떠오른다. 작물에 대한 관심과 사랑이 있기에 그런 마음의 작용이 생기는 게 아닐까 싶다.

세상의 이치도 그러하다. 사람이나 사물, 사회 현상에 대한 관심과 애정이 깊어지면 안목도 넓어진다. 눈을 감고서도 세상 돌아가는 이치를 훤히 내다보는 사람을 도인(道人) 혹은 도사(道士)라고 부르는데, 노자는 말한다.

> "문을 나서지 않고도 천하를 알고 창문 틈으로 내다보지 않고도 하늘의 도를 본다. 더 멀리 나갈수록 더 적게 안다. 그러므로 성인은 돌아다니지 않고도 알고, 보지 않아도 이름을 부르고, 하지 않고도 이룬다."

不出戶(불출호) 知天下(지천하) 不闚牖(불규유) 見天道(견천도)
其出彌遠(기출미원) 其知彌少(기지미소) 是以聖人(시이성인) 不
行而知(불행이지) 不見而名(불견이명) 不爲而成(불위이성)

_『도덕경』 47장

제갈량과 이순신이
운명을 대하는 태도

내공이 깊으면 세상 보는 안목을 넘어 자신의 운명도 내다볼 수
있다. 제갈량과 이순신이 그런 인물들이다. 그들은 문을 나서지 않
고도 천하를 알고 창문 틈으로 내다보지 않고도 하늘의 도를 본 도
인들이었으며, 다가오는 운명을 예견하고 대비할 줄도 알았다.
제갈량은 출사하기 전 별명이 와룡(臥龍)이었다. 집 안에 누워서
도 세상 만물의 이치를 내다보는 도인이었다. 제갈량은 세력이 없던
유비를 촉의 주인으로 만들었다. 유비가 죽은 후에는 그의 아들 유
선이 아버지의 유지를 이어나갈 수 있도록 끝까지 곁에서 보필했다.
천하의 제갈량도 죽음을 피해갈 순 없었다. 오장원에서 사마의와
대치하던 중 죽음이 코앞에 다가왔음을 예감하곤 촛불을 켜놓고 기
도를 올린다. 7일간 촛불이 꺼지지 않으면 수명이 늘어날 수 있다는
점괘를 뽑았기 때문이다. 제갈량의 수명 늘리기 프로젝트는 순조롭

게 진행되었고 마침내 성공을 거두는 것처럼 보였다. 하지만 마지막 날 위연이 급보가 있다며 막사에 뛰어 들어오는 순간 촛불이 꺼져버린다. 제갈량은 장탄식을 내뱉고 얼마 후 숨을 거둔다. 아무리 뛰어난 도인이라도 자신의 운명을 거스를 순 없었던 것이다.

이순신은 흔히 무장으로 알고 있지만 문인으로서도 특출난 재능을 가진 인물이었다. 『난중일기』를 읽어보면 그가 얼마나 문무에 두루 통달했는지 알 수 있다. 그는 『주역』과 명리학에도 밝았다. 일본과의 전쟁, 어머니의 병환, 류성룡의 파직과 복귀, 원균의 출전 등 대사(大事)가 있을 때마다 점괘를 뽑았는데 정확하게 들어맞았다.

하지만 이순신 역시 죽음을 피할 순 없었다. 정유재란이 끝나갈 무렵 노량해전에 나선다. 피해 가도 되는 전투였지만 퇴각하는 일본군들을 한 명이라도 더 소탕하고자 마지막 일전을 벌인다.

명나라의 수군 도독 진린은 점을 쳐보니 이순신에게 불길한 조짐이 있다며 제갈량이 했던 것처럼 7일간 촛불을 켜놓고 기도를 올리라고 말한다. 하지만 이순신은 운명을 피해 가고 싶지 않다며 진린의 제안을 거절한다. 그리고 왜군이 쏜 총탄에 맞아 최후를 맞는다.

제갈량과 이순신 가운데 누가 더 뛰어난 영웅이었는지를 가리는 건 의미 없는 일이다. 하지만 운명을 맞는 태도에 대해서라면 이순신의 손을 들어주고 싶다. 천명을 다하되 최후의 순간이 다가왔을 때 담담하게 자신의 운명을 받아들인 이순신을 닮고 싶다.

지식은 버리고 지혜는 쌓아야 하는 이유

통찰

학문은 하루하루 더하고
도는 하루하루 덜어낸다

爲學日益 爲道日損
위학일익 위도일손

나이가 들며 세상 지식이란 게 크게 쓸모가 없다는 걸 깨닫는다. 프랜시스 베이컨은 '아는 것이 힘'이라고 했지만 세상을 살아가는 데 있어 아는 것의 힘은 그리 크지 않은 것 같다. 살아 보니 알겠다.

지식이 때론 불필요한 갈등을 일으키는 경우도 있다. 내가 졸업한 고등학교는 불교 계통이었는데 열 개 반에 학생 수가 600명 정도였으니 규모가 제법 큰 축에 속했다.

대개 그렇지만 그 많은 동기 가운데 살면서 얼굴 한 번이라도 보는 경우는 그리 많지 않다. 동창회 모임이나 경조사 등에서 어쩌다

한 번씩 보는 게 전부이고 일상적으로 만나는 친구들은 많아야 열 명 안쪽이다. 그나마도 나이가 들면 더 줄어든다.

그래도 요즘은 온라인 공간이 있어 얼굴을 직접 보진 못해도 어떻게 지내고 있는지 근황 정도는 공유할 수 있다. 내가 졸업한 고등학교 동기들에게도 단톡방이 하나 있는데 평소에 잠잠하던 공간이 가끔 들썩일 때가 있다.

선거철이 되면 지지하는 정당이나 후보에 대한 호불호가 갈리고 싫어하는 후보에 대한 비방성 글을 도배하다시피 하는 친구들이 간혹 있는데, 그럴 때면 꼭 사단이 일어난다. 내 고향인 대구의 경우 보수적 성향이 강한 지역이라 단톡방에서 소통하는 동기들 가운데는 보수 정당을 지지하는 친구들이 상대적으로 더 많다. 특히 그중에서도 극우 성향을 가진 친구들이 몇 있는데 그들 때문에 사단이 일어나는 경우가 종종 있다.

올리는 글이 보편적이고 누가 봐도 균형감각이 있다고 여겨지면 큰 문제를 일으키지 않지만, 그런 류의 글들이란 게 인터넷에 흘러다니는 단편적인 정보와 지식을 확대·재생산하는 경우가 대부분이라 글이 올라오면 반대편 성향, 즉 진보적 성향을 가진 친구들의 반발을 불러일으킨다. 그 결과 '절이 싫으면 중이 떠나면 된다.'라는 말처럼 꼭 몇몇 동기가 단톡방을 박차고 나가버린다.

최근에는 선거와 무관한 일로 단톡방이 소란스러워진 적이 있다. 도에 관심이 많다는 친구 하나가 단톡방 글들에 만기친람식으로 일

멈춤

일이 댓글을 달면서 문제가 시작되었다. 그 친구는 특정 인물의 관상을 비롯해 족보, 성향, 지위, 사회적 성취물 등을 줄줄이 꿰고 있었다. 그야말로 모르는 게 없는 무불통지 수준의 지식이었다.

하지만 그런 지식이란 게 친구들의 공감을 자아내기는커녕 반발을 불러일으키기에 딱 좋은 것들이다. '누구는 이렇고 누구는 저렇고' 하는 식의 댓글이 단톡방을 도배하면 눈과 마음이 피로해진다.

나는 주로 중립적인 입장을 취하는 편인데 그 친구의 댓글은 내가 봐도 정도가 지나친 점이 있었다. 급기야 몇몇 친구가 주의를 환기시키는 글을 올리면서 단톡방이 시끄러워졌다.

나도 '다언삭궁 불여수중'이라는 『도덕경』의 구절을 인용해 조금 자중하면 좋을 것 같다는 취지의 글을 올렸다. 내가 노자와 장자, 『주역』에 관한 글과 영상을 가끔 올리기 때문에 그 친구도 어느 정도 나의 성향을 알고 있었고 개인 톡으로 안부를 물으며 소통한 적도 있어 그 정도 글이 무례하진 않다고 생각해 한마디 한 것이었다.

그러자 분위기를 눈치챘는지 자칭 도인(道人) 친구는 '묵언수행'이라는 문자를 남기고 자숙 모드에 들어갔다. 하지만 하루가 지나지 않아 또다시 댓글 폭탄을 퍼붓기 시작했다. 그리고 그런 분란의 끝이 늘 그렇듯 오랜 시간 단톡방을 지키던 친구 몇이 '절을 떠나는' 일이 벌어졌다.

노자는 말한다.

"학문은 하루하루 더하고 도는 하루하루 덜어낸다. 덜고 덜어 무위의 경지에 이른다. 무위하면 하지 못하는 일이 없게 된다. 천하를 얻으려면 항상 일 없음으로 해야 한다. 인위적으로 일을 꾸미면 천하를 취할 수 없다."

爲學日益(위학일익) 爲道日損(위도일손) 損之又損(손지우손) 以至於無爲(이지어무위) 無爲而無不爲(무위이무불위) 取天下(취천하) 常以無事(상이무사) 及其有事(급기유사) 不足以取天下(부족이취천하)

_『도덕경』 48장

모래와 자갈, 큰 돌을 항아리에 골고루 담으려면 어떤 순서로 채워야 할까? 큰 돌을 가장 먼저 넣고, 다음에는 자갈을 넣고, 마지막으로 모래를 채워야 한다. 모래부터 넣으면 어떻게 될까? 모래로 꽉 채워진 항아리에는 빈틈이 전혀 없다. 그렇기에 자갈과 큰 돌을 넣을 수가 없다.

사람의 머리도 그렇다. 모래알 같은 자잘한 지식으로 가득 찬 머리에는 큰 지식을 담을 수 없다. 큰 지식이란 바꿔 말하면 노자가 말하는 '도'다. 좀 더 쉬운 말로 하면 '지혜'다.

모래로 가득 찬 항아리에 큰 돌을 넣기 위해선 먼저 항아리의 모래를 모두 비워야 한다. 그다음 앞서 말한 순서대로 항아리를 채워야 한다. 사람의 머리도 지혜를 채우기 위해선 자잘한 지식부터 비워야 한다. 그래서 노자는 '위도일손(爲道日損)', 도는 날마다 덜어내는 것이라고 했다.

유발 하라리가 말하는
근대과학혁명의 원동력

오늘날 인류의 조상은 호모 사피엔스다. 호모 사피엔스가 경쟁자였던 네안데르탈인을 물리치고 지구상에서 우세 인종으로 자리 잡을 수 있었던 건 혁신 경쟁에서 앞섰기 때문이다.

네안데르탈인이 쓰던 도구는 그들이 역사의 무대에 처음으로 모습을 나타냈던 10만 년 전이나 그 무대에서 사라졌던 4만 년 전이나 별반 차이가 없었다. 네안데르탈인은 6만 년이라는 세월을 허송세월했다.

호모 사피엔스는 놀라운 혁신 능력을 선보였다. 그들이 사냥감을 구하고자 사용한 도구는 뾰족한 돌, 작살, 창, 낚싯바늘 등으로 계속 진화했다. 그러한 혁신 능력 덕분에 호모 사피엔스는 덩치가 훨씬 더 크고 사나운 맹수들을 물리치고 만물의 영장이 될 수 있었다.

호모 사피엔스의 혁신 능력은 인간의 DNA에 저장되어 대를 이어 전승되었으며 농업혁명, 문자혁명, 근대과학혁명 등의 구체적인 역사적 성과물로 나타났다. 그런데 인류의 문명사적 진보는 지식과 무관하다는 게 유발 하라리의 진단이다.

유발 하라리는 『사피엔스』에서 근대과학혁명을 비롯한 혁신은 무지의 결과물이라고 말한다. 인간은 아는 게 없었기 때문에 생각했고 관찰했고 탐구했다. 지식이 많았더라면 그 지식에 함몰되어 새로운 걸 생각할 수 없고 미지의 세계를 탐구하려 하지 않았을 것이다. 몰랐기 때문에 궁금해했고 해답을 찾는 과정에서 혁신이 탄생했다.

나는 요즘 식물원 산책을 하며 자연의 변화를 유심히 지켜본다. 그리고 삶의 이치를 많이 깨우친다. 예전에는 나무와 꽃들의 속성, 꽃이 피는 순서와 단풍이 드는 시기 등에 대해 아무런 지식도 없었다. 그저 나무 몇 그루의 이름 정도를 아는 수준이었다.

내가 만일 식물에 대해 많은 지식을 갖고 있었더라면 자연을 깊이 관찰하며 사색하는 습관을 들이지 못했을 것이다. 내가 자연의 변화에서 지혜를 배울 수 있는 것도 자연에 대한 지식이 없었기 때문이다. 『장자』에 나오듯 세상 이치를 많이 안다고 자랑하는 건 '모기로 하여금 산을 지게 하는 것[使蚊負山]'과 같은 어리석은 일이며, '실패의 지름길[多知爲敗]'이다.

큰길 놔두고 샛길 찾을 필요는 없다

큰 도는 지극히 평탄한데
사람들은 샛길을 좋아한다

大道甚夷 而民好徑
대도심이 이민호경

나는 선이 굵은 사람을 좋아한다. 내가 생각하는 선이 굵은 사람
이란 자잘한 이해관계에 얽매이지 않고 정도를 걷는 사람을 말한다.
정치인이나 기업인, 예술가, 문인, 종교인 등 역사에 이름을 남긴 사
람이 많지만 그중에서도 유독 선이 굵은 사람이 있다. 그들을 보면
늘 존경심이 일고 그들이 걸었던 삶의 길을 여러 번 돌아보게 된다.
　내가 영화 〈대부〉를 좋아하는 것도 그 때문이다. 〈대부〉는 선이
굵은 작품이고, 영화에서 주인공 돈 비토 콜레오네 역을 맡은 말론
브란도는 선이 굵은 배우다.

〈대부〉는 마리오 푸조가 쓴 동명 소설을 원작으로 만든 영화인데, 할리우드가 탄생시킨 범죄 영화들 중에서도 단연 최고로 꼽힌다. 이후 만들어진 범죄 영화나 느와르 계통의 영화들은 모두 〈대부〉의 영향권에서 벗어나지 못한다. 우리나라의 천만 관객 영화 가운데 〈도둑들〉〈베테랑〉〈극한직업〉〈범죄도시〉와 같은 범죄 장르가 많은 것도 〈대부〉에 대한 향수와 무관하지 않다는 게 내 생각이다.

돈 비토 콜레오네는 이탈리아 시실리아가 고향인데 아홉 살 때 자신을 제외한 가족 모두가 마피아에게 몰살당한다. 미국으로 도피한 비토는 밑바닥 생활을 하며 자연스럽게 범죄조직에 가담하고 선이 굵은 리더십을 바탕으로 영역을 넓혀 나간다.

그 과정에서 큰 부를 축적한다. 막강한 조직력과 재력을 기반으로 비토는 사람들의 각종 고민을 상담해주고 직접 해결해주기도 한다. 사람들은 그를 '대부(代父)'라고 부른다.

〈대부〉는 첫 장면부터 인상적이다. 비토의 막내딸 코니의 결혼식이 있는 날, 장의사 보나세라는 딸아이의 복수를 부탁하고자 비토를 찾는다. 보나세라는 같은 이탈리아 출신의 이민자였고 비토의 아내가 보나세라 딸의 대모였다.

비토는 무릎에 앉힌 고양이의 턱을 어루만지며 보나세라의 사연을 듣는다. "나는 미국을 믿습니다. 미국에서 성공을 이뤄냈고 딸아이를 미국식으로 자유롭게 키웠죠. 대신 명예를 소중히 여기라고 가르쳤습니다. 딸아이는 어느 날 사귀던 애인과 함께 드라이브를 갔는데 애인의 친구 몇이 동행했죠. 녀석들은 딸아이에게 술을 잔뜩 먹인 후 겁탈하려 했습니다. 딸아이는 명예를 지키기 위해 저항했습죠. 그러자 짐승 같은 녀석들이 그 애의 얼굴을 만신창이가 되도록 짓이겨 놨습니다. 제 신고를 받은 경찰이 범인들을 체포해 재판에 넘겼지만 판사는 그들에게 집행유예를 선고했습니다. 법정을 나서면서 녀석들은 저를 쳐다보며 씩 미소를 지었습니다. 그 순간 저는 아내에게 이렇게 말했습죠. "돈 비토 콜레오네를 찾아가야 해. 정의를 되찾기 위해." 돈 얼마든지 드릴 테니 내 딸이 당한 만큼 처절하게 복수해주십시오."

하지만 비토는 냉정하다. 그는 말한다. "그동안 자네는 나를 한 번도 찾아오지 않았어. 친구로서 말일세. 내 아내가 자네 딸의 대모인데 이런 일을 당하고서야 겨우 나를 찾아왔구먼. 자네가 만약 친구로서 날 찾아왔다면 자네 딸을 폭행한 그 쓰레기들은 바로 오늘 고통을 당했을 걸세. 자네같이 정직한 친구의 문제는 내 문제이기도 하니까. 그럼 누구도 자네를 건드리지 못하지."

비토는 범죄조직의 보스였지만 원칙이 있었다. 돈보다 의리를 더 소중한 가치로 여겼고 술수보다 정직한 방법으로 일을 처리했다. 그는 샛길이 아니라 정도를 걸었다. 또 다른 조직의 보스인 버질 솔로초가 30%의 수익금을 보장해주는 조건으로 마약 사업에 가담하라고 제안하지만 비토는 거절한다.

술과 도박 등 합법적으로 용인되는 장사에는 손을 대지만 마약 같은 불법적인 일에는 절대로 손을 대지 않는 게 그의 신념이었다. 그 대가로 비토는 총을 다섯 발이나 맞고 목숨이 위태로운 지경에 빠지지만 그래도 끝까지 원칙을 포기하지 않는다.

노자는 말한다.

"내게 겨자씨만 한 작은 지식만 있어도 큰 도를 행하며 이를 널리 베풀고자 성심을 다한다. 큰 도는 지극히 평탄한데 사람들은 샛길을 좋아한다. 조정은 번듯하고 깨끗한데 밭에는 잡초가 무성하고 곳간은 텅 비었다. 이것을 도라고 할 수 있는가? 아니, 이건 도가 아니다."

使我介然有知(사아개연유지) 行於大道(행어대도) 唯施是畏(유시시외) 大道甚夷(대도심이) 而民好徑(이민호경) 朝甚除(조심제) 田甚蕪(전심무) 倉甚虛(창심허) 是謂道⊠(시위도과) 非道也哉(비도야재)

_『도덕경』 53장

나는 기독교 신자였다. 하지만 일상에서 종교 생활을 걷어낸 지오래다. 마음속으로는 기독교에서 말하는 진리의 말씀들을 믿지만, 예전처럼 일요일이 되면 꼬박꼬박 성경책과 찬송가를 들고 교회에 나가진 않는다.

나는 예수의 산상수훈 중 '마음이 가난한 자가 천국에 간다.'라는 말씀을 특히 좋아한다. 노자가 『도덕경』에서 말하는 '비움'의 가르침과 의미가 같기도 하거니와, 인생을 살 만큼 살아 보니 마음속에서 탐욕을 비우는 일만큼 중요한 게 없다는 사실을 절절히 깨닫고 있기 때문이다.

내가 교회를 멀리하게 된 계기 중 하나는 『도덕경』의 위 구절에 나오는 '조심제(朝甚除) 전심무(田甚蕪) 창심허(倉甚虛)'와도 연관이 있다. 한국의 교회들, 특히 대형 교회들은 화려하고 번듯한 건물을 갖고 있다. 마음이 가난한 자가 천국에 간다는 예수의 말을 진심으로 실천하는 교회는 드물다는 게 내 생각이다. 기독교 지도자들 가운데 샛길을 탐하지 않고 정도를 걷는 선이 굵은 종교인이 그립다.

선이 굵은 사람, 김구가 걸어간 길

역사에 이름을 남긴 위대한 인물 가운데 선이 굵은 사람을 한 사람만 말하라면 주저하지 않고 김구 선생을 꼽는다. 김구는 샛길을 탐하지 않고 언제나 정도를 걸었다. 그는 『백범일지』에서 자신의 소원은 첫째도, 둘째도, 셋째도 조국의 독립이라고 말했다.

자신의 말처럼 김구는 '조국의 독립'이라는 일념을 가슴에 품고 살았으며 그 뜻을 실천하고자 매진하다가 안두희의 흉탄에 맞아 서거했다.

좌와 우가 극단적으로 갈라져 민생보다 정쟁을 우선시하는 작금의 정치 상황을 보면서 '김구가 대한민국의 초대 대통령이 되었더라면 이념 갈등이 이처럼 심하진 않았을 것'이라는 부질없는 생각을 가져본다.

나이가 들수록 곧은 길을 걸어야 한다. 그 길이 걷기도 편하고 탈도 없다. 샛길을 탐하다가 인생 후반기를 부끄럽게 만드는 것보다 더 어리석은 일은 없다.

전설적인 가수 프랭크 시나트라가 부른 〈마이 웨이〉의 노랫말처럼 각자가 자신의 방식대로 원칙대로 정도를 지키면서 부끄럽지 않게 살아야 한다. 그것이 인생을 아름답게 마무리하는 길이고 노자가 말하는 도를 실천하는 길이다.

> "이제 마지막 순간이 다가와 인생의 마지막 장을 맞이하게 되었습니다. 나는 내 삶을 내 방식대로 살아왔습니다. 내가 해온 그 모든 일을 생각해보면 부끄럽지 않은 인생이었다고 난 말할 수 있습니다. 그래요, 난 부끄럽게 살지 않았어요."
>
> —프랭크 시나트라, 〈마이 웨이〉

오십부터는 속도가 아니라 방향이다

서행

천리길도
한 걸음부터 시작된다

千里之行 始於足下
천리지행 시어족하

나는 1960년대생이다. 대한민국이 세계 최빈국에 속하던 시절, 허기를 면하고 가난을 탈출하는 게 삶의 최우선적인 과제였던 그 시절에 태어났다. 그리고 국가 주도의 산업화가 한참 진행되던 1970년대와 1980년대에 초중고와 대학을 다녔다.

나의 유년기와 청년기는 정치적 자유보다 먹고사는 문제가 더 절박했다. 그러다 보니 '빨리빨리' 문화가 삶의 전반을 지배했다. 서두르지 않으면 남들보다 뒤처지고 남들보다 뒤처진다는 건 생존 경쟁에서 낙오가 된다는 의미였기 때문에, 너 나 할 것 없이 '빨리빨리'를 입에 달고 살았다.

직장에선 주어진 업무를 조금이라도 더 빨리 끝내고자 남들보다 한 시간 일찍 출근해야 했고, 식사 때는 1분이라도 절약하고자 후다닥 밥을 먹어 치워야 했다.

어린 시절 행동이 느리면 "사내 녀석이 굼벵이처럼 느려터져서 장차 뭐가 될 거냐."라는 핀잔을 들어야 했고, 직장에서 업무 처리 속도가 느리면 '부적응자 혹은 무능력자'라는 낙인이 찍혀 만년 대리로 남거나 일찌감치 보따리를 싸야 했다.

내가 성격이 급하고 일을 할 때 서두르는 버릇이 있었던 것도 그런 시절인연과 무관치 않은 것 같다. 집에서든 직장에서든 사회에서든 삶의 현장 모든 곳에서 속도전을 강조하다 보니 내 몸에도 '빨리빨리'라는 아비투스('제2의 본성' 같은 것으로, 친숙한 사회 집단의 습속 습성 따위를 뜻하는 말)가 들러붙지 않았나 싶다. 물론 나와 같은 시대를 살아온 지인들 가운데 그럼에도 불구하고 느긋한 성품이나 태도를 가진 경우가 있는 걸 보면 변명처럼 들릴 수도 있겠다.

나는 매일 식물원 산책을 하며 내 몸에 들러붙은 '빨리빨리' 아비투스를 떼어가고 있다. 10년 가까이 반복하다 보니 '빨리빨리'가 아니라 '천천히' '느긋하게'라는 아비투스에 익숙해지고 있다.

요즘은 앱 문화가 발달해 걸음 수를 실시간으로 측정할 수 있다. 그날 걸은 걸음 수를 통계로 확인할 수도 있다. 가끔 통계치를 들여다보는데 나 스스로도 놀란다. 내가 걷는 길은 하루 평균 7km다.

연간 수치로 환산하면 2,500km, 10년 누계로는 2만 5천 km다. 10년간 지구 반 바퀴를 넘게 걸은 셈이다.

그 세월 동안 나는 삶의 여유를 찾았다. 자주 빌빌거리던 약골 체질에서 탈피해 비교적 건강한 인생 후반기를 살고 있다. 내가 걷기 예찬론자가 된 것도 그 때문이다. 걷기는 세대를 불문하고 모든 이에게 유익하지만 특히 나이 든 사람에게 최적화된 운동이다.

뇌에는 편도체와 해마가 있는데 우울감이나 스트레스, 분노를 관장하는 곳이 편도체이고 해마는 그 반대의 영역인 기쁜 감정, 즐거움을 관장하는 영역이다. 스트레스를 받아 우울하거나 슬플 땐 편도체가 활성화되는데, 이때 걷기 운동을 하면 편도체에 길항작용을 하는 해마가 활성화되고 그 결과 스트레스나 우울감을 기쁨이나 즐거운 감정으로 바꿀 수 있다는 게 뇌과학자와 심리학자들의 공통된 견해다. 나는 매일 반복되는 신체 실험을 통해 이런 이야기가 과학적 사실임을 확실하게 깨닫고 있다.

걷기의 또 한 가지 장점은 시간을 주체적으로 통제하고 관리할 수 있다는 사실이다. 시간에는 두 가지 종류가 있는데 하나는 크로노스이고 또 하나는 카이로스다. 그리스 신화에 나오는 신의 이름에서 비롯된 용어들인데 크로노스는 해와 달이 뜨고 지면서 생기는 물리적 시간을 뜻하고 카이로스는 내가 주관적으로 느끼는 시간, 즉 내 마음속 시계가 가리키는 시간을 뜻한다.

크로노스는 달력에 기록된 날짜처럼 고정된 것이라 사람이 통제

하거나 관리할 수 없다. 하지만 카이로스는 내가 느끼는 마음의 시간이므로 사람이 자유롭게 조절할 수 있다. '일각이 여삼추'라든지 '신선놀음에 도낏자루 썩는 줄 모른다'라는 말에 담긴 시간의 의미가 카이로스다.

마음이 초조하면 짧은 시간도 길게 느껴지고, 마음이 즐거우면 긴 시간도 짧게 느껴진다. 집안에서 빈둥거리면 무료해지고 한없이 따분하고 지루하게 느껴진다. 하지만 식물원 산책을 하며 걸을 땐 그 반대다. 걸을 때면 언제나 편하고 즐겁다. 걷는 시간을 따분하다거나 지루하다고 느낀 적은 단 한 번도 없다.

노자는 말한다.

"아름드리나무도 털끝 같은 작은 싹에서 나오고 구층 누대도 한 줌 흙이 쌓여 올라가고 천리길도 한 걸음부터 시작된다. 억지로 하면 실패하고 집착하면 잃는다."

合抱之木(합포지목) 生於毫末(생어호말) 九層之臺(구층지대) 起於累土(기어루토) 千里之行(천리지행) 始於足下(시어족하) 爲者敗之(위자패지) 執者失之(집자실지)

_『도덕경』 64장

들판에서 풀을 베는 사람은 끝을 내다보지 않는다는 말이 있다. 풀을 베다 말고 일어서서 들판 끝을 쳐다보면 '어느 세월에 저 많은 풀을 다 베냐.'라는 생각 때문에 몸이 지치기 전에 마음이 먼저 지칠 수 있기 때문이다.

쟁기질하는 농부는 뒤를 돌아보지 않는다는 말에 담긴 삶의 지혜도 같다. 앞만 쳐다보며 한 고랑 한 고랑 묵묵히 밭을 갈다 보면 해가 넘어가기 전에 밭을 다 갈 수 있지만, 한 고랑을 갈 때마다 뒤를 돌아보며 고랑 수를 세면 '여태 이것밖에 못 갈았다니.' 하는 생각으로 쟁기질이 더 힘들어진다.

『모모』에 나오는
이발사 호지씨의 시간 관리법

미하엘 엔데가 쓴 소설 『모모』에는 이발사 호지씨 이야기가 나온다. 호지씨는 마음씨 좋은 동네 이발사인데 단골손님들을 상대로 세상 살아가는 이야기를 하면서 느긋하게 가위질을 한다.

그런데 어느 날 '시간관리회사' 영업사원들이 찾아와 호지씨에게 시간을 낭비하지 말라고 충고한다. 그 말을 듣고 호지씨는 가위질 속도를 높인다. 단골손님들과 대화할 시간도 없이 부지런히 손을 놀린다. 그런데 이상한 게 시간을 절약하고자 바쁘게 가위질을 하면 할수록 호지씨는 시간에 더 쫓긴다.

호지씨처럼 시간에 쫓기면서 살지 않으려면 어떻게 해야 할까? 정답은 삶의 속도를 늦추는 것이다. 미하엘 엔데는 소설 속 거북이 카시오페이아의 입을 빌려 말한다. "느리게 가는 게 더 빠르게 가는 것이다." 그렇다. 천천히 쉬엄쉬엄 가는 게 목표물에 더 빨리 도달하는 방법이다. 그것이 인생의 진리다.

식물원 산책을 하며 호지씨처럼 시간을 단축하려고 속도를 높이면 걸음은 더 느려질 것이다. 그리고 산책자로서의 삶이 즐겁지 않을 것이다. 속도에 대한 부담감 때문에 스트레스를 받고 걷기는 역효과를 내고 말 것이다. 그러한 부담감을 내려놓고 천천히 한 걸음씩 걸어야 해마가 활성화되어 스트레스도 날리고 즐거운 마음으로 몸이 가벼워질 것이다.

우리가 걷는 길이 노자가 말하는 도가 되게 하려면 급한 마음부터 내려놓아야 한다. 급하게 걸으면 길은 단순한 도로에 지나지 않는다. 급한 마음을 내려놓고 천천히 걸을 때 길은 비로소 도가 된다. 인생의 반환점을 돌았다고 급히 서두를 필요는 없다. 살아온 날만큼의 시간이 앞에 놓여 있으니 충분한 여유가 있다.

KTX를 타고 가면 주변 풍경을 제대로 감상할 수 없지만 무궁화호를 타고 가면 사계절의 풍경을 느긋하게 감상하며 여행할 수 있다. 인생 후반전의 속도는 KTX보다 무궁화호가 더 적합하고 좋다.

뿌리 깊은 나무는 바람에 뽑히지 않는다

토대

제대로 세운 건 뽑히지 않고
제대로 품은 건 빼앗을 수 없다

善建者不拔 善抱者不脱
선건자불발 선포자불탈

늦은 봄 햇살 고운 날 식물원에는 접시꽃이 흐드러지게 핀다. 초등학교 때 동요로 많이 불렀던 과꽃이나 채송화도 여기저기서 산책객들의 눈길을 사로잡는다. 예전에는 어떻게 생긴지도 잘 알지 못했는데 식물원에서 눈으로 자주 보고 카메라에도 자주 담다 보니 이름만 떠올려도 꽃 모양과 색깔이 선명하게 떠오른다.

접시꽃은 키가 비교적 작은 식물에 속한다. 지면에 가까이 밀착되어 있다 보니 바람이 웬만큼 강하게 불어도 크게 영향을 받지 않는다. 그렇다고 흔들리지 않는 건 아니다. 바람이 부는 날에는 접시꽃도, 과꽃도, 채송화도 모두 흔들린다. 도종환 시인이 노래했듯 세상의 꽃들 가운데 흔들리지 않고 피는 꽃은 하나도 없다.

어디 꽃들만 그런가. 모든 식물이 그렇다. 바람이 불면 버드나무가 가장 먼저 흔들리고, 곁에 서 있는 물푸레나무와 느티나무, 느릅나무도 덩달아 흔들린다. 그렇다고 그들이 뿌리째 뽑혀 날아가는 일은 없다. 자연은 존재의 기반이 단단하고 튼튼하다. 땅속 깊이 뿌리를 내리고 있기 때문이다.

식물원에서 서식하고 있는 수천여 종의 식물들 가운데 바람에 뿌리가 뽑혀 날아가는 경우를 단 한 번도 본 적이 없다. 지붕 덮개와 상점 간판들이 날아갈 정도로 강력한 태풍이 올라온 다음 날, 길바닥에 나뒹굴고 있는 나뭇가지의 잔해들과 꽃잎들을 본 적은 있어도 뿌리째 뽑혀 부유하는 식물을 본 적은 없다.

사람도 흔들린다. 다만 자연과 다른 점은 사람의 경우 크게 흔들리면 존재의 기반이 송두리째 뽑혀 공중에 날아가버릴 수도 있다는 사실이다. 로마의 침공에 맞서다가 도시 전체가 흔적도 없이 사라진 카르타고 문명처럼 기반이 약하면 애써 쌓아온 삶의 이력이 한순간에 재가 되어 묻혀버릴 수도 있는 게 인생이다.

살아오며 나는 여러 차례 흔들렸다. 더러는 흔들릴 때 곧바로 털고 일어나 가던 길을 다시 갔지만 그렇지 못하고 그 자리에 주저앉아버린 경우도 잦았다. 인생의 중반기 많은 에너지와 시간을 투자해 추진해온 일 하나가 실패로 돌아간 후 나는 내 삶의 뿌리가 통째로 뽑혀 나가는 듯한 아픔을 경험했다.

한 사흘을 아무 데도 나가지 않고 골방에 앉아 자책하다가 곁에서 도와주던 친구의 전화를 받고 북한산 입구의 작은 사찰을 찾아갔는데, 그때 스님이 하신 말씀이 지금도 기억에 생생하다.

자리에 앉자마자 스님은 내게 말했다. "앉은 자리가 튼튼하지 못합니다." 돌아보니 그랬다. 내 삶의 기반이란 참으로 허약한 것이었다. 당시 주변에선 이구동성으로 나의 성공을 점쳤고 나 자신도 그렇게 믿었지만, 어떤 사건이 계기가 되어 발목을 잡히는 순간 나는 옴짝달싹도 하지 못했다.

기반이 튼튼했더라면 난관을 헤쳐나올 수 있었을 텐데 돌아보니 도움을 청할 수 있는 사람이 아무도 없었다. 한때는 지옥 불에서도 나를 업고 가겠다며 든든한 지원군이 되어주던 사람도 막상 내 뿌리가 흔들리는 순간에는 속수무책으로 내 손을 놓아버렸다. 지푸라기라도 잡는 심정으로 그의 사무실을 찾아갔을 때 그는 "짜장면이나 한 그릇 하고 가라."라는 말로 나를 위로해줄 뿐 날아가버린 내 삶의 기반을 회복시켜주진 못했다.

그 일을 겪은 후 나는 나를 철저하게 돌아봤고, 삶에서 결정적인 위기가 닥쳤을 때 나를 지켜줄 수 있는 사람은 오직 나 자신밖에 없다는 인생의 진리를 몸과 마음에 깊이 새겼다. 그리고 북한산 자락에서 들었던 스님의 말씀을 떠올리며 내 존재의 기반과 삶의 토대를 튼튼하게 하는 걸 최우선 과제로 삼았다.

작은 일 하나에서도 그 교훈을 잊지 않았다. 책을 읽다가 좋은 구절을 발견하면 거기에 담긴 메시지를 내 마음과 머리에 오래도록 남기고자 문장의 의미를 곱씹으며 여러 차례 반복해 읽었다. 무슨 일을 하든 오늘의 한 걸음이 쌓여 내일의 만 걸음을 만든다는 생각으로 묵묵히 최선을 다했다.

노자는 말한다.

"제대로 세운 건 뽑히지 않고 제대로 품은 건 빼앗을 수 없다. 자자손손 제사가 끊이지 않는다. 몸을 갈고 닦으면 덕이 참되고 가정에서 실천하면 덕이 넉넉해지고 마을에서 실천하면 덕이 자라나고 나라에서 실천하면 덕이 풍성해지고 천하에서 실천하면 덕이 두루 퍼진다."

善建者不拔(선건자불발) 善抱者不脫(선포자불탈) 子孫以祭祀不輟(자손이제사불철) 修之於身(수지어신) 其德乃眞(기덕내진) 修之於家(수지어가) 其德乃餘(기덕내여) 修之於鄉(수지어향) 其德乃長(기덕내장) 修之於國(수지어국) 其德乃豊(기덕내풍) 修之於天下(수지어천하) 其德乃普(기덕내보)

_『도덕경』54장

1994년, 1995년에 연이어 발생한 성수대교 붕괴 사고와 삼풍백화점 붕괴 사고는 내가 기억하는 사고 가운데 가장 참혹한 것이다. 아침 등굣길에 날벼락을 당한 학생들의 모습과 백화점 건물 잔해에서 차가운 시신으로 발견된 쇼핑객들의 모습이 아직도 눈에 선하다.

두 사고는 모두 부실 공사가 빚어낸 '인재(人災)'였다. 제대로 세우지 않았기에 쉽게 뽑혔고, 제대로 품지 못했기에 쉽게 빼앗겼다. 관리감독 기관인 서울시와 시공을 맡은 건설회사의 안전불감증, 그리고 그들 사이에 존재했던 비리 커넥션에 국민은 크게 분노했다.

두 사고는 우리에게 기초와 토대의 중요성을 새삼 일깨웠다. 속도만 강조하던 산업화의 부작용은 이후에도 사회 곳곳에서 터져 나왔고, 2014년의 세월호 참사도 그 연장선에서 빚어진 어처구니없는 일이었다.

태종 이방원과 링컨의
뿌리 깊은 나무

조선 건국의 주춧돌을 놓은 인물은 이성계와 정도전이다. 태종이 그들을 이어 국가의 존립 기반을 단단하게 만들었고, 그 토대 위에서 세종이라는 성군이 나와 찬란한 꽃을 피웠다.

조선 왕조가 500년이라는 긴 세월 동안 단일 국가로 존립할 수 있었던 건 태종 이방원의 리더십에 힘입은 바가 크다. 태종은 신하들의 입김이 셀 수밖에 없었던 의정부서사제를 왕의 직할체제로 바꿈으로써 왕권을 크게 강화시켰다.

그리고 왕권이 흔들리는 걸 막고자 자신의 손에 피를 묻히는 걸 두려워하지 않았다. 조선 건국의 핵심 정도전을 향해 칼을 빼들었으며, 자신의 집권에 큰 공을 세웠던 민경왕후의 동생들과 세종의 장인 심온의 목숨도 거뒀다. 그런 기초 작업이 없었더라면 세종 치세도 존재할 수 없었다. 신생국가 조선이 바람에 흔들리지 않도록 뿌리를 깊이 내린 인물은 바로 태종이다.

미국 건국을 주도한 인물은 조지 워싱턴과 토머스 제퍼슨이지만, 국가의 뿌리를 단단하게 내리는 데 결정적인 역할을 한 사람은 에이브러햄 링컨이다. 링컨은 남북전쟁을 승리로 이끌어 분열되었던 미국을 하나의 국가로 다시 접합시켰다.

도리스 컨스 굿윈이 쓴 링컨 전기 『권력의 조건』을 읽으며 삶의 토대가 얼마나 중요한지 다시 한번 깨달았다. 링컨은 절친 죠슈아 스피드에게 자신의 가장 큰 장점이 단단함이라고 말했다. 그는 자신의 정신이 단단한 강철과도 같아 그 위에 뭔가를 새겨 넣기도 힘들지만 일단 새긴 다음에는 문질러 지워내기가 거의 불가능하다고 말했다. 이 구절을 읽으면서 나는 지난날 허술했던 내 삶의 토대를 재소환했다. 그리고 다짐했다. '남은 생은 단단하고 담담하게.'

2부

지금까지
충분히 잘살았다

성찰

지난 일을 돌아보고 오늘 일을 살핀다

반추

태고의 도를 가지고
오늘의 일을 살피다

執古之道 以御今之有
집고지도 이어금지유

인생의 반환점을 돌고 나서도 10년의 세월이 더 흐른 육십, 바둑판을 복기하듯 지난날을 찬찬히 돌아본다. 보람차고, 흐뭇하고, 가슴 벅차오르는 기억들도 없진 않지만 아쉬웠던 순간, 후회되는 일, 가슴을 아리게 하는 일들이 더 많이 짚인다.

그중에서도 특히 아내와 아이들에게 잘해주지 못한 게 가장 큰 후회로 남는다. 인생 전반기 내내 나는 바쁘다는 핑계로 집안일에 무신경했다. 아이들을 데리고 놀이공원에 간 기억도 희미하다.

작년 봄 명예퇴직을 한 아내가 지난날의 물건들을 정리하며 신혼 초기에 쓴 일기장을 보여준 적이 있는데, 일기장 한가운데에 굵은 눈물 자국이 선명하게 남아 있었다. 결혼한 직후부터 시부모를 모시고 살았는데, 설움이 받칠 정도로 그 시절이 고단했던 모양이다. '얼마나 힘들었길래 일기를 쓰면서 저리도 굵은 눈물을 흘렸을까, 나는 그것도 몰랐구나.' 하는 생각에 새삼 가슴이 저몄다.

다른 인간관계도 썩 만족스럽지 못했던 것 같다. 젊은 시절 간이라도 빼줄 듯 친하게 지내던 친구들이 제법 있었는데, 나이가 들면서 이 핑계 저 핑계로 만나지 못하다 보니 지금은 연락처마저도 가물가물하다. 핸드폰에 저장된 그 친구들의 전화번호 앞자리가 011, 016, 017인 경우를 보면서 쓸쓸한 미소를 짓는다.

인생의 갈림길에서 선택한 길에 대한 후회도 적지 않다. 흘러간 물로는 방아를 돌리지 못한다고 하지만, 그래도 새롭게 흘러오는 장강의 물을 제대로 맞이하고자 착점이 잘못된 부분을 곰곰 돌아본다.

다시 돌아갈 수만 있다면 가장 먼저 되돌리고 싶은 선택은 사십대 초반의 일이다. 그 시절 나는 가족들을 모두 데리고 고향으로 내려갔다. 모시고 살던 아버지와 어머니, 그리고 아내와 두 딸 모두를 이끌고 낙향했다. 일제 강점기 독립운동을 하기 위해 만주로 떠나던 선열들의 결기가 그러했을까 하는 생각이 들 정도로, 나는 앞뒤 가리지 않고 내 마음이 시키는 대로 무작정 떠났다.

꿈을 이루고자 떠난 길이었지만 돌이켜보면 어리석고 무모한 선택이었다. 그 때문에 아내는 정든 직장과 이별해야 했고, 초등학교

6학년이던 큰딸은 졸업을 불과 한 학기 남겨두고 낯선 학교로 전학을 가야 했다. 울면서 가지 않겠다고 버티던 아이를 한 달 가까이 설득해 기어이 끌고 내려간 일은 평생을 두고 참회해도 모자랄 일이다.

결혼을 앞두고 물건을 정리하던 큰딸이 '대구**초등학교' 이름이 적힌 앨범을 보여주며 "아빠 때문에 초등학교 졸업 앨범이 바뀌었어."라고 말했을 때 나는 자괴감으로 아무런 대꾸도 하지 못했다.

말로 모진 업을 지은 일도 큰 아쉬움으로 남는다. 정당 대변인실에서 근무할 때 논평을 많이 썼다. 야당 시절이다 보니 대통령과 집권 여당에 날을 세우고 매섭게 공격을 퍼붓는 논평을 대량으로 생산했다. 대통령 선거 캠프의 대변인실에서 공보특보를 할 당시에는 공천을 두고 경쟁하던 같은 당의 후보를 향해 검을 휘두르기도 했다.

그 시절로 돌아갈 수만 있다면 그때 쓴 논평들 가운데 상대방의 속을 후벼 파는 듯한 날선 글들은 모두 지우고 싶다. 당나라 시절 처세의 달인이라 불리던 풍도는 '입은 재앙을 부르는 문이고, 혀는 몸을 베는 칼'이라고 했는데 돌아보면 그 말이 내게 딱 맞다. 시간이 지나니 상대를 향해 휘두른 칼이 어느새 나를 향하고 있었다.

국회를 출입하던 기자가 내게 평문 위주로 쓰라고 충고했는데, 나는 야당은 메시지가 선명해야 한다며 그 말을 귓등으로 흘렸다. 돌아보니 그 말이 진리였다. 평문으로 쓴다고 메시지가 약해지진 않는다. 양념을 많이 친 음식이 입맛을 자극할진 몰라도 장기적으로 볼 때 건강에 이롭지 않듯 화려한 말의 성찬이 나를 해치고 말았다.

노자는 말한다.

"태고의 도를 가지고 오늘의 일을 살피면 태고의 시초를 알 수 있으니 이를 일러 도의 실마리라고 한다."

執古之道(집고지도) 以御今之有(이어금지유) 能知古始(능지고시) 是謂道紀(시위도기)

_『도덕경』14장

우리 집 거실에는 에어컨이 한 대 놓여 있다. 그런데 어지간해선 에어컨을 틀지 않다 보니 7월 중순을 넘긴 한여름에도 커버를 뒤집어쓴 채 우두커니 거실 모퉁이에 서 있기 일쑤다.

커버에는 프로스트가 쓴 시「가지 않은 길」이 영문으로 적혀 있다. 교과서에서 봤던 구절이라 익숙하기도 하고 꼭지의 주제가 걸어온 길이다 보니 자연스럽게 눈이 자주 간다.

시에는 선택하지 않은 길에 대한 회한과 아쉬움이 가득하다. 프로스트처럼 나도 지난날 내 삶을 성찰하며 글을 쓰고 있다. 어제를 돌아봐 오늘을 살피고 내일을 도모하는 작업이라는 측면에서 볼 때 노자가 말하는 '도'의 실마리를 캐는 일이라 할 수도 있겠다. 도는 곧 길이기 때문이다.

주역 천수송괘에서
일러 준 삶의 지침

노자, 장자와 함께 내가 최근 관심을 두는 분야는 명리학과 주역이다. 둘 다 운명을 다루는 학문이라 비슷한 점이 없지 않지만 깊이 들여다보면 그 연원과 궤적이 많이 다르다. 명리학은 태어날 당시 자신을 둘러싸고 있던 우주의 기운을 기준으로 운명을 점치는 학문이지만, 주역은 행위 시(점괘를 뽑을 당시)의 공간적 기운을 기준으로 운명을 해석하는 학문이다.

주역에선 태어난 연월일시 팔자(八字)가 운명과 상관관계가 있다고 보지 않는다. 그런 측면에서 주역의 점괘가 명리학의 점괘보다 미래를 좀 더 개방적이고 탄력적으로 보여준다는 게 내 생각이다. 그래서 나는 주역 점을 좀 더 선호한다.

특히 나와 관련된 의사결정이 필요한 경우 주역으로 점괘를 뽑아 본다. 산가지를 가지고 점괘를 뽑는 게 정통 주역이지만 요즘은 약식으로 동전이나 바둑돌을 이용해 점괘를 뽑기도 한다.

50개의 산가지를 이리저리 나눠 손가락에 낀 채 점괘를 얻는 방식은 번잡하기도 하거니와 특히 시간이 많이 걸린다. 요즘 같은 시대에는 어울리지 않는다. 동전이나 바둑돌을 이용해 점괘를 뽑아도 동작의 임의성만 확보되면 점괘의 통계적 신빙성이 떨어지지 않는다는 게 내 생각이다. 이론적으로 보면 오차가 전혀 없다.

육십 줄에 접어들며 내가 뽑아 든 첫 번째 주역 점괘는 '천수송괘'였다. 하늘이 위에 있고 물이 아래에 있는 괘 모양인데, 물은 아래로 내려가는 속성이 있으므로 위에 있는 하늘과 소통할 수 없는 구조다. 너는 너대로 나는 나대로 각자의 갈 길을 가기 때문에 접점을 찾을 수 없다. 서로 자기가 옳다며 상대를 향해 삿대질하며 싸우는 장면을 상징적으로 보여주는 게 천수송괘다. 그래서 '다툴 송(訟)'을 괘 이름으로 썼다.

천수송괘는 그 자체로만 보면 흉(凶)괘다. 송사가 벌어질 수 있으니 매사에 몸조심하라는 경고의 메시지가 내포되어 있다. 효사에는 '도망갈 포(逋)'도 들어 있다. 다소 비겁하게 보일 수도 있지만 도망가는 한이 있어도 다툼의 여지를 남기지 말라는 의미다. 그만큼 신중하라는 뜻이다.

나는 천수송괘를 뽑은 후 괘사와 효사에 담긴 메시지를 한동안 내 마음의 거울로 삼았다. 지금도 잊지 않고 있다. 인생 후반기에는 지난날의 과오를 되풀이하지 말라는 하늘의 뜻으로 여기고 글 한 줄을 쓸 때도 다툼의 여지가 없는지 꼼꼼하게 살핀다.

오직 앞만 보고 달렸던 인생 전반기의 나와 비교하면 개과천선이라 할 수 있을 정도의 큰 변화다. 내게 남은 시간이 얼마나 될지 알 수 없지만 결승점에 이르는 마지막 순간까지 천수송괘의 가르침을 마음속 깊이 간직하려 한다.

무엇이 중요한지 곧게 내다보는 눈

도라고 말할 수 있는 건
항구적인 도가 아니다

道可道 非常道
도가도 비상도

나는 2008년 4월 중순부터 2011년 3월 초까지 약 3년간 한국사학진흥재단의 임원으로 근무했다. 한국사학진흥재단은 교육부 산하의 공공기관인데 주로 사립대학들에 재정지원을 해주는 역할을 했다. 대학들이 도서관이나 기숙사, 부속 병원과 같은 비교적 큰 규모의 건축물을 지을 때 돈을 빌려주고 만기가 되면 회수해 또 다른 곳에 지원해주는 일이 주된 업무였다.

내가 그곳에서 일할 무렵 스마트폰이 막 보급되기 시작했는데 애플의 아이폰이 국내에 들어와 얼리어답터들 사이에서 선풍적인 인기를 끌고 있었다. 업무 성격상 출장이 잦아 우리 재단에서도 각 부서의 팀장, 임원 들에게 공용 아이폰을 하나씩 지급해줬는데 그 덕분에 나도 한동안 아이폰 마니아가 되었더랬다.

아이폰은 기존의 핸드폰과는 비교가 되지 않을 정도로 모양이 세련되어 구미를 자극했다. 특히 손가락으로 스크린을 터치하면 바로 인터페이스가 전환되는 디바이스라 사용감이 월등히 좋았다. 신기하기도 했거니와 호기심이 워낙 많은 성격이라 이것저것 눌러보며 유용하게 사용했던 기억이 지금도 생생하다.

유튜브와 트위터, 페이스북 계정을 개설해 재단 돌아가는 소식과 세상 사는 이야기를 올리면서 사회관계망서비스(SNS)에 입문했는데, 그때 처음으로 알게 된 애플과 구글(유튜브), 트위터, 페이스북 등 실리콘밸리를 대표하는 기업들이 세상을 이렇게 획기적으로 변화시킬 줄은 당시에는 상상조차 하지 못했다.

내 눈을 좀 더 뜨이게 하는 계기가 하나 있었다. 아이폰에 재미를 붙이기 시작할 무렵 미국 출장 기회가 생겼다. 하버드를 비롯한 미국의 유명 사립대학들이 학교 재정을 어떻게 운용하고 있는지, 또 대학의 자산을 관리하기 위해 설립한 회사들이 투자 수익을 올리고자 어떤 포트폴리오를 구성하고 있는지 알아보기 위해서였다.

나와 재단의 담당 팀장, 한국생산성본부의 직원 한 명 해서 총 세 명으로 구성된 단출한 출장이었기에 공식적인 미팅 시간 외에는 비교적 자유롭게 움직일 수 있었다. 비공식 일정 중 들렀던 명소들 가운데 가장 인상 깊었던 곳이 바로 맨해튼의 애플스토어였다.

건물 외관도 특이했고, 매장의 내부 디스플레이나 동선도 특이해 꽤 오랜 시간 머물렀다. 그 후 재단 연수팀에서 실시하는 미국 서부 지역 연수에 참여할 때 스탠퍼드대학교와 실리콘밸리의 구글 본사를 견학했는데 그때 '애플, 구글, 아마존 같은 기업들이 실리콘밸리 정상에 오른 배경이 뭘까?'라는 궁금증이 생겨났다.

한동안 잊고 있던 그 기억들이 최근 다시 살아났다. 〈동아비즈니스리뷰〉에 제4차 산업혁명과 동양사상을 주제로 한 칼럼을 쓰던 중 마음속에 오래 묵혀뒀던 궁금증을 풀고자 스티브 잡스를 비롯한 실리콘밸리 천재들의 전기를 탐독했다.

수십 명에 달하는 천재들의 삶과 경영철학을 읽은 후 나는 결론을 내렸다. '변화를 직시할 줄 아는 안목'이 그들을 성공한 기업가로 만든 핵심 요인이었다. 스티브 잡스, 래리 페이지, 제프 베이조스의 공통점은 그들 모두 세상의 흐름에 민감한 변화 전문가라는 점이었다.

그들은 미래 사회가 어떤 방향으로 흘러갈 것인지, 본질적으로 중요한 게 무엇인지를 직시할 수 있는 곧은 눈을 가지고 있었다.

스티브 잡스는 덩치가 집채만 한 IBM 컴퓨터에 거리감을 느낀 사람들이 작고 깜찍하고 접근성이 편리한 컴퓨터를 원한다는 사실을 깨닫고 사무실과 집에서 일상적으로 사용할 수 있는 컴퓨터를 만들었다. 애플은 공룡 기업 IBM을 꺾고 실리콘밸리 정상에 올랐다.

래리 페이지는 다양한 디렉토리와 광고 화면으로 가득한 야후의 홈페이지 대문에 염증을 느낀 유저들이 검색기능에만 충실한 웹 화면을 원한다는 사실을 간파하고 단순한 모양의 검색 알고리즘을 개발했다. 구글의 홈페이지 첫 화면에 검색창 기능을 하는 작은 네모 박스 하나만 남겼다. 구글은 야후를 꺾고 정상에 올랐다.

노자는 말한다.

"도라고 말할 수 있는 건 항구적인 도가 아니고 이름을 붙일 수 있는 건 항구적인 이름이 아니다. 무는 천지의 근원을 일컫고 유는 만물의 모태를 일컫는다. 항구적인 무에선 도의 오묘함을 보고 항구적인 유에선 도의 경계를 본다. 무와 유 둘은 근원이 같으나 이름이 다를 뿐이다. 무나 유 둘 다 도의 넓고도 깊음을 일컫는다. 넓디넓고 깊디깊으니 모든 오묘한 것이 드나드는 문이로다."

道可道非常道(도가도비상도) 名可名非常名(명가명비상명) 無名天地之始(무명천지지시) 有名萬物之母(유명만물지모) 故常無欲以觀其妙(고상무욕이관기묘) 常有欲以觀其微(상유욕이관기요) 此兩者同出而異名(차량자동출이이명) 同謂之玄(동위지현) 玄之又玄(현지우현) 衆妙之門(중묘지문)

_『도덕경』 1장

그 유명한 『도덕경』의 첫 장이다. 헌법의 전문과도 같은 장이라 원문 전체를 인용했다. '도가도비상도(道可道非常道)'라는 『도덕경』 첫 문장의 의미를 알면 노자 사상의 절반은 이해할 수 있다.

여러 각도에서 다양하게 해석할 수 있지만 이 꼭지의 주제와 연관시켜 의미를 단순화시키면 '우주 만물의 본질을 직시하라.'라는 뜻으로 해석할 수 있다. 노자가 말하는 도는 사물의 본질을 뜻한다. 곡식에 비유하면 쭉정이는 '비상도(非常道)'이고 알곡은 '상도(常道)'다. 『도덕경』 전반에 걸쳐 '거피취자(去皮取次)'라는 구절이 자주 등장하는데 취해야 할 이것이 바로 '알곡, 본질, 상도'이고 버려야 할 저것이 '쭉정이, 비본질, 비상도'이다. 실리콘밸리 천재들은 모두 쭉정이는 버리고 알곡을 취하는 거피취차의 전략으로 실리콘밸리를 정복했다.

인터넷이라는 거대한 파도에 올라탄
제프 베이조스

실리콘밸리 천재들은 다가오는 제4차 산업혁명 시대가 어떤 모습으로 변화할 것인지를 직시했다. 그들 중에서도 변화를 내다보는 능력이 가장 탁월했던 인물은 제프 베이조스였다.

그는 맨해튼의 잘나가는 펀드매니저였다. 이십 대 중반 젊은 나이에 유수한 금융회사의 부사장 자리에 오를 정도로 유능했다. 하지만 어느 해 인터넷의 사용량이 폭발적으로 증가하는 걸 보고 맨해튼을 떠나 실리콘밸리로 갔다. 상사가 극구 말렸지만 그는 무엇이 중한지, 무엇이 알곡인지를 확실하게 내다보고 있었다.

그에게 맨해튼은 쭉정이였고 실리콘밸리는 알곡이었다. 실리콘밸리에 정착한 제프는 곧바로 온라인을 기반으로 하는 책 소매점을 만들었는데 바로 아마존의 시초다. 창업 당시 아마존은 보잘 것 없는 작은 기업에 불과했지만 인터넷이라는 거대한 파도를 타고 미국 최고의 기업으로 성장했다.

인생 후반기에는 변화보다 안정을 앞세워야 한다. 그렇다고 변화를 무시해선 안 된다. 남은 기대 수명이 50년이라고 할 때 결코 짧은 시간이 아니다. 기술의 진보 속도로 보면 살아갈 50년 동안 세상은 상상을 초월할 정도로 급격하게 변할 수 있다.

로켓을 타고 달과 화성에 여행을 갈 수도 있고, 국내에선 10분 만에 서울과 부산을 오갈 수도 있다. 변화를 곧게 내다보는 눈을 키우면 노년이 좀 더 편하고 재밌을 수 있다. 재밌는 세상을 지켜만 보는 건 그다지 재미없는 일이다. 적어도 내겐 그렇다.

매사에 늘 놀란 듯이 해야 하는 이유

각성

총애를 받아도 수모를 당해도 놀란 듯이 하며
환란을 내 몸처럼 귀하게 여긴다

寵辱若驚 貴大患若身
총욕약경 귀대환약신

이해관계를 따지지 않고 격의 없이, 편하게, 아무 때나 볼 수 있는 친구가 진짜 친구다. 나이가 들며 이런 친구는 그 범위와 숫자가 차츰 줄어든다. 육십을 넘긴 나이에 그런 친구가 몇 명만 곁에 남아 있어도 인생을 잘살았다고 말할 수 있다.

그런 친구가 그리울 때마다 가장 먼저 떠오르는 친구가 한 명 있다. 지금은 고인(故人)이 되어 더 이상 만날 수 없지만 살아 있을 당시에는 부담 없이 편하게 볼 수 있는 사이였다. 대학 시절 같은 교회를 다니면서 같은 야학을 하고 같은 방에서 자취를 했는데, 고향이 부산이라 방학 때면 그를 따라 부산에 내려가 해운대와 광안리, 태종대와 같은 명소들을 누비며 돌아다니던 기억이 새롭다.

1970년대 후반과 1980년대 초중반은 군사독재로 세상이 얼음장같이 차가웠다. 나는 그 시절에 대학을 다녔다. 툭하면 탱크를 앞세운 군인들이 학교를 장악하던 때라 내 경우 대학 4년 가운데 절반을 캠퍼스에 발조차 들여놓지 못했다.

신입생이던 1979년에는 10·26 사건과 12·12 군사반란으로 근 1년 넘게 학교 문이 봉쇄되었고, 2학년 때인 1980년에도 5·18 민주화운동을 전후한 반년 정도를 등교하지 못했다.

요즘같이 온라인 강의도 없던 때라 수업은 아예 받지 못했고, 학점은 리포트 점수로 대체되었다. 그러다 보니 자연스럽게 대학 생활이 밖을 중심으로 이뤄졌고 그 과정에서 그 친구를 만났다.

신입생 시절 거주하던 기숙사에서 나온 후 입주 아르바이트 몇 군데를 전전하다가 3학년 무렵인가 상도동 언덕배기에 허름한 자취방을 하나 얻어 그 친구와 또 다른 친구 한 명, 나 셋이서 자취를 시작했다. 그 자취방은 나름의 명소였다.

다니던 교회 부설 야학의 제자들이 자주 와서 놀다 갔고, 대학 선후배들과 동기들에게 사랑방 구실을 했다. 자취를 마칠 즈음 방명록을 훑어봤는데 우리 집을 한 번 이상 다녀간 사람들이 연 수백 명은 족히 되었더랬다.

곰 같은 사내 셋이 자취하는 방이라고 해서 '곰집'이라는 이름이 붙여진 그 방에서 우리 셋은 대학 생활의 낭만을 함께 누렸고 엄혹한 군사독재의 그늘을 피해 한 줄기 삶의 위안을 얻었다.

그 친구에게 불의의 사고가 닥친 건 10여 년 전의 일이다. 서울 시내 유명 사립대학의 의공학과 교수로 재직 중이던 그 친구는 아내와 자식 둘을 모두 미국에 보내놓고 기러기 아빠 생활을 하면서도 학문에 대한 열정을 불태웠는데, 교육부에서 제정한 장영실과학상을 받을 정도로 연구 역량이 뛰어났다. 언론에서 수상 소감을 밝힌 친구의 뉴스를 보고 나도 흐뭇한 마음으로 축하 인사를 건넸다.

하지만 그런 총애가 그 친구에게 오히려 독이 되고 말았다. 학계에서 인정을 받고 언론의 주목을 받으면서 유명세를 타자 부담이 되었던지, 그 후 만날 때마다 "후속 연구가 잘 안 되어서 스트레스를 심하게 받는다."라는 말을 자주 했다. 나는 그때마다 "건강이 최고다. 쉬어가면서 하라."라며 어깨를 두드려줬다.

그러던 어느 날 그 친구와 같은 대학 교수로 재직 중이던 후배로부터 비보를 전해 들었다. "형, ○○형이 죽었습니다." 후배의 말을 듣는 순간 나는 숨이 콱 막혔고 하늘이 무너지는 것 같은 충격을 받았다. 사인은 심장마비라고 했다. 방학 때 홍콩의 모 대학에 세미나가 있어 참석했는데 그곳에서 심장마비로 급사했다는 소식이었다.

그렇게 나는 가장 친한 친구 하나를 잃었다. 야구를 워낙 좋아해 연고지팀의 경기가 있을 때면 소주잔을 기울이다가도 텔레비전을 켜던 친구였는데, 지금도 그가 응원하던 팀의 경기 화면이 나오면 자동으로 그의 모습이 떠오른다.

그럴 때면 나는 속으로 말한다. "○○아, 하늘에서 이 경기 지켜 보고 있지. 요즘 롯데 선수들 펄펄 난다." 웃으면서 인사를 건네지만 허전한 마음은 지울 길이 없다. 예전처럼 곁에 있었더라면 사는 게 무료해지거나 답답할 때마다 달려가 호프라도 한잔하면서 위로를 주고받을 텐데 참으로 아쉽다.

노자는 말한다.

"총애를 받아도 수모를 당해도 놀란 듯이 한다. 환란을 내 몸처럼 귀하게 여긴다. 총욕약경이란 말은 구체적으로 무엇을 말하는가? 총애는 윗사람에게 받는 것이므로 내가 그 아래에 있다는 뜻이다. 윗사람의 총애를 받아도 나로선 놀라운 일이고 윗사람의 총애를 잃어도 나로선 놀라운 일이다. 이것을 일러 총욕약경이라고 한다."

寵辱若驚(총욕약경) 貴大患若身(귀대환약신) 何謂寵辱若驚(하위총욕약경) 寵爲下(총위하) 得之若驚(득지약경) 失之若驚(실지약경) 是謂寵辱若驚(시위총욕약경)

_『도덕경』 13장

사람들은 타인으로부터 손가락질을 받거나 욕을 먹으면 자신을 돌아보지만 총애를 받을 때는 그렇게 하지 않는다. 자신에게서 성찰적 요소가 없다고 생각하기 때문이다. 하지만 노자는 이런 상식을 뒤집는다. 총애를 받을 때도 욕을 당할 때와 마찬가지로 놀란 듯이 자신을 돌아보고 성찰하라고 경고한다.

그 친구가 그랬다. 장영실과학상을 받을 정도로 학계에서 총애를 받았고, 인체의 신비와 과학을 공학적으로 접목시키는 분야였기에 전망도 밝았다.

하지만 그 친구는 총애를 받을 때 놀란 듯이 하지 못했다. 혁혁한 성과를 이룬 후 놀란 듯이 자신을 돌아보며 잠시 멈췄더라면 스트레스로 급사하는 일도 없었을 것이다.

총욕약경의 지혜로
살아남은 소하

유방의 천하통일 과정에서 소하는 장량이나 한신과 비견할 수 있을 정도로 혁혁한 공을 세웠다. 유방과 같은 패현 출신인 소하는 유방의 그릇을 일찌감치 내다보고 지근거리에서 그를 보필했다. 유방이 감옥에 갇힐 위기에 처했을 때 기지를 발휘해 고비를 넘기도록 했고, 항우와의 쟁패 과정에선 후방에서 궂은일을 도맡아 처리했다.

유방의 군사들이 함곡관에 먼저 도착했을 때 모두 궁궐의 금은보화에 눈독 들였지만 소하는 진나라의 조세와 지형지리, 생산물 현황을 기록한 문서부터 챙겼다. 뒤늦게 도착한 항우는 궁궐을 불살라 남은 자료들을 모조리 태웠다. 소하가 아니었더라면 통일 한나라의 정책 수립에 필요한 소중한 자료들이 연기 속으로 사라질 뻔했다.

유방은 소하의 됨됨이와 인품을 높이 사 막사의 모든 살림살이를 맡겼다. 유방이 장량을 비롯한 참모들을 대동하고 전장에 나갈 때도 소하는 후방에 남아 군수 물자 조달 업무를 처리했다. 일솜씨가 깔끔했기에 유방은 100% 만족했으며 소하에 대한 유방의 믿음과 총애는 갈수록 깊어졌다.

하지만 소하는 총애를 받을 때마다 늘 놀란 듯이 했다. 혹시 유방이 자신을 의심할 수도 있다는 생각에 개인 재산을 모두 처분해 군비로 충당했고, 일가친척들 가운데 병역을 담당할 수 있는 사람은 모조리 뽑아 전장으로 보냈다.

천하통일의 위업을 달성한 후 유방은 소하를 일등공신으로 책봉하려 했다. 그때 참모들은 소하가 전투 경험이 전혀 없다며 일제히 반대했다. 하지만 유방은 "그대들은 한몸으로 뛰었지만 소하는 일가족이 모두 뛰었다."라며 소하의 편을 들었다.

총애를 받을 때도 자신을 돌아보며 성찰하는 자세를 가졌던 소하의 지혜는 인생 후반기에 욕을 당하지 않고 살아가기를 소망하는 내게 특히 큰 귀감이 되고 있다.

어제가 오늘을 이루고 오늘이 내일을 이룬다

유와 무는 서로를 생성시키며
어려움과 쉬움은 서로를 이뤄준다

有無上生 難易相成
유무상생 난이상성

내 고향은 경상북도 고령군 덕곡이다. 덕곡은 가야산에서 발원한 맑고 깨끗한 물이 계곡을 따라 시원하게 흐르는 청정 지역이다. 그런 자연환경 때문인지 농사도 비교적 잘 되고 동네 주민들의 인심도 좋다.

나는 4·19 혁명이 있던 해 음력 6월에 2남 2녀 중 장남으로 태어났다. 위로 누님이 두 분 계시고 밑으로 남동생이 한 명 있다. 부모님들은 두 분 다 무척 성실하고 부지런하셔서 내가 초등학교에 입학할 무렵에는 제법 땅마지기를 일구셨다.

하지만 농사만으로는 성에 차지 않으셨던지 대도시로 이사를 가기로 결정하셨고, 나는 초등학교 2학년을 불과 사흘 앞두고 부모님을 따라 대구로 전학을 갔다.

어린 시절의 고향을 생각할 때 가장 먼저 떠오르는 장면이 먼지가 폴폴 날리던 신작로 길에서 외할머니가 손을 흔들며 어머니와 작별하시는 모습인데, 그만큼 이사라는 게 어린 나에겐 지축을 흔드는 듯한 큰 변화였다.

그런데 대구로 이사를 나온 지 얼마 지나지 않아 우리 가족에게 청천벽력 같은 시련이 닥쳤다. 아버지는 제재소를 할 요량으로 논밭을 팔아 장만한 목돈을 먼 친척 아저씨한테 모두 맡기셨는데, 그분이 쥐도 새도 모르게 야반도주를 해버린 것이다.

백방으로 수소문을 해봤지만 그분의 행적은 찾을 길이 없었고 우리 가족은 하루아침에 길바닥에 나앉는 신세가 되고 말았다. 특별한 기술이 없으셨던 아버지는 가족의 생계를 위해 유리공장 노동자로 취직하셨다. 불이 시뻘겋게 타고 있는 대형 화로 주변에서 긴 쇠막대기 끝을 입으로 불어 유리 제품을 만들던 아버지의 모습이 잊히지 않는다.

아버지의 수입만으로는 여섯 식구가 먹고살 수 없었기 때문에 어머니는 인근 시장에서 생선 좌판을 시작하셨다. 어머니가 좌판을 하시던 시장은 내가 전학을 간 초등학교 등하굣길에 있었다. 그러다 보니 좌판을 펼쳐놓고 머리에 수건을 질끈 동여맨 채 생선을 다듬거나 손님들과 가격 흥정을 하시는 어머니를 자주 봤다.

그 모습이 창피해 어머니 곁을 바로 지나치지 못하고 일부러 길을 에둘러 가곤 했는데, 지금 생각하면 참으로 부끄러운 일이다. 치매로 요양원에 계시는 어머니를 생각하면 지난날의 내 행동에 대한 죄책감이 더 도드라진다.

다시 그 시절로 돌아갈 수만 있다면 길을 에두르지 않고 당당하게 어머니 곁을 지나가고 싶다. 하굣길에는 집으로 곧장 가지 않고 어머니의 좌판에 들러 책 보따리를 등에 둘러맨 채 손님들에게 건네줄 생선 담는 비닐봉지라도 어머니께 건네드리고 싶다. 일이 끝난 후 좌판을 머리에 이고 집으로 돌아가는 어머니의 손을 잡고 함께 시장 길을 걷고 싶다.

어린 시절을 생각하면 누님들에 대한 미안한 마음도 지울 수가 없다. 두 분 다 법 없이도 살 수 있을 정도로 심성이 착한데, 친척 아저씨한테 돈을 떼인 후 살림이 곤궁해져 정규 교육의 혜택을 제대로 받지 못했다.

누님들은 초등학교만 간신히 나온 후 산업화 바람을 타고 한창 붐이 일어나던 대구의 방직공장에 취직했다. 꿈 많던 소녀 시절에 방직공장 노동자로 일해야 했던 그 고단함이 오죽했을까. 더군다나 당시는 노동 인권이라는 말 자체가 생소하던 시절이라 작업장 환경이 열악했을 건 불 보듯 뻔하다.

두 분 누님의 그 시절을 회상하면 마음이 아프다. 누님들과는 달리 나는 대구에서 고등학교를 졸업하고 서울에 있는 대학에 진학해 유학 생활까지 했다. 입에 풀칠하기도 힘들었던 시절에 엄청난 특혜였고 호사였다.

하지만 누님들은 한마디 원망도 하지 않고 나를 응원해주셨다. 얼마 되지 않는 월급을 쪼개 책 사보라며 틈틈이 용돈도 부쳐주시곤 했다. 그런 어제가 있었기에 오늘의 내가 있다.

노자는 말한다.

"천하가 다 아름답다고 하는 건 이미 추한 것이다. 천하가 다 착하다고 하는 건 이미 착하지 않은 것이다. 그러므로 유와 무는 서로를 생성시키며 어려움과 쉬움은 서로를 이뤄준다. 길고 짧음은 서로를 비교하고 높고 낮음은 서로를 견준다. 앞과 뒤는 서로를 따른다."

天下皆知美之爲美(천하개지미지위미) 斯惡已(사오이) 皆知善之爲善(개지선지위선) 斯不善已(사불선이) 故有無相生(고유무상생) 難易相成(난이상성) 長短相較(장단상교) 高下相傾(고하상경) 前後相隨(전후상수)

_『도덕경』 2장

노자는 우주 만물을 하나로 연결된 통합체로 인식한다. 노자에게서 아름다움과 추함, 선과 악은 서로가 서로에게 영향을 미치는 상호의존적 존재다. 시간의 흐름에 따라 아름다움은 추함으로 바뀔 수 있으며 그러한 변화는 역방향으로도 일어날 수 있다.

선과 악도 마찬가지다. 고정된 게 아니라 가변적이고 상호교환적이다. 오늘의 선이 내일의 악이 될 수 있고, 오늘의 악이 내일의 선이 될 수 있다. 모든 사물과 현상에 공통적으로 적용된다.

유와 무, 난이, 장단, 고하, 전후 등은 꼬리를 물 듯 서로를 뒤따르며 질적인 변화를 일으킨다. 유와 무는 서로를 생성시키고, 어려움과 쉬움은 서로를 이루고, 길고 짧음은 서로를 비교하고, 높고 낮음은 서로를 견주고, 앞과 뒤는 서로를 따른다.

과거와 현재, 미래는
모두 연결되어 있다

현재는 과거의 축적물이고 미래는 현재의 연장이다. 코로나19는 인간이 과거에 저지른 잘못이 초래한 현재의 고통이다. 사람들은 수명을 하루라도 더 늘리려는 욕망으로 천산갑과 같은 희귀동물을 식용으로 구해 먹었고, 그것이 인체 내에서 변이를 일으켜 전대미문의 팬데믹을 가져온 것이다.

하지만 긍정적으로 생각하면 코로나19는 인간에게 축복이 될 수도 있다. 코로나19 덕분에 희귀 바이러스에 대한 의학적 연구가 많이 진행되었고, 그러한 과학적 성과물들이 결국은 인간의 미래를 좀 더 밝게 해주는 선물이 될 수도 있다.

중세 시대 유럽에선 페스트로 인구가 급감했다. 노동력이 귀해지자 사람의 노동력을 대체할 수 있는 기계를 발명하는 데 총력을 기울였다. 그렇게 과학기술 문명이 획기적으로 발전할 수 있었는데, 포스트코로나 시대도 문명의 진보가 뒤따를 거라는 게 내 생각이다.

일상생활에서의 위생 상황을 개선하는 데도 코로나19는 한몫 단단히 했다. 우리 가족 모두는 밖에서 돌아오면 가장 먼저 손부터 씻는다. 좋은 습관이 생긴 것이다. 외출할 때 마스크를 쓰는 것도 좋은 습관인 것 같다. 코로나19가 아니더라도 마스크를 쓰면 미세먼지로부터 호흡기를 보호할 수 있고, 여타 바이러스로부터 감염되는 걸 막을 수 있다. 우리 가족 모두가 최근 3~4년 정도 비교적 건강하게 지낼 수 있었던 것도 이러한 습관 덕분이 아닌가 싶다.

음지가 있으면 양지가 있고 산이 높으면 골이 깊다. 젊은 날의 내 삶이 지금의 나를 결정했듯 인생 후반기 초입에서 길들이고 있는 내 습관이 향후 내 삶의 질을 결정할 것이다.

오전에 글을 쓰고, 오후에 독서와 산책을 하며, 저녁에 충분한 휴식을 취하는 삶의 패턴을 습관으로 만들기 위해 노력하는 것도 그 때문이다. 내가 습관을 만들면 습관이 나를 만들어줄 것이다.

나를 알기에 밝고 나를 이기니 강하다

극기

자신을 아는 사람은 밝고
자신을 이기는 사람은 강하다

自知者明 自勝者强
자지자명 자승자강

요즘 워낙 핫하고 세간에서 말들이 많아 시험 삼아 나도 MBTI 검사를 해봤다. 그런데 짐작과는 다른 결과가 나왔다. ENFJ. '내가 외향적이라고?' 그럴 리가 없다 싶어 다시 해봤는데 결과는 마찬가지였다. 의외다. 내 사고가 직관적이라는 데는 고개가 끄덕여지는 부분인데, 내 성격이 외향적이라는 데는 쉽게 수긍이 가지 않는다.

나는 속마음을 상대에게 쉽게 털어놓는 스타일이 아니다. 그리고 활동적인 일보다 조용히 앉아 글을 쓰고 사색하는 걸 즐기는 편이다. 하지만 MBTI는 질문 자체가 객관적으로 설계되어 있어 기업들이 인재를 채용할 때 참고할 정도로 나름의 신빙성이 있다는 기사를 많이 봤다.

그렇다면 그동안 내가 나를 잘 몰랐다는 얘기가 된다. 곰곰이 생각해보니 그런 것 같기도 하다. 나를 가장 잘 아는 사람이 나라고 생각했는데, 의외로 거기에는 허점이 많다는 사실을 조금씩 깨달아가고 있다.

한 번은 이런 일이 있었다. 한국사학진흥재단 사무총장의 임기가 끝나갈 무렵, 평소 잘 알고 지내던 지인이 내게 와서 제안했다. "사무총장님, 이번에는 대학 총장을 한번 해볼 의향 없으세요?" 솔깃한 제안이었지만 전혀 생각하지 못했던 일이라 현실감이 느껴지지 않았다. 그래서 "제가 어떻게 그런 자릴" 하고 사양을 했더랬다.

그런데 지인이 워낙 강하게 권유해 '밑져야 본전'이라는 생각으로 일단 원서를 접수시켰다. 그리고 공모 절차에 따라 총장추천위원회 위원들 앞에서 면접을 봤는데 며칠 후 합격 통보를 받았다.

그렇게 해서 가게 된 곳이 경상남도 거창에 있는 한국승강기대학교 총장 자리였다. 승강기의 설계, 제작, 유지보수 등과 관련된 실용적인 기술을 종합적으로 가르치는 공과대학 계통의 대학교라 문과 출신인 내가 갈 수 있을까 싶었는데, 뜻밖에 관문을 통과했다.

총장으로 재직하며 나는 내가 모르고 있던 나를 발견했다. 한국승강기대학교는 캠퍼스가 지리산 자락의 외진 곳에 있다 보니 교양 과정 강사진을 모시는 게 여간 힘들지 않았다.

특히 인문학 강사를 모시는 건 하늘의 별 따기만큼이나 어려웠다. 교수들도 모두 공학 계통 전공자들이다 보니 인문학 강의를 맡길 수 없었다.

그래서 부득불 문과 출신인 내가 틈틈이 특강 형식으로 학생들에게 인문학 강의를 하게 되었다. 나는 정치학으로 박사학위를 받았다. 그런데 인문학은 같은 문과 계열이라도 정치학과는 또 다른 분야였다. 사회과학과는 여러 면에서 달랐기 때문에 처음에는 솔직히 '이걸 학문이라고 할 수 있나?'라는 생각을 가졌더랬다.

하지만 문학, 역사, 철학 계통의 고전을 읽어보니 그 맛이 남달랐다. 정치학과는 비교할 수 없는 묘미가 있었다. 왜 이쪽 방면으로 전공을 택하지 않았는지 후회가 될 정도로 구미를 자극했다.

한국승강기대학교 총장을 마치고 서울로 돌아온 후 나는 모 대학에서 초빙을 받아 강의를 맡았다. 전공이 정치학이다 보니 첫 학기에는 정치학 강의를 했는데, 그다음 학기부턴 '인문학 강좌'라는 커리큘럼을 신설해 내가 직접 강의를 맡았다. 특강이 아니라 정규 과정 과목이었기에 처음에는 내심 걱정이 앞섰다.

하지만 학기가 끝날 때쯤 나는 정치학보다 인문학이 내 적성에 더 잘 맞는다는 결론을 내렸다. 수강생들이 정치학 수업보다 몇 곱절 더 많았는데, 그게 또 다른 동기부여로 작용했다.

그렇게 인문학에 관심을 가지게 되었고 강의록을 묶어 『인문학을 부탁해』라는 책까지 출간하면서 나는 '정치학'이라는 옛날 옷을 벗고 본격적으로 '인문학도'의 길을 걸었다.

그 후 또 다른 대학의 교수 모집 공고에 서류를 제출하면서 고등학교 성적표와 생활기록부를 떼본 적이 있는데, 적성검사 항목 여섯 개 가운데 문학 분야 점수가 99점으로 기록되어 있는 걸 보고 깜짝 놀랐다. '내 안에 이런 자질이 있었다니! 여태까지 왜 이걸 모르고 있었을까?' 반평생을 살면서도 모르고 있던 나의 진짜 모습을 뒤늦게 찾은 것이다.

노자는 말한다.

"남을 아는 사람은 지혜롭고 자신을 아는 사람은 밝다. 남을 이기는 사람은 완력이 세고 자신을 이기는 사람은 강하다. 족함을 아는 사람은 부유하고 강하게 밀어붙이는 사람은 뜻하는 바가 있다. 제자리를 잃지 않는 사람은 오래 간다. 죽어도 멸망하지 않는 사람은 수명이 길다."

知人者智(지인자지) 自知者明(자지자명) 勝人者有力(승인자유력) 自勝者強(자승자강) 知足者富(지족자부) 强行者有志(강행자유지) 不失其所者久(불실기소자구) 死而不亡者壽(사이불망자수)

_『도덕경』 33장

나는 그동안 나를 잘 알지 못했다. 박사학위까지 받았지만 그게 나 자신을 아는 데 도움을 주지 못했다. 세상 지식이라는 건 결국 내가 아니라 남을 알기 위한 수단이었다. 나를 제대로 알기 위해선 '마음의 눈[心眼]'을 갖고 있어야 했는데 내겐 그런 눈이 없었다.

그랬기에 나는 밝지 못했고 강하지도 못했다. 내가 정한 삶의 좌표라는 건 남들이 설정해놓은 기준을 모방하고 쫓아가는 것에 지나지 않았다. 인문학에 흥미를 느끼기 시작하면서 나는 조금씩 나 자신을 알아가는 중이고, MBTI 검사는 내가 알지 못하는 또 다른 내가 있다는 걸 다시 한번 일깨워줬다.

자연은
스스로를 꾸미지 않는다

식물원 산책을 하며 나는 또 다른 나를 찾고 있다. 자연은 소박하고 꾸미지 않는다. 나는 그런 자연이 좋다. 내가 인생 후반기에 이르러 노자에 심취한 것도 내 자연주의적 성향 때문인 것 같다.

도시적인 삶이 마냥 좋은 줄 알았는데, 마곡으로 이사를 온 후 자연을 일상적으로 접하면서 내 취향이 도시보다 전원에 더 가깝다는 사실을 알게 되었다. 그런 분류를 하는 검사가 있다면 한번 해보고 싶다. '나는 도시적인 인간인가, 전원형 인간인가?' 몇 가지 버릇으로 미뤄볼 때 나는 후자 쪽에 더 가까운 것 같다.

산책길에서 처음 보는 나무가 있으면 걸음을 멈추고 이름을 확인한다. 식물원에 서식하는 다양한 나무와 꽃들에는 이름표가 붙어 있다. 그래서 누구나 쉽게 배울 수 있다. 자연에 대한 관심과 애정이 있기에 그런 동작이 나오는 것 같다.

간혹 이름표가 붙어 있지 않은 경우도 있는데 그럴 땐 앱으로 확인할 수 있다. 앱을 설치한 후 스마트폰으로 식물 사진을 찍으면 '이 나무는 ○○ 나무일 확률이 00%입니다.'라는 안내문이 뜬다. 정확하게 맞진 않지만 초심자의 궁금증을 풀어줄 정도는 된다.

단순하게 이름을 아는 데 그치지 않고 꽃이 피고 단풍이 드는 시기, 열매의 모양과 향기 등 식물들의 특성에 대해서도 나는 관심이 많다. 책도 찾아 보고 검색도 해보면서 많은 걸 배운다.

자연의 변화를 관찰하며 인생의 지혜를 배우는 게 내겐 더 흥미로운 요소다. 봄에는 꽃이 피고, 여름에는 녹음을 드리우고, 가을에는 단풍이 들고, 겨울에는 자신을 모두 비우고 다시 자연으로 돌아가는 식물들을 보며 어떻게 살아가는 게 지혜로운 삶인지 생각해본다.

때가 되면 아낌없이 자신을 비우는 나무들을 보며 '내겐 더 비울 게 없는지' 스스로에게 물어보고 나를 돌아본다. 그리고 그런 질문에 답을 하는 과정에서 나를 조금씩 더 깊이 알아가고 있다.

내가 볼 때 내가 어떤 사람인지가 중요하다

주인

천하를 내 몸처럼 귀하게 여기는 사람은
천하를 맡을 자격이 있다

貴身天下 可託天下
귀신천하　가탁천하

소심한 성격 탓인지 몰라도 나는 유독 남들의 시선에 예민했다. 그렇다 보니 사회에서 관계를 맺은 사람들의 반응과 평가에 신경을 많이 쓰는 편이었다. 지나가듯 툭 던지는 상대방의 말 한마디에도 쉽게 상처를 받곤 했다. 심리학에서 말하는 '둔감력'에서 나는 완전히 꽝이었다.

아내와 자주 다투는 이유도 그런 내 성격에서 기인하는 바가 크다는 사실을 최근에야 깨달았다. 노자의 『도덕경』을 주제로 한 글을 쓰면서 자연스럽게 나를 자주 돌아보게 되는데, 그때마다 내리는 결론은 내게 빈 마음의 지혜가 부족하다는 사실이다.

나는 매사에 무심하지 못하고 유심했다. 타인의 시선에 둔감하지 못하고 예민했다. 그 때문에 나를 삶의 중심에 두지 못했고 세속적인 평가를 삶의 중심에 뒀다.

종교적 도덕관념이 내 삶을 타율적으로 만드는 데 일정 부분 영향을 미친 게 아닌가 하는 게 내 생각이다. 나는 대구에서 전통 깊은 기독교 계통의 중학교를 다녔는데, 그 시절부터 기독교는 내 신앙으로 자리 잡았다.

일요일마다 교회에 가서 담임 목사의 확인 도장을 받아오는 게 숙제였기에 자연스럽게 동네 근처 교회를 찾았는데, 그 숙제가 오랜 세월 내 의식을 구속하는 틀이 되고 말았다. 나를 따라 어머니와 누님들도 교회에 나가면서 우리 집안은 자연스럽게 기독교를 받아들였다.

교회는 고단한 살림살이에 지친 영혼을 위로해주는 샘터 같은 곳이었기에, 우리 가족은 일요일 아침마다 습관적으로 성경 책과 찬송가 책을 옆구리에 낀 채 교회를 찾았다.

출석하는 교회의 성도로서 자신의 직분에 늘 충실했던 어머니와 큰누님은 훗날 권사 직분을 받았다. 그런 역사의 출발점도 따지고 보면 중학교 시절의 내 숙제였다.

중학교 시절 내게 부과된 또 한 가지 숙제는 〈주기도문〉과 〈사도신경〉〈십계명〉과 같은 기독교의 교리를 외우는 것이었다. 교회에 다니려면 알아야 하는 기본적인 지식이기도 했지만 학교 성적과 관련이 있는 것들이라 입에 붙을 때까지 무조건 외웠다.

'하늘에 계신 우리 아버지'로 시작되는 〈주기도문〉과 '전능하사 천지를 창조하신'으로 시작되는 〈사도신경〉, '나 이외에 다른 신을 섬기지 말라'라는 계명으로 시작되는 〈십계명〉을 얼마나 열심히 외웠던지 교회에 다니지 않는 지금도 입에서 줄줄 나온다.

기독교의 계율들은 초등학교 시절 외웠던 구구단이나 국민교육헌장처럼 내 삶 구석구석에 침투했고, 마침내 내 무의식까지 장악했던 것이다.

중학교를 졸업한 후 나는 기독교와는 정반대 쪽에 있는 불교 계통의 고등학교에 입학했다. 추첨을 통해 배정되는 학교에 무조건 진학해야 하던 때라 내 의지대로 학교를 선택하는 게 불가능했다.

고등학교 때 종교 시간에는 가부좌를 틀고 손가락을 가지런히 모은 채 '옴 마니 반메 홈' 주문을 외워야 했는데 그 시간이 내겐 큰 고통이었다. 기독교 신앙과는 배치되는 행동이었기 때문에 심적인 갈등이 심했다.

하지만 나는 종교를 바꾸지 않았다. 불교 고등학교에 3년을 다녔지만 내 종교는 여전히 기독교였다. 불교 교리는 종교 시간에 배우는 단순한 지식에 그쳤고 기독교처럼 내 의식을 지배할 정도로 큰 영향력을 발휘하진 못했다.

대학 시절 내 기독교 신앙은 더 공고해졌다. 주일마다 교회에 나가는 것 외에도 부설 야학에서 담임을 맡기도 했고, 여름 방학에는 교회 대학부에서 실시하는 농어촌 봉사활동에 꼬박꼬박 참여했다. 그 외에도 대학 캠퍼스에 파견된 선교사와 별도로 만나 성경 공부도 했다.

졸업한 후 신학대학원에 진학해 성직자가 되는 꿈을 꾸기도 했을 정도였으니, 기독교가 내 삶에 미친 영향이 얼마나 컸는지 짐작할 수 있을 것이다. 대학 시절 내 삶은 기독교로 시작해 기독교로 끝났다고 해도 과언이 아니다. 그러다 보니 세상을 바라보고 살아가는 방식이 온통 기독교에 의해 지배되었다.

당시 내 기독교 신앙의 핵심을 한마디로 요약하면 '나를 버리고 신을 내 삶의 중심에 놓는 것'이었다. 나라는 존재는 설 자리가 없었고 내 삶은 교리에 끌려가는 타율적인 게 될 수밖에 없었다.

내가 보기에 좋은 게 아니라 하나님이 보기에 좋은 게 최고선이었고, 나의 주체적 판단과 인식이 아니라 신이 정한 계율과 교리가 가장 중요한 기준이었다.

'교회에 다니는 사람이 왜 저래?'라는 비난이 두려워 나를 자연스럽게 드러낼 수 없었고, 그런 일들이 반복되며 나는 더욱더 소극적이고 수동적인 존재가 되어갔다.

『도덕경』을 읽으며 나는 그 기준을 바꿨다. 그동안 삶의 기준이었던 신을 밀어내고 그 자리에 나를 앉혔다.

노자는 말한다.

"내가 환란을 당하는 건 내가 몸을 가지고 있기 때문이다. 나에게 몸이 없다면 내게 무슨 환란이 있겠는가? 그러므로 천하를 내 몸처럼 귀하게 여기는 사람에겐 가히 천하를 맡길 수 있고 천하를 내 몸처럼 사랑하는 사람이야말로 천하를 맡을 자격이 있다."

吾所以有大患者(오소이유대환자) 爲吾有身(위오유신) 及吾無身(급오무신) 吾有何患(오유하환) 故貴以身爲天下(고귀이신위천하) 若可寄天下(약가기천하) 愛以身爲天下(애이신위천하) 若可託天下(약가탁천하)

_『도덕경』13장

노자 사상은 주체사상이다. 북한에서 말하는 주체사상과는 차원이 다른 말이니 오해가 없길 바란다.

공자는 개인의 자율적 판단보다 공동체의 규범과 가치를 윤리의 일차적 기준으로 삼는다. 그래서 유교 사상에서 개인은 타율적 객체에 머무른다. 기독교도 그렇다. 신이 정한 기준이 세상의 절대선이고 사람은 따르기만 하면 된다. 그에 비해 노자는 개인의 자율적 판단을 윤리의 최우선적 기준으로 삼는다.

타인의 기준이 아니라
나의 기준이 중요하다

노자에게서 개인은 천하보다 우선한다. 내가 없으면 천하도 없고, 내 몸뚱이가 없으면 '만사휴의'라는 게 노자의 생각이다. 위 인용문에 나오는 '고귀이신위천하 약가기천하'는 그런 의미에서 노자의 주체사상을 압축적으로 보여주는 대표적인 구절이라 할 수 있다.

그렇다. 내 삶의 주인은 나다. 매우 평범한 진리인데 나는 이 사실을 잘 모르고 살았다. 내가 아니라 타인의 기준으로 세상을 봤기에 내 삶의 주인은 내가 아니라 타인이었다. 남이 볼 때 내가 어떤 사람인지가 중요했지 내가 볼 때 어떤 사람인지는 중요하지 않았다.

하지만 이제는 다르다. 글을 쓰는 동안 내가 누구인지 알게 되었고, 그동안 부족했던 마음의 품을 넓히는 방법과 상처를 치유하는 법을 깨달았다. 그런 경험은 인생 후반기를 살아가는 데 큰 힘이 되어줄 테다. 혹 일이 생겨 스텝이 꼬일 수도 있겠지만 개의치 않을 것이다. 그때마다 다시 일어서는 법을 알고 있기 때문이다.

쓰러졌을 때 가장 좋은 해결법은 일어서는 것이다. 그동안에는 그게 무척 힘들었는데 이젠 별것 아닌 게 되었다. 쓰러졌을 때 툭툭 털고 일어나 다시 길을 간다. 쓰러졌다는 사실을 염두에 두지 않은 채 앞을 향해 가다 보면 또 다른 길을 만날 것이다. 그 길을 따라 다시 걸을 것이다. 걷다 보면 그 길이 삶의 도가 될 것이다.

얄팍함을 버리고 단단함을 취하는 사람

얄팍한 데 거하지 않고
저것을 버리고 이것을 취한다

不居其薄 去彼取此
불거기박 거피취차

식물원은 철마다 얼굴이 바뀐다. 겨우내 얼어 있던 대지가 따뜻한 기운을 얻어 다시 기지개를 켜는 3월에는 산수유와 매화가 식물원의 대표 식물이 된다.

봄날 산책길에 노란색의 산수유와 한들한들한 매화가 눈에 띄면 진짜 봄이 왔다는 신호다. 산수유와 매화는 '춘래불사춘'이라는 말을 멀찌감치 밀어낸다.

시인은 4월을 잔인한 달이라고 노래했지만 식물원의 4월은 인자하다. 산수유와 매화가 채 지기도 전에 목련이 탐스럽게 피어나고,

뒤이어 벚꽃이 산책길을 뒤덮을 때쯤 내 마음은 구름처럼 부풀어 오르고 세상은 솜사탕처럼 달콤해진다. 목련과 벚꽃은 흰색 계열의 꽃이라 4월의 식물원은 하얀 물감을 풀어놓은 듯 순백으로 채색된다.

5월이 되면 식물원은 다시 한번 옷을 갈아입는다. 산수유와 매화, 목련, 벚꽃 등 봄의 전령사들이 임무를 마치고 대지의 품으로 돌아갈 때쯤 진달래와 영산홍, 철쭉이 식물원을 울긋불긋하게 물들인다. 이들은 키가 그리 크지 않지만 무리를 이뤄 피다 보니 색채의 화려함에선 단연 으뜸이다.

달력이 바뀌어 계절이 여름의 문턱으로 접어들 때쯤이면 식물원 연못에 소담스럽게 피어나는 수련과 연꽃이 제격이다. 연꽃보다 좀 더 일찍 피는 수련은 색깔도 흰색과 자색, 노란색 등으로 다양해 보는 맛이 각별하다.

수련은 일조량과 시간에 따라 잎을 오므렸다 폈다 하기 때문에 고운 자태를 매양 볼 수 없다. 그래서 타이밍이 잘 맞아 활짝 핀 수련을 보는 날에는 한동안 발길을 멈추고 연못 주위를 맴돈다. 그런 날에는 어김없이 카메라의 사진 폴더에 수십 장의 수련이 저장된다.

클로드 모네가 왜 말년에 수련 연작을 그리며 살았는지 그 이유를 조금은 알 것도 같다. 수련은 시시각각 모습이 바뀐다. 식물 하나에서 수시로 전환이 일어나는 꽃이 수련이다. 글이 잘 써지지 않아 시각의 전환, 발상의 전환이 필요하다 싶을 때 나는 모네의 수련 연작에서 새로운 모티브를 얻곤 한다.

장마철이 끝나갈 무렵에는 수국과 무궁화가 식물원 마당을 점령한다. 수국이 피면 장마가 시작된다고들 하지만 내 관찰에 의하면 수국은 장마가 물러갈 때쯤 활짝 핀다. 수국은 머리가 워낙 커서 멀리서도 쉽게 보인다.

폭우로 한동안 식물원을 찾지 못하다가 장마가 소강 상태에 접어들었을 때 다시 아내와 함께 식물원 산책길에 나섰는데, 가장 먼저 눈에 띈 게 수국이었다. LG아트센터를 끼고 식물원 우측 길로 접어드니 저 멀리 피어 있는 수국이 우리를 반긴다.

조금 옆에는 각양각색의 무궁화가 군무를 이루고 있다. 무궁화는 꽃이 피어 있는 시기가 제법 길다. 이름처럼 무궁하진 않지만 대략 100일 정도 피어 있다. 기껏해야 열흘 정도 피어 있는 목련이나 벚꽃에 비하면 상당히 길다.

그렇다고 한번 핀 꽃이 100일간 그 자리에 계속 피어 있는 건 아니다. 꽃망울을 터뜨린 무궁화는 하루만 피어 있다가 곧 땅에 떨어진다. 뒤이어 또 다른 꽃이 밀고 올라온다.

무궁화라는 하나의 개체에서 개화와 낙화의 전환이 수없이 일어난다. 하지만 사람들은 피어 있는 순간의 무궁화만 보고 이면의 역동성을 보지 못한다.

지조가 높기로는 배롱나무도 무궁화 못지않다. 배롱나무는 나무에 핀 백일홍이라는 의미에서 '목(木)백일홍'으로도 불린다. 이름처럼 대략 100일 정도 피어 있다. 색깔도 주로 붉은 단색을 띠고 있어 배롱나무를 볼 때마다 나는 사육신 선비들을 떠올린다.

심지가 단단했던 그들은 붉은 단심으로 지조를 지켰다. 배롱나무 꽃잎에는 그들이 흘린 고귀한 피가 스며 있는 듯해 보는 사람으로 하여금 옷깃을 여미게 한다. 내가 본 배롱나무도 그랬다. 유난히 더 붉었다. 시절이 어려운 탓인가? 나이가 들어간다는 징표인가?

글을 쓰고 있는 지금도 단단한 배롱나무에 흔연히 매달려 있는 붉은 기운들이 눈앞에 어른거린다. 삶의 전환점을 맞은 지금 내가 닮고 싶은 식물 중 하나가 배롱나무다. 배롱나무의 단단한 심지와 단심을 닮고 싶다. 그리고 매일 매일 새롭게 거듭나는 수련과 무궁화의 예술적 전환도 닮고 싶다.

노자는 말한다.

"그러므로 대장부는 두터움에 머물고 얄팍한 데 거하지 않는다. 열매에 머무르고 꽃에 거하지 않는다. 저것을 버리고 이것을 취한다."

是以大丈夫處其厚(시이대장부처기후) 不居其薄(불거기박) 處其
實(처기실) 不居其華(불거기화) 故去彼取此(고거피취차)

_『도덕경』 38장

계절이 가을로 바뀌면 식물원에는 또 한 번의 전환이 일어난다. 봄 여름의 전환은 얼굴이 바뀌는 작은 전환이지만 가을의 전환은 질적인 변화가 일어나는 대전환이다. 식물들은 종류를 불문하고 떠날 준비를 한다.

계절을 잊은 채 늦도록 피어 있던 꽃들도 마지막 남은 꽃잎을 떨구고 어머니의 품으로 돌아갈 채비를 갖춘다. 여름 내내 푸르름을 자랑하던 나무들은 새로운 세상으로 떠나기 위해 싱싱하던 녹음을 아낌없이 버린다. 먼 길을 떠나는 나그네가 봇짐을 가볍게 하듯 식물들은 자신의 몸을 가볍게 함으로써 전환에 대비한다.

이제는 돌아갈 때를
준비할 시간

가을이 되면 인근에 있는 개화산을 즐겨 찾는다. 개화산은 그리 높지 않아 쉬엄쉬엄 가도 세 시간 정도면 정상까지 갔다올 수 있기 때문에 내 나이에 맞춤한 산이다. 특히 가을에는 등산로 입구에 피어 있는 단풍나무가 볼 만해 주말이면 꼭 찾는다.

서울식물원은 개장한 지 그리 오래되지 않아 나무들이 풍기는 깊은 맛이 조금 덜 하다. 그래서 아쉬운 마음이 들 때가 있다. 사시사철 식물의 변화를 감상하는 데 크게 부족함이 있는 건 아니지만, 연륜이 깊지 않다 보니 단풍철에는 내장산이나 금오산의 단풍이 그리울 때가 있다.

한 번은 개화산에 올랐다가 하산길에 등산화 밑창이 떨어져 애를 먹은 적이 있다. 전혀 생각지도 못한 일이었기에 난감하기 짝이 없었다. 임시방편으로 신발 끈을 풀어 밑창을 얼기설기 묶은 후 산을 내려왔는데, 개화산이 비록 험산은 아니지만 그래도 산길이라 여간한 고역이 아니었다.

나이 육십을 넘기면서 나도 이제 하산을 준비할 때가 되었다. 뜻하지 않게 신발 밑창이 떨어질 수도 있고 예기치 못한 사고를 만날 수도 있다. 그 가능성을 조금이라도 줄이는 게 소박한 목표다.

인생 전반기 나는 화려한 꽃을 좇으며 살았다. 달콤한 꿀, 쾌락, 향락 있는 삶을 추구했다. 부나방들이 모여드는 권력의 주변을 맴돌았고 윌리엄 골딩의 『파리대왕』에 나오는 군상들처럼 눈앞의 실리를 좇아 부화뇌동했다.

인생의 반환점을 돌며 그것들이 얼마나 부질없는지 깨달았다. 그리고 그런 삶을 내려놓았다. 끝을 향해 달려가는 세월을 더 이상 낭비하지 않으려 나는 삶의 전환을 선언했다. 보물단지나 되는 것처럼 끌어안고 살던 물건들을 모두 내다 버림으로써 새로운 세상으로 날기 위한 채비를 마쳤다.

계절 따라 바뀌는 식물원의 얼굴들을 보며 나는 오늘도 또 다른 삶의 전환을 꿈꾼다. 눈에 보이는 듯, 보이지 않는 듯, 자연스럽게 황혼의 삶으로 옮겨가고 싶은 게 간절한 소망이다. 화려함보다 두터움, 꽃이 아니라 열매에 집중하는 '거피취차'의 전략으로 인생 후반전을 성실하고 단단하게 보내고 싶다.

　오늘도 지나온 세월을 돌아보며 그 영욕의 흔적들을 한 땀 한 땀 정성스럽게 원고지에 옮겨 적는다. 오늘 내가 걷고 있는 이 길이 훗날 누군가에게 새로운 좌표가 될 수 있으리라는 생각에 담담하게 발걸음을 내딛는다.

간소한 삶의 원칙에서 나를 다잡는 법

절제

이름 없는 통나무로
욕심을 없앤다

無名之樸 夫亦將無欲
무명지박 부역장무욕

젊은 시절의 나는 근검절약형 인간이 아니었다. 탐나는 물건이 있으면 이것저것 사 모으는 편이었다. 특히 넥타이에 집착이 강해 한때 내 옷장에 100개가 넘는 넥타이가 걸려 있기도 했다. 색깔별로, 종류별로, 유행에 따라 하나씩 사다 보니 어느새 주체할 수 없을 정도로 넥타이가 많아졌다.

해외여행에서 돌아올 때 내 트렁크에는 항상 넥타이가 수북했다. 보름 정도 일정으로 서유럽 5개국을 다녀온 적이 있는데, 거쳐온 도시마다 넥타이를 한두 개씩 수집하다 보니 여행 가방에 열 개가 넘는 유럽표 넥타이가 쌓여 있었다.

이탈리아의 로마와 밀라노, 피렌체, 베니스, 프랑스의 파리, 독일의 프랑크푸르트, 스위스의 취리히, 영국의 런던 등 도시마다 특색 있는 디자인의 넥타이가 왜 그렇게 좋았던지 지금 생각하면 이해할 수 없는 취미였다.

그 시절에는 넥타이를 선물하는 게 유행이기도 했다. 대학이나 기관을 방문할 때면 그곳의 로고가 찍힌 넥타이 선물을 꼭 받아오곤 했다.

그렇게 애지중지하던 넥타이가 지금은 딱 두 개밖에 남아 있지 않다. 간소하게 살기로 마음먹은 후 지난날의 물건들 가운데 꼭 필요한 것들만 남기고 나머지는 죄다 버렸는데 넥타이도 예식장용 하나, 상갓집용 하나를 제외하곤 모두 버렸다. 그 후로는 넥타이 구입에 돈을 지출한 적이 단 한 번도 없다.

그러니까 지난날 그렇게 사 모았던 넥타이들은 쓰기 위한 물건이 아니라 관상용에 지나지 않았던 것이다. 꼭 필요한 건 하나로도 족하고 꼭 필요하지 않은 건 하나도 많다는 법정 스님의 무소유를 인생 후반기 모토로 정한 후 나는 더 이상 물건을 탐하지 않는다.

인간관계를 단출하게 하니 사람 만날 일이 줄어들고 사람을 만나도 예전처럼 격식을 갖추지 않으니 넥타이 맬 일이 없어진 것도, 소비 패턴에 변화를 가져온 요인 중 하나다.

한때는 책에 대한 집착도 강했다. 이삿짐을 쌀 때 가장 큰 골칫거리가 책이었을 정도로 내 책장에는 책이 많이 꽂혀 있었다. 사다 놓고 제대로 읽지 않은 책들이 대부분이라 그것들은 그저 공간을 차지하는 종이 더미에 불과했다.

하지만 이제는 책 욕심도 버렸다. 넥타이를 버릴 때와는 달리 책을 버릴 때는 고민을 많이 했다. '그래도 언젠가는 한 번쯤 읽을 책인데'라는 생각이 망설이게 했다. 하지만 '언젠가'라는 생각을 기준으로 물건을 남기면 버릴 물건이 하나도 없다는 걸 깨달으면서 책도 미련 없이 버렸다.

지금 돌아봐도 그렇게 하길 잘했다는 게 내 생각이다. 필요한 책이 있으면 인근 도서관에 가서 언제든지 빌려 볼 수 있기 때문에 굳이 내 책장에 책을 꽂아둘 이유가 없다. 지금의 독서량이 과거보다 열 배 이상 된다는 사실로 미뤄 볼 때, 책을 많이 가지고 있는 것과 책을 많이 읽는 건 별개의 문제다.

내 경험상 그건 반비례한다. 책을 500권 정도 가지고 있을 때 내 연간 독서량은 고작 50권 정도였는데, 소유한 책이 50권 정도밖에 안 되는 지금은 내 연간 독서량이 어림잡아 500권은 넘는다.

작년에 옆 단지로 집을 옮기면서 옷가지와 신발, 기념패, 서류, 명함들도 많이 정리했다. 옷은 철철이 편하게 입을 옷 몇 벌씩만 남겨두고 모두 재활용 박스에 내다 버렸다. 신발도 산책할 때 신을 운동화와 외출용 구두 두어 켤레, 등산화, 슬리퍼 정도만 남기고 나머지는 모두 버렸다.

기념패는 예전에 물건 정리할 때 많이 버렸는데 그래도 남아 있는 게 있어 2차로 정리했다. 공직에 있을 때 책상 위에 두고 쓰던 명패는 무거운 유리로 되어 있어 보관하기도 까다롭다. 그래서 이참에 싹 없앴다.

서류들 가운데는 부동산 서류나 출판 계약 서류 등 꼭 필요한 것들만 남기고 나머지는 다 버렸다. 송사가 있을 때 법원에서 송달받은 서류들과 준비서면, 답변서 등을 남김없이 내다 버리고 나니 마음이 한결 홀가분해졌다.

명함도 예전에 많이 버렸는데 그간 쌓인 것들이 있어 이번에 추가로 버렸다. 물건에 얽힌 추억들 가운데 좋은 건 마음에 남기고 나쁜 건 내다 버린다는 걸 원칙으로 삼았는데, 앞으로도 이 원칙 하나만은 버리지 않을 것이다.

노자는 말한다.

"도는 언제나 무위하지만 하지 못하는 게 없다. 임금이나 제후가 이를 지키면 만물이 저절로 이뤄진다. 저절로 이뤄지는데 인위적으로 뭘 도모하려는 욕심이 생기면 이름 없는 통나무로 억누른다. 이름 없는 통나무로 욕심을 없애니 욕심이 없으면 고요해지고 천하는 저절로 제자리를 잡는다."

道常無爲而無不爲(도상무위이무불위) 侯王若能守之(후왕약능수
지) 萬物將自化(만물장자화) 化而欲作(화이욕작) 吾將鎭之以無
名之樸(오장진지이무명지박) 無名之樸(무명지박) 夫亦將無欲(부
역장무욕) 不欲以靜(불욕이정) 天下將自定(천하장자정)

_『도덕경』37장

단순한 삶을 추구한다지만 욕심이 인다. 누리던 것들이 그리워지
기도 하고, 화려한 조명 빛과 라운딩 코스가 눈앞에 어른거리기도
한다. 그때마다 노자의 '이름 없는 통나무'로 욕망을 억누른다.

마음속에 탐진치의 그림자가
어른거릴 때

욕심을 부리자면 세상은 한정 없다. 돈 욕심, 명예 욕심, 건강 욕심
등 욕심껏 세상을 살자면 한도 끝도 없다. 돈이란 결국 금속 덩어리
거나 종이조각, 혹은 가상공간의 숫자에 불과하지만 부자가 되려는
욕심이 발동되면 쌓아도 쌓아도 모자란 게 돈이다.

명예라는 것도 내려놓은 후 돌아보면 한 줌의 모래알처럼 허망하
지만, 권력의 척도로 여기며 맛을 누릴 땐 더 크고 높은 걸 추구한
다. 건강도 그렇다. 당뇨나 고혈압이 있을 땐 그것만 사라지면 원이

없겠다고 여기지만, 사라지고 나면 또 다른 욕심을 부린다

식물원 산책을 하며 길가에 적치된 통나무를 볼 때마다『도덕경』 37장의 구절 '무명지박(無名之樸) 부역장무욕(夫亦將無欲)'을 떠올린다. 아무런 욕망도 없이 무심하게 자리를 지키는 통나무를 보며 간소한 삶의 원칙에서 벗어나지 않으려 나를 다잡는다.

마음속에 탐진치(貪瞋癡)의 그림자가 어른거릴 때마다 법정 스님의 무소유 정신을 떠올리며 욕망을 절제하고, 노여움을 가라앉히고, 어리석음을 다스린다. 매 순간 마음먹은 대로 절제가 되는 건 아니지만 과거처럼 무분별하게 내 삶이 흐트러지진 않는다.

탐진치의 그림자가 조금 짙게 끼인 날에는 식물원을 한 바퀴 더 돌며 마음을 가라앉힌다. 그래도 여전히 마음이 어지러울 땐 호숫가 흔들의자에 몸을 맡긴 채 조용히 물멍을 때리며 욕망이 가라앉을 때까지 기다린다.

흘러가는 물을 바라보며 삶의 도를 깨우친『싯다르타』의 뱃사공을 떠올린다. 한참을 앉아 있노라면 어느새 마음속의 먹구름이 걷힌다. 그때쯤 다시 일어나 가던 길을 간다. 산책을 마무리한 후 집으로 돌아간다. 인생 후반기 삶이 조금이라도 더 안락하고 맑아지려면 밖에서 만든 어두운 그림자를 집 안으로 끌고 들어오지 말아야 한다.

한 번의 행동이 백 마디 말보다 낫다

실천

말 없는 가르침에
미칠 만한 게 없다

不言之敎 天下希及之
불언지교 천하희급지

마곡으로 이사를 오기 전 나는 서울시 동작구 상도동에 살았다. 그전까진 경기도 평촌에 살았는데 큰딸이 입시학원을 다니기 시작하면서 학원과 접근성이 좋은 곳으로 이사를 왔다. 아파트가 조금 낡고 언덕배기에 위치해 있어 여러모로 불편했지만, 단지 내 상가 건물에 헬스장이 있어 그것 하나는 좋았다.

출근하기 전 한 시간 정도 근력 운동과 골프 연습을 한 후 샤워까지 할 수 있어 아침 루틴을 유지하는 데 그만이었다. 경남 거창에 있는 한국승강기대학교 총장으로 내려가면서 그 시설들을 매일같이 이용할 수 없게 된 게 많이 아쉬웠는데, 그래도 주말에 한 번씩 올라올 때는 꼬박꼬박 이용했더랬다.

지금도 잊히지 않는 게 헬스장 입구에 적혀 있던 'no pain no gain'이라는 영어 문구다. 옛날 이발소 벽면에 많이 걸려 있던 밀레의 〈만종〉만큼이나 흔한 클리셰였지만 몸이 약했던 내겐 상당한 무게로 다가왔다. 그 문구를 볼 때마다 나는 마음속으로 '파이팅'을 외치며 나를 독려했다.

마곡으로 이사를 온 후에는 내 아침 루틴이 바뀌었다. 상도동에 살 땐 눈 뜨자마자 헬스장으로 가서 운동을 했는데 그런 습관이 사라졌다. 일어나는 시간도 한 시간 정도 늦어지고 그러다 보니 아침 시간을 효율적으로 이용할 수 없게 되었다.

이 습관을 고쳐준 게 EBS의 영어 프로그램이었다. 아내가 아침 준비를 하면서 늘 듣는 방송인데 그 시간에 나는 잠자리에서 빈둥거렸다. 잠에서 깨긴 했는데 특별히 하는 일이 없다 보니 자리에 누워 시간을 허비했던 것이다.

그러던 어느 날 식사 준비를 하다가 잠깐 안방에 들어온 아내의 스마트폰에서 울리는 원어민 목소리가 귀에 쏙 들어왔다. 지하철 안내 방송에서 많이 듣던 목소리라 무척 친숙하기도 했고 발음이 워낙 또박또박하고 목소리가 좋아 듣기가 무척 편했다. 그 순간 '나도 저걸 들어야겠다'라는 생각이 뇌리를 스쳤고 아내가 일러준 앱을 깔아 다음 날부터 바로 듣기 시작했다.

아내는 6시 40분부터 하는 〈입이 트이는 영어(입트영)〉와 7시부터 하는 〈스타트 잉글리시〉를 연이어 듣는데, 나는 거기에 6시 20분부터 하는 〈귀가 트이는 영어(귀트영)〉를 추가해 들었다.

그 습관이 지금까지도 이어지고 있다. 간단한 운동도 되고 영어실력도 늘리니, 아침 시간을 효율적으로 활용하는 데 그보다 더 좋은 습관이 없는 것 같다. 다양한 주제들에 대한 정보를 얻을 수 있어 일석삼조의 효과가 있다.

한 번은 「중대재해 처벌 등에 관한 법률」의 입법 취지와 적용 사례에 관한 지문을 들으며 관련된 표현을 연습했는데, 경영자들이 재해를 예방하고자 책임을 회피한다고 할 때의 '회피'에 해당하는 영어 단어가 'shirk'라는 사실을 처음으로 알았다.

아침마다 한 시간씩 영어 프로그램을 들으며 나는 흐트러졌던 내 아침 루틴을 회복했다. 영어 프로그램은 월요일부터 토요일까지 매일 아침 같은 시간에 방송된다. 월요일부터 금요일까진 본방송을 하고 토요일에는 그 주의 내용을 요약해 복습하는 형태로 이뤄지는데, 그에 맞춰 나는 하루를 시작한다.

그러다 보니 영어 방송이 나의 하루를 결정짓는 지도리 같은 역할을 한다. 〈스타트 잉글리시〉가 끝나면 곧바로 컴퓨터를 켜고 그날 쓸 분량의 원고 작업을 시작한다. 정해 놓은 꼭지의 주제에 맞게 전체적인 글 내용을 구상한 다음 아침 식사를 하고 식사가 끝나면 아령과 악력기로 간단한 근력운동을 한 후 다시 작업을 시작한다. 점심 무렵에는 그날의 원고 작업을 마칠 수 있다.

오후에는 주로 독서를 하고 다섯 시부터 1시간가량 식물원 산책을 하며 생각을 정리한다. 아침 루틴이 잘 잡히니 하루의 일상이 물 흐르듯 잘 흘러간다는 게 내 생각이다. 간단한 실천 하나가 내 삶의 중심을 잡아주고 있는 것이다.

노자는 말한다.

"말 없는 가르침과 무위의 유익함에 미칠 만한 게 없다."

不言之教(불언지교) 無爲之益(무위지익) 天下希及之(천하희급지)
_『도덕경』 43장

백 마디 말보다 하나의 실천이 도에 더 가깝다는 게 노자의 설명이다. 맞는 말이다. 내 경우 젊은 시절 '영어 공부를 좀 더 열심히 하자.'라고 수없이 다짐하곤 했는데 제대로 실천하지 못했다. 지금은 그런 다짐을 하지 않는다. 대신 아침 루틴으로 정착시켜 매일 실천하고 있다. 그동안 몰랐던 영어 단어나 표현을 꽤 많이 알게 되었는데, 나 스스로에게 행하는 '불언지교(不言之敎)' 덕분이다.

도란 행함으로
이뤄가는 것

어느 날 한 수행자가 밥을 다 먹은 후 성철 스님에게 말했다. "스님, 한 말씀 부탁드립니다." 그러자 성철 스님이 물었다. "공양(불가에서 쓰는 단어로 식사를 뜻함)을 다 끝냈는가?"

스님의 질문에 수행자는 대답했다. "예, 스님. 지금 막 공양을 끝냈습니다." 스님은 자세를 고쳐 잡고 앉았다. 수행자는 속으로 '드디어 큰 법문을 듣게 되는구나.'라고 생각하며 기쁨을 감추지 못했다.

하지만 성철 스님의 입에서 나온 말은 의외의 한마디였다. "공양을 끝냈으면 바리때(수행자들이 쓰는 밥그릇)를 치우거라." 현재 주어진 일에 충실한 게 '도'라는 취지의 말이다.

『장자』에선 다음과 같은 에피소드를 통해 '도란 행함으로 이뤄가는 것[道行之以成]'이라는 가르침을 일깨워준다.

정나라에 귀신같이 알아맞추는 무당 계함이 있었다. 열자가 그를 만나보고 돌아와 스승 호자에게 말하길, "처음에 저는 선생님의 도가 최고라고 생각했습니다. 그런데 이제 보니 선생님보다 뛰어난 사람이 있습니다."라고 했다. 호자가 말하길, "시험 삼아 그를 내게 데려와 내 관상을 보게 하라."라고 했다.

다음 날 열자가 계함과 함께 호자를 만났다. 계함이 호자의 관상을 보고 밖으로 나와 열자에게 말하길, "아, 그대의 선생님은 곧 죽을 것이다. 살아날 가망이 없으니 열흘을 넘기지 못할 것."이라고 했다. 열자가 들어와 옷섶을 적시며 울며 호자에게 무당의 말을 전하자 호자가 말하길, "아까 나는 그에게 대지의 무늬만 보여줬다. 시험 삼아 다시 데려와 보라."라고 했다.

다음 날 다시 호자를 만난 계함은 말했다. "다행이다. 그대의 선생님은 나를 만나 병이 나았다." 열자가 들어가 그 말을 고하자 호자가 말하길, "아까 나는 그에게 하늘의 모습을 보여줬다. 시험 삼아 내일 다시 데려와 보라."라고 했다.

다음 날 다시 호자를 만난 계함은 실성한 듯 달아나버렸다. 열자가 기이하게 여기자 호자는 말했다. "이번에 나는 계함에게 내 본 마음을 보여줬다. 마음을 텅 비우고 욕심이 전혀 없는 모습으로 대했더니 어찌할 바를 모르고 도망친 것이다."

그런 일이 있은 후 열자는 스스로 배움을 시작하지도 못했다고 생각해 집으로 돌아가 3년 동안 밖에 나오지 않으며, 아내를 위해 불을 피워 밥을 짓고 돼지를 사람같이 먹였다. 일이 있으면 멀고 가까움을 따지지 않았고 인위(人爲)를 깎아버리고 쪼아 없애 소박함으로 되돌아갔다.

어려울수록 근본을 돌아봐야 한다

기본

가벼우면 근본을 잃고
조급하면 군주의 자리를 잃는다

輕即失本 躁即失君
경즉실본 조즉실군

모든 일은 기본이 중요하다. 특히 골프라는 운동이 그렇다. 나는 국회에서 근무하던 시절인 30대 후반 골프에 입문했다. 의원 회관에서 본관 상임위원장실로 근무지가 바뀐 후 시간적 여유가 나길래 골프를 시작했다. 마침 상임위원장실 입법조사관으로 근무하던 대학 후배 하나가 나랑 비슷한 시기에 골프를 시작해 그와 함께 연습장도 다니고 라운딩도 여러 차례 나갔다. 그런데 그에 비해 나는 발전 속도가 더뎠다. 비거리도 그렇고 정확성도 그렇고 내 골프는 진도가 잘 나가질 않았다. 이유는 기본기에 있었다.

골프를 치기로 마음먹은 후 처음 나간 곳이 국회 앞 목욕탕에 딸린 간이 실내 연습장이었는데, 그곳에서 처음부터 자유롭게 채를 휘둘렀다. 골프채를 쥐는 방법(그립)과 간단한 자세(어드레스)만 배운 후 볼을 때리는 데만 집중했다. 코치도 별다른 간섭을 하지 않고 지켜보는 방임형이었기 때문에, 나는 온 힘을 다해 골프공을 가격하는 것으로 연습 시간을 채웠다.

골프는 번호가 붙여진 각각의 채(클럽)마다 길이가 달라 거기에 맞춰 어드레스와 스윙 동작 등이 다른데, 나는 그런 차이에 아랑곳하지 않고 모든 채를 동일하게 내 식대로 휘둘렀다. 3개월 정도 그렇게 연습한 후 필드에 나가기 시작했는데, 연습장과는 달리 필드에서의 골프공은 내 의지와 전혀 상관없이 자유롭게 공중을 날아다녔다.

그러다가 대변인실에 근무할 때 골프 박사로 불리는 친한 기자에게 "좀처럼 스코어가 줄어들지 않는다."라고 털어놓은 후 골프 잘 치는 비법이 뭔지 팁 하나만 알려달라고 부탁했다. 내 이야기를 듣더니 그는 대뜸 기본기가 잘못되었다고 말했다. 그런 자세로는 백날 가도 제자리걸음일 거라며 기초부터 다시 배우라고 했다.

박사급의 조언이라 일리가 있다고 판단한 나는 다음 날 당장 새로운 연습장을 알아봤고, 그곳에서 새로운 코치에게 처음부터 시작하는 마음으로 기본기부터 차근차근 다시 익혔다. 클럽별 어드레스와 그립 쥐는 법, 백스윙과 다운스윙 시 힘을 주고 빼는 방법, 숏 게임 기술 등 모든 걸 다시 배웠다.

한 번 몸에 굳은 동작을 바꾸는 게 결코 쉽지 않았지만 몇 개월 땀을 흘리니 조금 나아지는 것 같았다. 그나마 보기 플레이어 정도라도 될 수 있었던 건 기본기의 중요성을 지적해준 골프 박사 기자의 원포인트 레슨 덕분이었다.

한때 즐겨 하던 바둑도 동네 바둑으로 시작했다. 책을 훑어본 후 동네 기원에 나가 친구랑 대국을 즐기다가 인터넷이 붐을 일으킨 후부터는 온라인 게임 사이트에서 바둑을 뒀다.

신선놀음에 도낏자루 썩는 줄 모른다는 속담이 말해주듯 바둑이란 게 한 번 빠져들기 시작하면 시간 가는 줄 모를 정도로 중독성이 강해, 컴퓨터 바둑을 두면서 날밤을 새운 적도 한두 번이 아니었다.

온라인 바둑은 판을 연속으로 이기면 자동으로 승급이 되는 구조여서 호승심을 더욱 자극했다. 몰입해서 두다 보니 한때는 아마 3단까지 승급된 적도 있었다. 고수가 된 듯한 우쭐한 기분에 남들이 바둑 급수를 물으면 "내려 잡아도 대충 1급 정도는 된다."라고 말하며 다녔다.

그러다가 내 바둑 실력을 객관적으로 테스트해볼 수 있는 기회가 생겼다. 강릉에 사는 지인 가운데 이창호 국수랑 형동생 하는 변호사가 있었는데 그는 공인 아마 5단이었다.

국제 대회가 열리는 강원랜드에서 나는 그와 처음으로 인사를 나눴다. 이런저런 대화를 나누다가 내가 바둑을 좋아한다고 하니 한 수 하자고 제안했다. 나는 흔쾌히 응했다. 치수를 묻길래 한 1급쯤

된다고 했더니 그는 내게 다섯 점을 깔라고 했다. 한 급수에 한 점 정도 까니까 그 정도면 합리적이다 싶어 나는 다섯 점을 깔고 그와 대국을 했다.

결과는 참담했다. 세 판을 뒀는데 모두 대패했다. 초반에는 조금 해 볼 만하다 싶었는데 중반전을 넘기면서 도저히 그의 수를 당할 수가 없었다. 그날 저녁 그의 소개로 양재호 9단과도 아홉 점을 깔고 기념 대국을 뒀는데 결과는 더 처참했다. 거의 만방 수준으로 깨졌다.

하지만 그는 달랐다. 아마 5단인 그는 양재호 9단과 네 점을 깔고 대국을 했는데 두 사람의 승부는 박빙의 계가 바둑이었다. 문제는 기본기였다. 바둑을 처음 배울 때부터 주먹구구식으로 두다 보니 내 실력에는 한계가 있을 수밖에 없었다.

노자는 말한다.

"무거움은 가벼움의 뿌리이고 고요함은 조급함의 군주이다. 가 벼우면 근본을 잃게 되고 조급하면 군주의 자리를 잃는다."

重爲輕根(중위경근) 靜爲躁君(정위조군) 輕則失本(경즉실본) 躁 則失君(조즉실군)

_『도덕경』 26장

지금은 골프도 끊고 바둑도 끊었지만, 젊은 시절 즐기던 두 가지 잡기로 나는 인생에서 가장 중요한 게 '기본기'라는 사실을 배웠다. 살면서 힘든 일이 생길 때마다 늘 기본부터 되돌아봤다. 근본을 잃지 않고자 가볍게 행동하지 않으려 노력했고, 인생 후반기를 맞은 지금도 그런 마음가짐으로 하루하루를 살아가고 있다.

삶의 토대를
튼튼하게 만드는 고전

대학 4학년 때 폐결핵에 걸려 한 학기 동안 휴학을 했다. 휴학계를 내고 고향으로 내려가는 길에 만난 교회 선배의 조언이 40년 된 지금도 생생하다. '남아수독오거서, 남자는 무릇 다섯 수레 분량의 책을 읽어야 한다'라는 말이었다. 기본을 강조하는 말이었다.

그 선배의 말은 내 마음을 때렸고, 나는 기차간에서 읽을 요량으로 서점에 가 책 한 권을 샀다. 제이콥 브로노프스키·브루노 매즐리시의 『서양의 지적 전통』이었는데 기차를 타고 가는 내내 선배의 말을 기억하며 읽었다. 미쳐 다 읽지 못한 부분은 집에 도착해 계속 읽었는데, 꽤 두툼했지만 별달리 하는 일이 없다 보니 금세 다 읽었다.

그래서 다른 책들도 읽기 시작했는데 그렇게 읽다 보니 휴학하는 6개월 동안 내 방에는 제법 많은 책이 쌓였더랬다. 지금도 기억나는 게 신학자이자 역사학자였던 베르쟈예프의 책인데, 워낙 흥미로워 밑줄을 쳐가며 열심히 읽었다. 잠깐 동안이지만 학부를 졸업한 후 신학대학원에 진학할까 고민했던 것도 그 책 때문이었다.

하지만 내 독서 편력은 그로써 끝났다. 복학하고 일반대학원에 진학한 후 전공 공부에 치이다 보니 인문학 계통의 책은 통 읽을 기회가 없었다. 직장 생활을 하면서도 책을 제법 읽었는데 주로 금융이나 재정과 관련된 책들이었다. 실무적인 필요에서 읽었기 때문에 내 영혼을 살찌우진 못했던 것 같다.

대학원 진학을 결심할 때 사회과학 계열이 아니라 인문과학 쪽으로 방향을 틀었더라면 내게 더 유익한 결정이 되었을 것 같다. '내가 나를 좀 더 일찍 알았더라면' 하는 아쉬운 마음이 지금도 남아 있다. 그래도 다행인 건 인생의 반환점을 돈 후 나는 나를 찾았다. 늦었다고 생각할 때가 가장 빠르다고 했으니 그 말로 위안을 삼는다.

본격적으로 인문학 책을 읽기 시작하면서 기본기부터 다진다는 원칙을 정했다. 그래서 먼저 고전부터 읽었다. 서양 고전은 호메로스의 『일리아드』와 『오디세이』를 시작으로 칼 마르크스의 『자본론』까지 두루 읽었다. 동양 고전은 사서삼경과 사마천의 『사기』를 시작으로 마음의 양식이 될 만한 책들을 빠짐없이 읽었다.

체력 소모도 많고 힘든 여정이었지만 그렇게 읽은 2천여 권의 고전이 인생 후반기 내 삶의 토대를 받쳐주는 버팀목이 되고 있다.

3부

마음의 품을 넓혀
나를 찾으려면

용
서

오십에 돌아보니 그만하면 잘살았다

공을 세운 후에는 몸을 물리는 게
하늘의 도다

功遂身退 天之道
공수신퇴 천지도

흔히 인생을 마라톤에 비유한다. 과히 틀린 말은 아니다. 하지만 지나온 반평생을 돌이켜볼 때 내게 인생이란 장애물 넘기 경주라고 표현하는 게 더 적합할 것 같다.

그만큼 장애물이 많았다. 종류도 다양했다. 높이가 그다지 높지 않아 뛰어넘는 데 큰 힘이 들지 않은 장애물도 있었지만, 감당할 수 없을 정도로 높고 견고해 뛰어넘으려다가 엎어진 적도 있었다.

학창 시절에는 병약해서, 직장 생활을 할 때는 심약해서 장애물에 걸려 넘어졌다. 그때마다 심한 좌절감을 느끼고 스스로를 책망했다.

내성적인 성격 탓에 남들에게 알리지도 못하고 혼자 속앓이를 했다.

속으로 내 이름을 부르면서 "너라는 인간은 도대체 왜 이렇게 못났니?"라는 말을 되풀이했다. 주먹으로 가슴을 치면서 통곡을 하기도 했다.

특히 견디기 힘들었던 때는 일이 잘 풀리는가 싶다가 막판에 변수가 생겨 넘어진 경우다. 그럴 땐 자책하는 기간이 길어지고 강도도 심했다.

모든 걸 상황 탓으로 돌리고 툴툴 털어버릴 수도 있었지만 성격상 그런 변명이 용납되지 않았다. 결국은 내 탓이었고 내가 부족했기 때문이라는 생각에 어떤 경우에도 나를 용서하지 못했다. 그러다 보니 더 힘들어졌고 몸도 마음도 더 아팠다.

인생의 반환점, 흔들리는 운명의 등불 앞에서 『도덕경』과 함께 법정 스님의 저서들을 읽었다. 스님이 쓴 스무 권 남짓한 책들을 모두 읽은 후 나는 나를 용서하기로 했다.

청정무구할 것 같은 법정 스님의 삶에도 장애물이 있었다. 법정 스님은 이해인 수녀님과 교분이 돈독했다. 둘은 수시로 편지글을 주고받으면서 수행자로서의 고단함을 나누고 서로를 위로했다.

여러 편지글이 있지만 사단법인 '맑고 향기롭게' 자료실에 남아 있는 아래 편지글이 가장 오래 기억에 남는다. 축약해 소개한다.

법정 스님께.   이해인

"스님, 오늘은 하루종일 비가 내립니다. 비 오는 날은 가벼운 옷을 입고 소설을 읽고 싶으시다던 스님, 시는 곳곳이 앉아 읽지 말고 누워서 먼 산을 바라보며 두런두런 소리 내어 읽어야 제맛이 난다고 하시던 스님. 가끔 삶이 지루하거나 무기력해지면 밭에 나가 흙을 만지고 흙냄새를 맡아보라고 스님은 자주 말씀하셨지요. 언젠가 제가 감당하기 힘든 일로 괴로워할 때 회색 줄무늬의 정갈한 한지에 정성껏 써서 보내 주신 글은 불교의 스님이면서도 어찌나 그리스도적인 용어로 씌어 있는지 새삼 감탄하지 않을 수 없었습니다. 어느 해여름, 노란 달맞이꽃이 바람 속에 솨아솨아 소리를 내며 피어나는 모습을 스님과 함께 지켜보던 불일암의 그 고요한 뜰을 그리워하며 무척 오랜만에 인사 올립니다."

이해인 수녀님께.   법정

"수녀님, 광안리 바닷가의 그 모래톱이 내 기억의 바다에 조촐히 자리 잡습니다. 주변에서 일어나는 재난들로 속상해하던 수녀님의 그늘진 속들이 떠오릅니다. 사람의, 더구나 수도자의 모든 일이 순조롭게 풀리기만 한다면 자기도취에 빠지기 쉬울 것입니다. 그러나 다행히도 어떤 역경에 처했을 때 우리는 보다 높은 뜻을 찾지 않을 수 없게 됩니다. 그 힘든 일들이 내게 어떤 의미가 있는가를 알아차릴 수만 있다면 주님은 항시 우리와 함께 게시게 됩니다. 그러니 너무 자책하지 말고 그럴수록 더욱 목소리 속의 목소리로 기도 드리시기 바랍니다. 신의 조영 안에서 볼 때 모든 일은 사람을 보다 알차게 형성시켜 주기 위한 배려라고 볼 수 있습니다. 산에는 해 질 녘에 달맞이꽃이 피기 시작합니다. 갓 피어난 꽃 앞에 서기가 조심스럽습니다. 심기일전하여 날이면 날마다 새날을 맞으시기 바랍니다. 그 곳 광안리 자매들의 청안(淸安)을 빕니다."

여느 문학 작품 못지않은 수려한 필체와 그 안에 담긴 따스한 사람 냄새에 이끌려 두 사람의 사연을 반복해 읽었다. 그런데 보석같이 아름다운 이 편지글이 사단을 일으켰다.

어느 날 법정 스님은 이해인 수녀님이 자신에게서 받은 편지를 책으로 펴낸다는 소문을 들은 후 불같이 화를 내며 항의 투의 편지글을 써서 보냈다. 골자는 '내가 수녀님에게 보낸 편지의 소유권은 나한테 있다. 따라서 내 허락 없이 책으로 펴내는 건 월권'이라는 것이었다.

무소유를 실천하는 법정 스님의 편지라고는 믿기 어려울 정도로 격한 감정을 쏟아내는 편지글에 이해인 수녀님도 단단히 화가 났던 모양이다. 그래서 풍문만 가지고 그게 사실인 양 질책하는 편지를 보낸 법정 스님에게 무척 섭섭하다는 내용의 편지를 보냈다.

편지를 받고 법정 스님은 자신의 처신이 너무 경솔했다며 이해인 수녀님에게 다시 사과의 편지를 보낸다. 내용 중에는 이런 글귀가 있다. "수도 생활을 일종의 장애물 경주에 비유해 왔는데 돌아보니 장애물 경주에서 겨우겨우 종점에 가까워지면서 상처투성이라는 그런 느낌입니다."

법정 스님의 인간적인 자기 고백에 나는 마음의 위안을 얻었다. '법정 스님도 실수를 하는데 나는 오죽하겠는가? 너무 자책하지 말자. 잘할 때도 있고 못할 때도 있다. 사람이란 누구나 다 그렇다. 나를 용서하고 격려하자. 그리고 그 힘으로 남은 인생을 더 값지게 살자.' 나는 그렇게 다짐하면서 스스로 책망하는 마음을 내려놓기로 했다.

노자는 말한다.

"금은보화가 집에 가득해도 능히 이를 지키는 것만 못하다. 부귀를 누리면서 교만하면 스스로에게 허물을 남긴다. 공을 세운 후에는 몸을 물리는 게 하늘의 도다."

金玉滿堂(금옥만당) 莫之能守(막지능수) 富貴而驕(부귀이교) 自遺其咎(자유기구) 功遂身退(공수신퇴) 天之道(천지도)

_『도덕경』 9장

격려는 남은 인생을
더 값지게 살게 하는 원동력

내가 나를 용서하지 못했던 건 공에 매달리고 집착했기 때문이었다. 성공이 있으면 실패도 있는 게 인생인데 성공만 있어야 한다고 생각했다. 그런 생각이 나를 힘들게 했다. 공은 영원하지 않다. 언젠가는 사라진다. 성공했다고 좋아하고 실패했다고 좌절하는 집착의 굴레에서 벗어나지 못하면 영혼이 편해질 수 없다.

노자의 말처럼 공을 이룬 후에는 몸을 뒤로 물리는 게 자연의 섭리다. 식물원 산책길에서 만나는 식물들 가운데는 화려하게 꽃을 피우는 것도 있지만 힘겨운 투쟁을 하다가 꽃을 피우지 못한 채 고개가 꺾이고 시들어버리는 것도 있다. 그들이 사람과 다른 건 실패를 자책하지 않는다는 점이다. 꽃을 피우건 피우지 못하건 자신의 자리에서 묵묵히 하루하루를 살아갈 뿐이다. 꽃을 피웠다고 공을 자랑하는 식물도 없고 개화에 실패했다고 의기소침해하는 식물도 없다.

자연을 닮으면 마음이 편해진다. 공에 집착하는 마음을 내려놓으면 자신을 용서할 수 있다. 나를 용서하기로 한 후 내 마음이 편한 걸 보면『도덕경』의 가르침이 공허한 빈말 같진 않다.

마음의 품을 넓혀 나를 찾으려면

관대

영원한 걸 알면 너그러워지고
너그러워지면 공평해진다

知常容 容乃公
지상용 용내공

목에 가시처럼 걸리는 것들이 있다. 그런 일이 있으면 마음이 개운하지 않다. 축축하고 흐릿한 여름 날씨처럼 마음 한구석이 어둡다. 작은누님과의 일이 그렇다. 매형이 쓰러져 2년 넘게 병원에서 간호를 하고 있는 누님인지라 어지간하면 내가 져주고 넘어가야 하는데 그러하질 못했다. 사연은 이렇다.

누님은 오랜 시간 요양 보호사로 일했다. 그런 이력이 말해주듯 사회복지 부문에선 나보다 아는 것도 많고 경험도 풍부하다. 그래서 치매로 요양원에 계시는 어머님의 상태나 약 처방, 식사 관리, 요양비 납부 등에 대해 이런저런 조언을 많이 해준다.

큰누님, 작은누님, 남동생 등 4남매가 다 같이 보살피고 있지만 어머님께 긴급한 일이 생기거나 행정적인 문제가 발생할 땐 장남인 내가 먼저 요양원 측과 1차로 소통한다. 그 결과를 남매 단톡방에 공유하는데 그걸 본 후 주로 작은누님이 내게 필요한 정보를 준다. 내용이 길 땐 전화 통화를 할 때도 있다.

어머니는 큰누님이 사시는 경상북도 칠곡군 왜관의 한 요양원에 계신다. 장남인 내가 사는 서울 쪽에 모시는 게 도리였지만 큰누님이 서울보다는 공기 좋은 시골이 낫다고 해서 그리로 모셨다.

어머니는 아버지가 돌아가신 후 대구에서 혼자 사셨다. 아내와 결혼한 후 20년 넘게 서울에서 두 분을 모시고 살았는데 일 때문에 내가 대구로, 거창으로 떠도는 과정에서 분가했다.

아버지를 여의고 혼자 사시던 어머니께 이상한 조짐이 생긴 건 지난 2016년 가을 무렵이었다. 전화로만 안부를 묻는 나와는 달리 대구에 계시던 두 분 누님은 어머니를 자주 들여다봤다. 그러다 보니 어머니의 상태를 나보다 더 잘 알 수 있었다.

어느 날 작은누님이 "아무래도 엄마가 이상하다. 빨리 병원에 모시고 가야 한다."라고 했을 때 나는 "나이 들면 누구나 깜빡깜빡한다. 너무 예민하게 생각하지 말라."라며 대수롭지 않게 넘겼다.

하지만 큰누님과 작은누님이 번갈아 가며 엄마가 이상하다고 하길래 나도 상황을 심각하게 받아들이기 시작했다. 그래서 대구에 내려가 어머니를 모시고 병원에 가 뇌파 검사도 받고 치매 진단 테스트도 받았다. 하지만 의사는 별다른 이상이 없다고 했다.

집으로 모시고 와 어머니께 과거의 기억을 떠올려 말을 걸어보기도 하고 성경 책을 펴 읽어보시게도 했는데, 의사 소견대로 이상 조짐을 발견하지 못했다. 그래서 나이 든 탓이니 너무 걱정하지 말라며 누님들을 안심시키고 서울로 올라왔다. 하지만 그 후로도 누님들은 수시로 내게 전화로 같은 이야기를 반복했다.

한 달 정도 후에 다시 대구를 방문할 때는 아내와 함께 갔다. 그런데 어머니의 첫 마디가 예사롭지 않았다. "○○(큰누님 이름)이랑 옆집 아저씨가 이상한 사이다. 너그들이 뜯어 말기야(말려야) 된다." 그 말을 듣는 순간 나와 아내는 직감적으로 어머니가 치매라는 걸 알아차렸다. 늦었지만 더 이상 방치해선 안 되었기에 곧바로 요양원을 알아본 후 그리로 모셨다.

처음으로 모신 요양원에선 적응을 잘하지 못해 어머니도 우리도 힘들었다. 하루는 새벽녘에 요양원을 나가 잠적하시는 바람에 한바탕 소동이 일어나기도 했다.

집이 그리우셨던 어머니는 감시가 덜한 새벽 틈을 타 탈출을 시도하셨고 한참을 이리저리 헤매다가 어느 집 담 어귀에 쪼그리고 앉아 계셨는데, 다행히도 순찰을 돌던 경찰관이 발견하고 요양원과 내게 연락을 했던 것이다.

혼이 날아가고 부서지는 듯한 아찔한 순간을 경험한 후 나는 누님들과 상의해 어머니를 규모가 큰 요양원으로 다시 모셨다. 그곳에선 비교적 적응을 잘하셔서 지금까지 생활하고 계신다.

문제는 재정적인 부담이다. 국가에서 요양비를 상당 부분 보조해 주지만 개인적으로 내야 하는 돈도 결코 적은 액수가 아니다. 별도로 내는 의료비까지 합치면 매달 만만치 않은 돈이 들어간다.

가까이에 있어 어머니를 자주 들여다보는 두 분 누님께는 부담을 지우지 않고 동생이 일부 보태고 나머지는 내가 부담하는 방식으로 해결하고 있는데, 그게 미안한지 작은누님은 요양비 부담을 한 푼이라도 줄여주려고 신경을 많이 써주신다.

누님이 팁을 주면 나는 행정복지센터와 건강보험공단에 전화를 걸어 그런 방법이 가능한지 알아본다. 하지만 대개 불가능하다는 답변만 돌아올 뿐 요양비를 줄일 수 있는 경우는 없었다.

후회는
결코 앞서지 않는다

그날도 그런 일로 작은누님이 전화를 걸어왔다. 요양비 책정 기준이 되는 게 의료보험료인데, 어머니를 단독 세대로 분리해 차상위 계층으로 만들면 요양비를 반으로 줄일 수 있다는 것이었다. 과거에는 어머니 이름으로 된 시골 토지 때문에 불가능했는데, 지금은 내 앞으로 명의가 변경되었으니(우리 4남매는 합의 하에 고향의 논밭을 내 명의로 돌려놓았다) 차상위 요건이 된다는 것이었다.

얼마 전에도 그런 이야기를 해 알아봤는데, 악용하는 사람들이 많아 정부에서 각 요양원에 공문을 내려보내 그런 식의 요양비 절감은 원천적으로 불가능하게 된 실정이었다. 내가 몇 번 설명을 했지만 누님은 계속 "주변에 보니 그런 사람이 많으니 좀 더 알아보라."라고 하길래, "요양비를 아껴주려고 하는 건 고마운데 아무리 해도 안 되는 일이니 더 이상 말하지 말라."라며 전화를 끊었다.

그 과정에서 내 언성이 높아졌고 목소리에는 짜증이 묻어났다. 막상 전화를 끊고 나니 마음에 걸렸다. 기껏 생각해 해준 말인데 내가 그런 반응을 보였으니 누님 속이 상했을 것 같았다. 마음의 품이 조금 더 넓었더라면 좋았을 텐데 후회가 되었다.

노자는 말한다.

"영원한 걸 알면 너그러워지고 너그러워지면 공평해진다. 공평해지면 왕처럼 되며 왕은 곧 하늘이다."

知常容(지상용) 容乃公(용내공) 公乃王(공내왕) 王乃天(왕내천)
_『도덕경』16장

아내와 나는 비교적 잘 지내는 편이다. 생각이나 취향에서 접점이 많은 편이라 관계가 크게 뒤틀어지는 경우는 많지 않다. 하지만 여느 부부들처럼 우리 부부도 가끔 다툰다. 그런데 다투는 원인과 다투고 난 후의 수습 과정, 그리고 결말은 언제나 같다.

다툼의 원인은 내 마음의 품이 넓지 못했기 때문이고, 그런 연유로 언제나 내 쪽에서 먼저 화해의 손길을 내민다. 세월이 흘러도 이 공식은 깨지지 않는다. 다만 요즘은 서로 입을 닫고 냉랭하게 대하는 기간이 많이 짧아진 것 같다.

최근에는 샤워할 때 온수가 나오기 전까지 흘려버리는 찬물이 아까우니 그걸 통에 받아 사용하자는 아내의 의견 때문에 다퉜다. 번거로운데 굳이 그렇게까지 할 필요가 있냐는 내 주장에 아내는 지구 환경 문제까지 들먹이며 소신을 굽히지 않았다.

투닥투닥 하다가 결국 이번에도 내가 지고 말았다. 늘 그랬듯 이번에도 나는 당신 의견이 옳다며 나를 굽혔다. 평범한 일상으로 돌아가기까지 반나절을 넘기지 않았다.

사람은 참 어리석다. 어차피 져줄 거 미리 마음의 품을 한 뼘 넓히면 상대의 마음을 다치게 하지 않아도 되는데 그게 그렇게 어려운지 모르겠다.

굽잇길 인생, 성패에 연연하지 말라

도는 선한 사람의 보배요
선하지 않은 사람의 피난처다

善人之寶 不善人之所保
선인지보 불선인지소보

시골에서 초등학교를 다닐 때 나는 제법 똑똑한 축에 속했던 모양이다. 무슨 내용이었는지 기억나지 않지만 2학년 담임 선생님께서 낸 문제를 내가 맞춰 "○○ 머리가 하늘까지 올라간다."라는 말을 듣기도 했다. 그 무용담을 듣는 어머니께선 마치 큰 무공이라고 세우고 온 장수를 대하듯 흐뭇한 표정으로 나를 바라보곤 하셨다.

옆집에 살던 같은 학년 친구의 숙제를 종종 도와준 탓에 그 친구의 어머니도 나를 무척 기특하게 여겼더랬다. 숙제를 도와주고 집으로 갈 땐 참외 같은 맛있는 과일을 챙겨주시기도 했다.

고향 뒷산에 있는 아버지 산소에 들를 때면 옛날에 살던 우리 집을 지나치는데, 가장 먼저 떠오르는 추억이 그런 것들이다.

장마로 개울물이 불어나 건널 수 없게 되었을 때 나를 업어 건너편으로 데려다주시던 아버지 등에서 느낀 따스한 체온도 평생 잊히지 않는다. 차가운 땅속에 누워계시는 아버지를 대할 때면 그때의 일이 영화의 한 장면처럼 선명하게 떠오른다.

초등학교 2학년 겨울방학을 사흘 남겨두고 대구로 이사를 갔다. 사업으로 돈을 좀 많이 벌어보겠다는 아버지의 야망은 먼 친척의 야반도주로 산산조각 났고, 그때부터 우리 가족은 잿빛 하늘을 닮은 대구 비산동에서 하루하루 입에 풀칠하기도 어려운 고단한 삶을 살아야 했다.

아홉 가구가 한 울타리 밑에 모여 살던 집이라 아침에 화장실을 가기 위해선 길게 줄을 서서 기다려야 했고, 마당 한가운데에 있는 우물에서 물을 한 모금 마시려 해도 한참을 기다려야 했다. 전학 간 학교에서 겪어야 했던 정신적·문화적 충격도 간단하지 않았다.

시골에선 아침 먹고 학교를 가는 게 너무도 당연한 일과였는데 그 학교에선 점심을 먹은 후 등교를 했다. 아이들이 워낙 많아 오전반, 오후반으로 나눠 수업을 진행했고 내가 배정된 2학년 11반은 오후반이었다. 그런데 등교 시간에 맞춰 학교로 가서 11반 교실 문을 드르륵 하고 여니 아이들이 벌써 공부를 하고 있었다.

이게 무슨 일인가 싶어 놀란 눈으로 아이들을 쳐다보는데 선생님의 말씀이 나를 더욱 당황스럽게 만들었다. "깃발 찾으러 왔니?" '쿵' 하고 이상한 나라에 떨어진 것 같은 느낌이 들어 나는 얼른 문을 닫고 뒤돌아 집으로 달려갔다.

어머니의 손을 잡고 다시 찾아간 곳은 교실이 아니라 학교 운동장이었다. 오후반 수업을 기다리는 아이들이 줄을 맞춰 앉아 있었고 제일 앞에 앉은 아이가 자신이 속한 반 이름이 적힌 깃발을 들고 있었다. 선생님이 말한 깃발이 바로 그 깃발이었다.

전학 간 학교에서의 수업들 가운데 지금까지 기억나는 건 음악 수업 시간이 유일하다. 피리를 불었던 것 같은데 갓 전학 온 촌뜨기였는데도 제법 잘 불었던지 선생님의 칭찬을 받았다.

종업식 날 성적표를 받아 든 나는 집으로 돌아와 대성통곡을 했다. 시골에선 전 과목 성적이 수였는데 그 성적표에는 그나마 우가 하나 있고 나머지는 모두 미였다. 우를 받은 과목은 음악이었는데 피리를 잘 불었던 게 가점 요인으로 작용했던 것 같다.

나는 성적표를 바닥에 던져 놓고 "이건 내 성적표가 아니야."라고 하면서 한참을 씩씩거렸다. 아마 내 인생 최초의 실패 경험이었던 것 같다.

인생의 두 번째 실패도 초등학교 시절에 겪었다. 3학년에 올라간 후 나는 시골에서의 내 성적을 되찾았고, 고학년이 된 후에도 변함없이 그 성적을 유지했다. 4~5학년은 같은 담임 선생님 밑에서 배웠는데, 그 선생님은 특이하게도 성적이 상위권에 속하는 아이들을 별도로 집에 불러 보충수업을 시키셨다.

요즘으로 하면 과외 같은 것이었는데 집이 가난했던 나는 과외비를 낼 형편이 되지 못했다. 한 번은 어머니가 큰 수박 한 통을 내 손에 들려주시면서 선생님 댁에 갖다 드리라고 했다. 과외 수업비를 내지 못해 마음이 편치 않으셨던 어머니는 그렇게라도 성의 표시를 하려고 하셨다.

하지만 열 살을 막 넘긴 내게 수박은 너무 무거웠다. 게다가 수박을 담은 비닐 졸가리 때문에 손가락이 무척 아팠다. 이 손 저 손 바꿔가며 간신히 선생님 댁 문 앞까지 수박을 들고 갔지만, 문을 넘는 순간 더 이상 무게를 견디지 못하고 수박을 땅에 떨어뜨리고 말았다. 땅바닥에 떨어진 수박은 여러 갈래로 쪼개졌고 내 마음도 찢어졌다.

괜찮다고 다독이시던 선생님 사모님 덕분에 이내 마음을 추스렸지만, 그때의 황망함과 열패감은 오랜 시간 내 의식을 지배했다. 스스로 생각할 때 나는 어머니의 심부름 하나 제대로 수행하지 못하는 패배자였고 약자였다.

공부를 잘해 선생님께 인정 받는 학생이었는데 수박을 깨뜨림으로써 내 위상이 급격하게 추락했다고 생각하니 견딜 수가 없었다. 하지만 선생님은 그 일 때문에 나를 차별하거나 무시하지 않았다. 그저 내 스스로가 부끄럽고 힘들었을 뿐이다.

노자는 말한다.

"도는 선한 사람의 보배요 선하지 않은 사람의 피난처다. 사람이 선하지 않다 해도 어찌 버릴 게 있겠는가?"

道者善人之寶(선인지보) 不善人之所保(불선인지소보) 人之不善(인지불선) 何棄之有(하기지유)

_『도덕경』62장

선하지 못한 사람에게서도 배울 게 있듯 실패를 통해서도 인생의 교훈을 얻을 수 있다. 어쩌면 실패를 통해 얻는 교훈이 더 값진 것인지도 모른다.

실패를 통해
깨달음을 얻은 원효대사

원효는 두 가지 실패로 득도했다.

첫 번째 실패는 당나라 유학길에서의 해골 바가지 사건이다. 의상대사와 함께 유학길에 오른 원효는 어느 움집에서 잠을 청했는데, 자다가 목이 말라 옆에 있는 바가지의 물을 벌컥벌컥 마셨다. 그런데 아침에 깨어보니 그 바가지는 해골이었고, 원효는 먹은 음식을 전부 토해냈다. 사물을 제대로 식별하지 못한 실패의 경험을 통해 원효는 '일체유심조(一切唯心造)'의 진리를 깨우쳤다.

두 번째 실패는 너구리와 관련이 있다. 어느 날 원효는 평소 가까이 지내던 대안 스님을 찾았다. 마침 스님은 굴속에서 너구리 새끼를 안고 있었다. 어미를 잃은 너구리 새끼들을 거두고자 동굴 속으로 데려왔던 것이다.

대안 스님은 새끼들에게 먹일 젖을 구하러 서라벌에 다녀온다며 원효에게 너구리 새끼들을 잘 보살펴달라고 말했다. 원효는 정성껏 새끼들을 돌봤지만 배가 너무 고팠던 나머지 새끼 한 마리가 죽고 말았다. 원효는 죽은 너구리 새끼를 안고 『아미타경』을 외웠다.

그때 마침 대안 스님이 돌아와 그 광경을 보고 원효에게 물었다. "무엇을 하시는 게요?" "너구리 새끼 한 마리가 죽어 극락왕생을 기원하는 염불을 외고 있었습니다." 그러자 대안 스님은 말했다. "죽은 새끼가 그 소리를 어찌 알아듣겠습니까? 새끼들이 알아듣는 소리가 어떤 것인지 알려 드리겠습니다."

대안 스님은 살아 있는 너구리 새끼에게 구해온 젖을 먹이며 말했다. "이게 바로 너구리가 알아 듣는 경입니다." 원효는 부끄러움에 고개를 숙였다.

원효는 그러한 열패감을 자양분으로 삼아 수행에 정진했고 마침내 한국을 대표하는 고승이 되었다.

나는 인생의 반환점을 돌며 지나온 삶을 실패로 규정했다. 하지만 지금은 마음을 바꿨다. 실패했다고 여기는 일들에도 성공의 씨앗이 자라고 있었고 성공했다고 여기는 일들에도 실패의 그림자가 깃들어 있었기 때문이다.

성공과 실패는 상대적인 것이고 그것을 어떻게 평가하느냐는 내 마음에 달렸다. 굳이 어두운 면을 더 어둡게 채색할 필요가 있을까? 승자의 역사는 햇빛을 받아 역사가 되고 패자의 역사는 달빛을 받아 신화가 된다고 했는데, 삶에서의 내 패배가 신화가 된다 해도 나쁠 것 같지 않다. 역사는 장엄하지만 신화는 미려하니까.

어떤 상황이든 '충분해'라고 말할 때까지

여유

탐욕을 멀리하면
백성들이 심란해하지 않는다

不見可欲 使民心不亂
불견가욕 사민심불란

지난 세월 나는 늘 결핍에 허덕였다. 내가 충분하다는 생각을 해본 적이 없다. 나는 늘 부족한 사람이었고, 내 삶은 채워야 할 것들 투성이였다. 특히 나는 육체적으로 너무 부실했다. 삶의 고비마다 건강이 내 발목을 잡았고 내 인생 행로는 한 박자씩 늦어졌다.

고등학교 때 내 별명은 석가모니였다. 체육 시간에 달리기 계주를 할 때 웃통을 벗고 했는데, 그때 바짝 마른 내 몸을 본 친구들이 붙여준 별명이었다. 입시를 앞두고 있던 고3 때는 원인 모를 복통으로 일주일가량 학교를 빼먹기도 했다.

금쪽같은 시간을 허비하다 보니 레이스가 조금 쳐졌다. 대학에 진학한 후에는 육체적 결핍이 더 심했다. 학부 졸업을 앞두고 폐결핵으로 한 학기 휴학을 했다.

대학원에 다닐 때는 그보다 더 심한 육체적 결핍으로 고생했다. 신촌에서 당구장을 하는 아저씨 댁에서 입주 과외를 할 때였는데, 6월 어느 날 몸이 비실거리더니 식은땀이 비오듯 쏟아졌다. 감기려니 생각하며 학교 의무실에서 약을 타 먹고 꾸역꾸역 버텼는데, 사흘째 배도 아프기 시작하더니 도저히 견딜 수가 없었다.

주인 아주머니께 양해를 구하고 요양 차 대구 집으로 내려갔다. 원기가 조금 돈는 듯했지만 증상에는 별 차도가 없었다. 무엇보다 힘든 건 땀이었다. 무시로 쏟아지는 땀을 주체할 수가 없어 하루에도 몇 번씩 이불을 갈아야 했다. 여름철이라 더워서 그런 줄로만 알고 선풍기를 쐬며 땀을 식혔는데, 나중에 알고 보니 그게 아니었다.

근심 어린 눈으로 나를 지켜보시던 어머니는 동네 병원에 용한 의사 선생님이 한 분 계시다며 나를 데려가셨다. 의사 선생님은 장티푸스 같다며 큰 병원으로 가보라고 했다. 그래서 방문한 곳이 대구 의료원이었다. 그곳에서 장티푸스 판정을 받고 입원을 했다.

한 달 동안 의료원에서 치료를 받은 후 집으로 돌아올 때 내 몸무게는 45kg에 불과했다. 머리카락도 많이 빠져 거의 대머리 수준이었다. 몰골이 말이 아니게 되어 입주 과외를 하는 신촌으로 돌아가니, 아저씨와 아주머니 그리고 내가 가르치던 아이들(고1, 고3)은 눈이 휘둥그래져 나를 쳐다봤다. 그 시선이 잊히지 않는다.

젊은 시절 내 결핍은 아직 끝나지 않았다. 대학원 논문 학기를 맞아 새벽 늦게까지 논문에 매달리는 시간이 이어지면서 내 몸은 다시 한번 고장 났다. 폐결핵이 재발한 것이다. 대학 때는 비활동성이었는데 이번에는 활동성이었다. 당산동에 있는 결핵협회를 찾아 검사를 받고 약을 한 움큼 받아오며 나는 내 처지를 원망했다. '하느님도 참 무심하시지, 왜 내게 이런 시련을 계속 안겨주시는가?'

나는 두 번째로 휴학해야 했고 젊은 시절의 내 인생은 또 한 박자 늦어졌다. 동기들이 논문자격시험을 볼 때 나는 대구 집에서 요양해야 했고, 그들이 논문 심사를 받을 때 나는 쓰디쓴 결핵약을 먹으면서 세월을 견뎌야 했다.

나를 더 힘들게 한 건 징병 검사였다. 전염성 질병인 활동성 폐결핵 환자인 나는 당연히 병역면제 대상이었지만, 최종 판정을 하는 군의관은 내 차트에 적힌 학력란을 유심히 들여다보더니 보충역 판정 도장을 쾅 찍었다. 육체적 결핍으로 지체된 내 인생의 보상을 조금이나마 받을 기회였는데 그마저 뜻대로 되지 않았던 것이다.

스물여섯 나이로 방위 근무를 하는 것도 고역이었다. 동기들 중에는 같은 동네 출신, 특히 초등학교 후배들이 많았다. 나이가 많다는 게 군대에선 아무런 계급이 되지 못했다. 아니, 오히려 짐만 되었다.

4주간의 신병 훈련을 끝내고 자대 배치를 받은 곳이 지역 사단의 수송부였는데, 운전면허증이나 정비자격증이 없었던 나로선 도저히 이해할 수 없는 일이었다. 인사계 주임이 나를 보더니 "면허증도 없고 정비 기술도 없는데, 여기 왜 왔나?"라고 물었을 때 나는 "행정병을 지원했는데 왜 이리 배치되었는지 저도 모르겠습니다."라고 답했다. 그 말밖에 할 말이 없었다.

나중에 알고 보니 나랑 이름이 같은 사람이 대형트럭 운전면허증이 있어 수송부를 지원했는데, 군기가 세다는 말을 듣고 손을 써서 병무청으로 빠지고 원래 그리로 가게 되어 있었던 내가 대신 수송부로 오게 되었다는 것이었다. 한동안 치장반에서 기름 걸레로 닷지차 닦는 일을 하다가 차량 운행일지를 기록하는 현역 고참이 제대한 후 내가 그 일을 맡았다. 당시 수송부 행정실에서 인사계 업무를 담당하던 현역 고참이 내게 사연을 말해줘 알게 되었던 것이다.

스스로 만든
굴레에 갇히지 마라

지금이야 어림도 없지만 당시에는 충분히 가능한 일이었다. 소원수리도 생각해봤지만 계란으로 바위 치기가 뻔했기에 접었더랬다. 그렇게 내 청춘은 결핍의 연속이었고 '나는 부족한 사람'이라는 관념이 내 인생 전반기를 지배했다. 직장 생활을 하면서도 그런 틀에 갇혀 지냈고, 단 한 순간도 충분하다며 나를 위로하지 못했다.

노자는 말한다.

"어진 사람을 떠받들지 않으면 백성들이 다투지 않는다. 구하기 어려운 물건을 귀하게 여기지 않으면 백성이 도둑질을 하지 않는다. 탐욕을 멀리하면 백성이 심란해하지 않는다."

不尙賢(불상현) 使民不爭(사민불쟁) 不貴難得之貨(불귀난득지화) 使民不爲盜(사민불위도) 不見可欲(불견가욕) 使民心不亂(사민심불란)

_『도덕경』3장

나처럼 고생하며 청춘을 보내는 사람도 꽤 있을 것이다. 나와 동시대를 살았던 사람들 가운데도 있을 것이다. 그럼에도 불구하고 나는 유독 결핍 증세가 심했다.

돌아 보니 내가 스스로 만든 굴레 때문이었다. 조금 덜 건강해도 살아가는 데 큰 지장이 없는데 '건강'이라는 상현(尙賢)에 지나치게 집착했기 때문이었다.

부처를 만나면 부처를 죽이고 조사를 만나면 조사를 죽이라는 선불교의 가르침을 접하고 나는 내 안의 틀을 부쉈다. 그러자 자유가 찾아왔고, 자유를 누리니 비로소 결핍의 굴레에서 벗어날 수 있었다. 결국 내 몸이, 처지가 문제였던 게 아니라 내 마음이 문제였다.

니코스 카잔차키스의 소설 『그리스인 조르바』에 나오는 주인공도 나와 같았다. 그는 광산을 운영해 모은 돈으로 사회주의 공동체를 만들겠다는 이상을 가지고 있었다. 자본주의 사회는 결핍 투성이 사회이고 지식인인 자신도 결핍 투성이 존재라고 생각했다. 결핍을 채우고자 끊임없이 책을 읽고 글을 썼다. 하지만 채워지지 않았다.

그와 광산에서 동업을 하던 조르바는 정반대였다. 조르바에겐 세상이 늘 충만했고 아름다웠다. 그는 매순간 삶을 즐겼다. 주인공에게도 그렇게 하라고 충고하지만 백면서생 체질의 주인공은 스스로가 만든 굴레에서 벗어나지 못했다. 그러다가 광산이 쫄딱 망한 후 마침내 굴레에서 벗어난다.

사회주의 공동체를 만들겠다는 욕망, 집착하던 마음을 내려놓은 후 비로소 자유를 찾았다. 절벽에서 밧줄을 놓는 심정으로 모든 걸 내려놓은 후 더 충만해졌다.

결핍은 정신의 덫이다. 인생 후반기에 접어들며 깨달은 인생의 진리 가운데 하나가 바로 그것이다. 물질보다 정신이 사람을 결핍된 존재로 만든다. 결핍에서 벗어나기 위한 테라피는 간단하다. 이걸로 충분하다는 말 한마디면 된다. 간단하지만 힘은 무척 세다.

척질 일을 만들지 않아야 하는 이유

원만

원한을 푼 후에
앙금을 남기다

和大怨 必有餘怨
화대원 필유여원

대한민국은 대통령제 국가다. 모든 권력이 대통령에 집중되다 보니 정치는 대통령을 중심으로 돌아간다. 헌법에 의해 3권 분립이 보장되어 있지만, 분립이 제대로 힘을 발휘하지 못하는 경우가 많다.

여의도에서 이슈가 생겨 여야 간에 치열하게 공방을 벌이다가도 대통령의 말 한마디로 정리되는 일이 종종 있다. 그만큼 대통령의 힘은 세다. 여러 이유가 있겠지만 국가의 중추를 이루는 정부를 비롯한 각종 공공기관의 인사권이 대통령에게 쏠려 있다는 게 가장 큰 이유가 아닐까 싶다.

자리의 욕망을 갖고 있는 이들이 대통령의 뜻에 반하는 말이나 행동을 하긴 어려울 것이다. 그랬다간 미운털이 박혀 자리는 고사하고 대통령 임기 내내 정치적 운신의 폭이 줄어들 수밖에 없을 것이다.

대통령의 국민 지지율이 높으면 의회 선거에서 여당이 유리하고, 반대의 경우 야당이 유리하다. 그래서 각종 여론조사 기관에선 대통령 직무 수행의 국민 만족도를 정기적으로 조사해 발표한다. 그뿐만 아니라 대통령 선거가 끝나기 무섭게 차기 대권주자들 지지도 조사 결과를 공개하는데, 같은 맥락으로 이해할 수 있다.

역대 대통령 선거는 주로 박빙의 표 차이로 당락이 결정되었는데, 그렇지 않은 경우도 더러 있다. 내가 대선 캠프에서 일했던 시절의 선거가 그러했다. 당시 대통령 선거에선 여야 거대정당의 두 후보 사이에 큰 표 차이가 났다.

나는 당시 유력한 야당 대통령 후보의 경선 캠프에서 일했다. 당의 대변인실에서 근무하다가 대통령 후보 캠프 좌장의 전화를 받고 근무지를 옮겼더랬다. 시기적으로 대통령 선거와 맞물려 있던 총선에서 공천을 받아야 하는 처지였기에 당선이 유력했던 후보 캠프 좌장의 말을 거절하기 어려웠다.

공보특보 발령을 받고 캠프의 공보실에서 일했는데, 내가 발표한 논평 하나가 내게 큰 상처를 입혔다. 캠프에선 매일 아침 7시 전략기획회의를 여는데, 캠프 좌장이 회의를 주재하고 기획팀과 공보팀의 상근 요원들이 함께 참석했다.

대선 투표일을 얼마 남기지 않은 회의 석상에서 좌장이 문건을 하나 보여주며 관련된 내용을 논평으로 발표하라는 지시를 내렸다. 상대 후보 캠프에서 좌장 역할을 맡고 있던 어느 중견 정치인의 비위에 대한 제보가 접수되었는데, 그걸 대변인이나 공보특보 명의로 공격하는 논평을 내라는 게 지시의 골자였다.

상대 후보 본인에 관한 내용이 아니었기에 대변인 명의로 논평을 내는 건 부적절하고 공보특보 명의로 내는 게 적절하다는 의견이 많았다. 전략기획회의에 참석하는 상근 공보특보가 셋 있었는데, 다른 둘 가운데 한 명은 그와 같은 고향 출신이라는 이유로 그리고 다른 한 명은 그와의 인간적인 인연 때문에 그를 공격하는 게 꺼려진다고 해서 그와 아무런 인연이 없었던 내가 그 짐을 지게 되었다.

문건을 받아들고 공보실로 온 후 내용을 훑어보니 대략 이랬다. 대선이 있기 직전 해에 있었던 지방선거 후보자 공천 과정에서 대전 지역의 어느 공천 희망자가 그쪽 캠프 좌장에게 수천만 원 상당의 금품을 제공했다는 것이었다.

구체적인 증거가 있는 건 아니었고 금품을 제공했다는 당사자의 진술만 있었기에 논평을 내는 게 썩 달갑지 않았다. 하지만 좌장의 지시를 일개 공보특보가 자의적으로 흘려버리는 건 더 어려웠기에, 나는 평상시의 내 어조대로 직설적이고 공격적으로 논평을 작성해 언론에 공개했다. 하지만 그게 큰 사달을 일으켰다.

공격을 받은 당사자가 펄쩍 뛰며 우리 측 상임고문 역을 맡고 있던 원로 정치인에게 항의 전화를 걸었고, 그 원로는 공보실을 찾아와 내가 낸 논평을 손에 들고 흔들며 나를 질책했다. 윗선의 지시대로 논평을 작성했을 뿐이라고 해명했지만 소용없었다. 며칠 후 치러진 후보 경선에서 우리 측 후보가 승리했기에 그 사건은 유야무야되었다. 하지만 총선 공천 과정에서 그 논평이 내 발목을 잡았다.

당시 지역에선 나의 공천을 기정사실처럼 받아들이고 있었다. 대통령 선거 캠프에서의 역할이나 당협위원장으로서의 역할 등으로 볼 때 내가 가장 유리했다. 내게 전화를 걸어 당에서 캠프로 자리를 옮기게 한 선거 캠프 좌장이 "○○(내 이름)는 지옥 불에서도 내가 업고 간다."라며 내게 힘을 실어줬다. 그만큼 분위기가 좋았다.

하지만 결과는 예측을 빗나갔다. 나중에 알고 보니 그 논평이 원인으로 작용했더랬다. 내가 공격한 그 정치인이 상대측 정파의 몫으로 공천심사위원이 되었고 공심위 회의에서 나를 강력하게 비토했던 것이다. 훗날 지인의 주선으로 그 정치인과 식사를 같이 하고자 그의 사무실을 방문했는데, 그때 그는 책상 서랍을 열더니 문건 하나를 꺼내 내게 보여줬다. 그 논평이었다.

알고 보니 그때 돈을 받은 게 아니라, 자리를 비운 사이 상대가 책상 위에 돈을 놓고 가서 그 사실을 안 즉시 돌려줬다는 것이었다. 나는 경솔했다며 정중하게 사과했다. 그는 그 자리에서 논평을 찢으며 "이제 내 마음에서 떠나보낸다."라고 했고 우리는 화해했다. 하지만 그 논평이 남긴 상처를 완전히 씻기까진 오랜 시간이 더 걸렸다.

노자는 말한다.

"원한을 푼 후 앙금을 남기면 어찌 잘했다 할 수 있겠는가?"

和大怨(화대원) 必有餘怨(필유여원) 安可以爲善(안가이위선)

_『도덕경』 79장

무덤까지 쫓아가는
관계의 힘

인간관계에선 척질 일을 만들지 않는 게 중요하다. 모난 돌이 정 맞는다는 말처럼 각을 세우면 언젠가 업보가 자신에게 돌아온다. 사마천의 『사기』를 읽으며 나는 그러한 세상 이치를 절실하게 깨달았고, 다시 한번 지난날 내 허물을 돌아봤다. 그리고 인간관계에서 척질 일을 만들지 않는 걸 인생 후반기의 소중한 지침으로 삼고 있다.

초나라 평왕에겐 태자 건이 있었는데 그가 장성해 장가갈 때가 되었다. 평왕은 신하 비무기를 진나라로 보내 신부감을 물색했다. 비무기는 예쁜 여자를 찾았지만 왕에게 잘 보이고자 그 여자를 태자의 신부가 아니라 왕의 애첩으로 삼게 한다. 태자가 눈치채자 비무기는 후환이 두려워 틈만 나면 태자를 헐뜯는다.

비무기는 평왕에게 태자가 앙심을 품고 있다며 경계해야 한다고 말한다. 하지만 태자의 스승이었던 오사는 왕이 간신에게 휘둘린다며 오히려 태자를 감쌌다. 왕은 오사를 감옥에 가두고 태자를 불러들여 죽이려 한다. 소식을 들은 태자는 송나라로 달아난다.

오사에겐 아들이 둘 있었다. 큰아들은 오상, 작은아들은 오자서였다. 비무기는 오사의 아들들을 살려두면 화근이 될 수 있으니 아버지와 함께 죽여야 한다고 말한다. 평왕은 사람을 보내 두 아들을 궁궐로 오라고 한다. 오지 않으면 아버지를 죽이겠다고 협박한다.

큰아들 오상은 왕의 계략임을 알면서도 아버지에 대한 신의를 저버리지 않기 위해 부름에 따른다. 그러나 작은아들 오자서는 오나라로 달아난다.

오자서는 오나라에서 힘을 키워 훗날 평왕에게 복수한다. 복수의 칼날을 휘두르기도 전에 평왕이 죽어버리자 오자서는 무덤에서 그의 시신을 꺼내 300번이나 채찍을 휘둘렀다.

인간관계에서 척질 일을 만들면 죽은 후에도 편치 못하다.

화목한 가정에는 효자가 없다는데

화목

가족이 화목하지 않으면
큰 위선이 있게 된다

六親不和 有孝子
육친불화 유효자

부모님은 무척 성실하셨다. 시골에 계실 때 우리 4남매를 낳으셨는데, 촘촘한 간격으로 태어나다 보니 아이들 키우는 일만으로도 무척 고단하셨을 테다. 하지만 와중에도 쉬지 않고 논밭을 갈면서 농사를 지으셨고, 덕분에 우리가 대구로 이사를 나올 때쯤에는 제법 반듯한 농토 몇 마지기를 장만하셨다.

아버지는 객지에서의 사업 자금으로 쓰기 위해 농토의 일부를 파셨는데, 허망하게도 대도시로 이사를 나온 지 얼마 되지 않아 먼 친척뻘 되는 아저씨에게 사기를 당해 고스란히 날리고 말았다. 그래도 농토 일부를 팔지 않고 남겨두셨는데 지금도 고향 땅에 남아 있다. 마을 초입에 있는 논과 아버지의 무덤이 있는 뒷산의 밭을 합하면 시골에서 농사 지으며 살 만한 정도는 된다.

특히 밭의 입지가 무척 좋다. 밭뙈기가 있는 언덕에서 아래를 내려다보면 왼쪽으론 가야산이 우뚝 솟아 있고 오른쪽으론 대가야의 도읍지 고령으로 이어지는 개울이 흐르고 있어 풍광이 그만이다.

탁 트인 전망이 마음에 들어서인지 아버지 산소를 들를 때마다 아내는 "여기서 집 짓고 전원생활을 하면 좋겠다."라는 말을 되뇐다. 그럴 때면 나도 "언젠가는 그럴 날이 오겠지."라며 맞장구친다.

그만큼 좋은 땅이다. 풍수지리에 문외한인 내가 봐도 이런 명당이 또 있을까 싶다. 집터를 뜻하는 양택과 무덤 자리를 뜻하는 음택 모두에서 좋은 기운이 서려 있는 곳이다.

아버지는 여든을 조금 넘겨 돌아가셨다. 내가 대구에서 다시 서울로 올라오면서 모시려고 했지만, 시골의 작은 예배당 옆에서 봉사하며 여생을 보내고 싶다는 어머니의 소원을 풀어드리고자 고향으로 내려가셨다. 그러던 어느 날 새벽 뇌출혈로 쓰러지고 마셨다. 곧바로 응급의료 체계의 도움을 받았더라면 사실 수도 있었는데, 시간이 지체되는 바람에 끝내 회복하지 못하고 돌아가셨다.

다행히 돌아가시기 전에 임종을 지킬 수 있었는데, 의식이 없는 와중에도 내 손을 꼭 쥐며 눈물을 흘리시던 모습이 잊히지 않는다. 아버지의 임종을 지켜보며 비로소 사람이 죽을 때 숨을 거둔다고 하는 의미를 깨달았다. 마지막 순간 아버지는 코로 훅 하고 숨을 거두시더니 이내 돌아가셨다.

아버지가 돌아가신 후 어머니는 시골 농토를 장남인 내 앞으로 돌리라고 하셨다. 하지만 나는 그 땅은 아버지와 어머니 두 분이 피땀 흘려가며 일군 것인데 그럴 수 없다며 어머니의 명의로 해드렸다.

그러다가 어머니가 치매로 요양원에 들어가신 후 내 명의로 돌렸다. 장남이기 때문이 아니라 나중에 팔 경우 행정적인 절차를 간소하게 하기 위해서였다. 누님 두 분과 남동생이 흔쾌히 동의를 해줘 아무 어려움 없이 증여 형식으로 명의를 변경했다. 재산 가치로 따지면 크지 않은 돈이지만, 그래도 욕심을 앞세우면 다소간의 분쟁이 있을 수 있는데 우리 누님들과 동생 가운데는 그런 사람이 없었다.

나 역시도 재물 욕심이 없다. 그래서 명의 변경을 하며 나중에 혹시 팔게 되면 몫을 똑같이 나누겠다고 말했다. 그 후 논의 공동 명의자로 되어 있던 사람과 지분 분할을 하는 과정에서 약간의 목돈이 생겼는데, 약속대로 1천 원짜리 하나 틀리지 않게 4분의 1로 나눠 누님들과 동생에게 송금했다.

우리 4남매가 가난한 부모 밑에서도 우애 좋게 지낼 수 있었던 건 큰누님 영향이 크다. 대구로 이사 나온 직후 아버지의 사업 구상이 깨지는 바람에, 큰누님은 초등학교를 마친 후 곧바로 방직공장에 취직해 돈을 벌었다. 꿈 많은 소녀 시절을 고단하게 보냈지만 큰누님은 불평 한마디 하지 않았다. 오히려 나와 남동생이 대학을 마칠 때까지 용돈을 손에 쥐여주며 묵묵히 응원해주셨다.

어머니와 마찬가지로 독실한 기독교 신자였던 큰누님은 큰 자형이 돌아가신 후 경상북도 칠곡군 왜관에서 혼자 사시는데, 집 근처 요양원에 어머니를 모셔 놓고 틈나는 대로 들여다보신다. 어머니의 뇌리에서 다른 모든 기억이 소실되어도 큰누님에 대한 기억만큼은 사라지지 않을 것이다.

노자는 말한다.

"큰 도가 없어지면 인의가 나타나고 지혜가 나타나면 큰 위선이 있게 된다. 가족이 화목하지 않으면 효자가 있게 되고 나라가 혼란하면 충신이 있게 된다."

大道廢(대도폐) 有仁義(유인의) 慧智出(혜지출) 有大僞(유대위) 六親不和(육친불화) 有孝慈(유효자) 國家昏亂(국가혼란) 有忠臣 (유충신)

_『도덕경』18장

우리 4남매는 누가 말하지 않아도 자식으로서 해야 할 도리를 다한다. 큰누님이 중심을 잘 잡아주는 덕분이지만 작은누님과 남동생도 바쁜 와중에 틈틈이 어머니를 들여다보고 아버지 산소도 찾는다.

형제들 간에 우애가 돈독하거니와 욕심을 부리지 않고 화목하게 지내니, 굳이 효도라는 단어를 들먹일 필요가 없다. 그저 각자의 역할에 최선을 다할 뿐이다.

'육친불화(六親不和) 유효자(有孝慈)'는 노자의 무위자연 사상을 가족 윤리에 대입한 구절이지만, 요즘 같은 핵가족 시대에 효의 참된 의미를 다시 한번 돌아보게 하는 명구(名句)라는 게 내 생각이다.

'부자 할머니'와
아내의 형제들

아내의 집안도 우리와 비슷하다. 형제 구성도 2남 2녀로 똑같다. 교육자셨던 장인어른은 아내가 고등학교 2학년 때 돌아가셔서 얼굴도 뵙지 못했지만, 장모님은 여든 중반을 넘긴 지금도 건강하게 잘 지내고 계신다.

가끔 뵐 때마다 느끼는 거지만 정신도 또렷하시고 체중도 알맞게 잘 유지하시니 100세를 넘기는 데 아무런 문제가 없어 보인다. 마흔 살을 갓 넘긴 젊은 시절에 홀로 되신 후 장사를 시작하셨는데, 고단한 삶을 사시면서도 4남매 모두를 대학까지 보내셨다. 장모님은 그때 시작하신 장사를 지금도 하시고 계신다.

한 번은 당진전통시장을 찾은 모 방송국 텔레비전 프로그램에 출연하셨는데 얼마나 말씀을 잘하시던지 영상을 보며 탄복했더랬다. 그 연세에 장사를 하는 게 쉬운 일은 아니겠지만 역으로 그게 건강을 유지하는 가장 큰 비결인 것 같다.

걸어서 오가기 딱 적당한 거리에 시장이 있으니 자연스럽게 걷기 운동을 하고, 매일같이 물건을 팔며 셈을 하니 치매도 예방된다. 아내도 그런 생각인지 장모님에게 전화를 걸 때마다 운동 삼아 쉬엄쉬엄 하라는 말은 하지만 하지 말라는 말은 하지 않는다.

장모님은 현금을 제법 갖고 계신다. 당진이 시로 승격되면서 집터가 새로운 시청사 부지로 수용되었는데 시가로 받다 보니 꽤 큰돈을 받으셨던 모양이다. 조카들 말마따나 장모님은 '부자 할머니'다.

하지만 맞이인 아내를 비롯한 4남매 중 누구도 그 재산을 탐하지 않는다. 증여세가 면제되는 한도인 5천만 원씩을 4남매에게 나눠주실 때 큰 처남은 그마저도 받지 않겠다고 양보했고, 오랫동안 고향에서 장모님을 모셨던 작은 처남도 공로를 내세워 더 큰 몫을 요구하지 않았다.

욕심이 없기로는 아내와 처제도 마찬가지다. 시간 날 때마다 장모님을 모시고 바닷가에 나가 조개를 캐면서도 결코 친정어머니의 지갑을 넘보는 일은 없다.

내 쪽도 그렇고 아내 쪽도 그렇고 가족 구성원들과의 관계에서 오는 장애물은 없어 보인다. 이만한 복이 또 어디 있을까 싶다.

용서

185

자연을 닮으면 다툴 일이 없다

성인의 도는
일을 도모하지만 다투지 않는다

聖人之道 爲而不爭
성인지도 위이부쟁

두 분 누님들과 동생, 나까지 포함해 우리 4남매가 소식을 공유하
고 소통하는 단톡방이 있다. 방을 개설한 지 꽤 오랜 시간이 흘렀지
만, 우리는 단 한 차례도 다툰 적이 없다. 초등학교나 고등학교 동기
들 단톡방에선 흔히 그런 일이 생기지만 우리 남매 단톡방은 늘 평
화롭다.

구성 인원이 넷밖에 안 되어서 그러기도 하겠지만 그보다 서로가
욕심을 부리지 않는 게 더 큰 요인이 아닐까 싶다. 인원이 둘이라도
욕심을 앞세우다 보면 으르렁대며 싸우는 게 인간이다. 남매 단톡방

에서 우리가 궁금하게 여기고 신경을 곤두세우는 유일한 일은 요양원에 계시는 어머니의 건강 상태다.

요양원에선 한 달에 한 번씩 어머니 근황이 담긴 일지를 보내준다. 혈압이나 맥박, 체온 같은 기본적인 신체 상태와 활동 사항 등이 적힌 보고서인데 특이 사항이 있으면 단톡방에 공유한다.

윷놀이나 그림 그리기, 고리 던지기 같은 놀이 활동에 참여하는 어머니 모습이 담긴 사진도 가끔 보내주는데, 그것도 단톡방에 올려 공유한다. 보내주는 사진 속 어머니가 웃는 모습이면 우리 4남매도 함께 웃고, 표정이 어두우면 우리 마음도 덩달아 어두워진다.

한 번은 요양원에서 근무하는 요양보호사 한 분이 코로나19에 감염되어 어머니를 포함한 어르신들 수십 명이 동시에 확진되는 일이 있었다. 행정팀장에게서 그 소식을 전해 들었을 때 나는 최악의 상황을 떠올렸다. 연세가 아흔이신데 무사히 넘기기가 어려울 수도 있을 것 같아 단단히 마음먹고 있었다.

누님들과 동생에겐 소식을 곧바로 알리지 않았다. 정부의 권유대로 백신을 잘 맞았으니 중증으로 진행되지 않을 수도 있는데, 괜히 미리 알려 형제들까지 근심하게 할 이유가 없다는 판단이었다.

우선은 나 혼자만 알고 있을 요량으로 단톡방에 소식을 공유하지 않았다. 하지만 어머니가 포항의료원으로 긴급 이송되었다는 연락을 받은 후에는 더 이상 감출 수 없어 단톡방에 소식을 올렸다. 단톡방은 금세 초상집이 되었다.

다행히도 어머니는 위기를 잘 넘기셨다. 의료원에서 내게 전화를 걸어와 렘데시비르라는 약을 처방하려 하는데 보호자의 동의가 필요하다고 했을 땐 중증으로 진행된 줄로 알고 놀랐는데, 연세가 있으셔서 선제적 조치를 취하는 것일 뿐이라는 말을 듣곤 안심했더랬다. 어머니가 2주간의 입원 치료를 끝내고 요양원에 복귀하셨을 때 단톡방은 잔칫집이 되었다.

약값이 비싸다는 소식을 뉴스에서 접했기 때문에 입원비가 걱정되기도 했지만, 요양원 측이 자신들에게 귀책 사유가 있기 때문에 일체의 비용을 요양원에서 부담한다는 말을 해줘 그런 근심도 내려놓을 수 있었다. 우리 형제들은 어머니의 상태에 따라 지옥에 가기도 하고 천국에 가기도 한다.

드라마에서 가끔 보는 장면처럼 재산 상속을 두고 형제들이 다투는 경우 그 집안은 늘 전쟁 상태일 테다. 하지만 우리 남매는 재산이 아니라 어머니라는 존재 그 자체만 생각하기 때문에 어머니께서 건강하게 살아계시기만 하면 늘 평화롭다.

시골에 계시는 큰누님께 가끔 싫은 소리를 하는 경우는 누님이 채소를 너무 많이 보내줄 때다. 상추, 호박, 오이, 가지 등 큰누님은 철철이 채소를 보내준다. 그걸 보내주면 다듬는 일로 시간을 많이 빼앗기니 제발 조금씩 보내라고 하면서 누님께 투정을 부린다.

특히 가을에 보내주는 도라지는 내게 공포의 대상이다. 흙을 씻어내 칼로 껍질을 벗긴 후 썰어 건조기에 말려 프라이팬으로 볶는 과정만 하루 종일 걸린다. 양이 많을 땐 일주일 내내 작업한다.

우리는 뺏는 게 아니라 주는 것 때문에 가끔 다툰다. 그나마 명퇴한 아내가 텃밭을 가꾸면서부턴 채소를 박스에 담아 보내주는 횟수가 많이 줄어들어 다투는 일도 없어졌다.

노자는 말한다.

> "성인은 쌓아 놓지 않고 사람들을 위해 베풀지만 더욱더 많이 가지게 되고 사람들과 더불어 쓰지만 더욱더 많아진다. 하늘의 도는 이롭게 할 뿐 해롭게 하지 않는다. 성인의 도는 일을 도모하지만 다투지 않는다."

> 聖人不積(성인부적) 旣以爲人(기이위인) 己愈有(기유유) 旣以與人(기이여인) 己愈多(기유다) 天之道(천지도) 利而不害(이이불해) 聖人之道(성인지도) 爲而不爭(위이부쟁)
>
> _『도덕경』81장

노자의 『도덕경』은 총 81개 장, 5천여 자로 구성되어 있으며 '도'로 시작해 '부쟁'으로 끝난다. 그래서 『도덕경』 텍스트를 기준으로 할 때 노자의 사상은 '도위부쟁(道爲不爭), 도란 다투지 않는 것'이라는 한 문장으로 압축할 수 있다. 도란 곧 평화라는 게 노자 사상의 핵심이다. 다투지 않기 위한 가장 좋은 방법은 자연을 닮는 것이다. 자연은 무위하고 다투지 않는다.

식물원 산책길에서 보는 식물들 가운데 다른 식물들의 영역을 침범하고자 다투는 경우는 없다. 소나무는 소나무대로, 버드나무는 버드나무대로 자신의 영역을 지킬 뿐 옆에 있는 느티나무나 팽나무와 다투지 않는다.

'도'는 쉽고 간단하면서 한없는 내면의 평화를 준다

사람도 자연처럼 무위한 채로 살아가면 세상은 저절로 평화로워질 것이다. 무위하다는 건 욕심을 부리지 않는 것이다. 욕심을 비우면 남의 것을 탐하지 않게 되고 다툴 일이 없어진다. 주어진 것에 만족하며 각자의 형편과 처지에 따라 안분지족한 삶을 살면 분쟁이 사라지고 싸울 일이 없어진다. 개인도 그렇고, 사회도 그렇고, 국가 간의 관계도 그렇다.

세간의 화제가 되었던 드라마 〈이상한 변호사 우영우〉, 서울대 로스쿨을 수석으로 졸업한 자폐 변호사의 활약상을 그렸는데 소재로 삼는 에피소드들이 하나같이 공감을 자아냈다. 그 가운데 강화도의 토지 보상금을 둘러싸고 다투는 3형제 이야기는 인간 내면에 잠자고 있는 탐욕의 한계가 어디까지인지를 적나라하게 보여준다.

3형제의 부모는 시골에서 오랫동안 자신들을 모시고 살았던 막내에게 토지를 물려줬는데, 지역이 개발되면서 보상금이 나왔고 그 액수가 100억 원에 이르렀다. 객지에서 자리 잡고 살던 두 형은 그 돈을 노리고 계약서를 하나 만들어 와 동생에게 도장을 찍게 한다.

형들 말이라면 무조건 복종하던 동생은 계약서 내용을 꼼꼼하게 읽어보지도 않고 도장을 찍는데, 보상금에 따른 세금을 자신이 물게 되어 돈 한 푼 건지지 못하고 빚만 지게 되었다. 형들은 보상금을 수십억 원씩 나눠 가지면서 동생이 세금 전액을 물게 했던 것이다.

결국 법정 소송으로 이어졌고 우영우 변호사가 기지를 발휘해 기존의 계약서를 무효로 만들어버린다. 두 형은 뒤늦게 동생을 찾아와 무릎 꿇고 사죄를 하는데 참으로 뒷맛이 개운치 않았다.

그런 면에서 우리 4남매는 삶 속에서 도를 실천하고 있는 셈이다. 부모님에게 물려받은 재산을 서로 차지하겠다며 욕심 부리는 일이 없기 때문에 우리 4남매의 관계는 늘 평화롭다. 상속 분쟁도 없고 형제의 난도 없다.

'도'는 결코 어렵지 않다, 무척 쉽다. 사람들이 어렵게 여길 뿐 쉽고 간단하고 간편하다. 무엇보다 도는 한없는 내면의 평화를 준다.

싫은 내색 없이 그저 받아들였을 때

덕망

싫증 내지 않으니
싫증 낼 일이 생기지 않는다

夫惟不厭 是以不厭
부유불염 시이불염

한때 고양이를 키웠다. 상도동에 살 때까진 고양이에 별다른 관심을 갖지 않았는데, 마곡으로 이사를 온 후 얼마 지나지 않아 고양이를 집으로 들였다. 사연은 이랬다.

마곡으로 이사를 왔을 때 큰아이는 대학을 졸업한 후 취업 준비를 하고 있었다. 아침에 나가 스터디를 하고 저녁 10시쯤 귀가하는 패턴이었는데, 하루는 귀가 시간이 꽤 지났는데도 귀가하지 않았다.

10시가 조금 넘으면 어김없이 현관문 비밀번호를 누르는 소리가 들렸는데, 그날은 10시 반이 다 될 때까지 인기척이 없었다. 걱정이 되어 문자를 넣었더니 '집 앞'이라는 답장이 왔다. 금세 오겠거니 하고 기다렸지만 10여 분이 지나도록 소식이 없길래, 무슨 일인가 하고 집 밖으로 나가 봤다.

딸아이가 걱정되어 밖으로 나온 그날 밤, 그곳에서 믿을 수 없는 장면을 목격했다. 딸아이가 벤치에 앉아 웬 고양이 등을 쓰다듬고 있었던 것이다. 딸아이 곁에 고양이가 있다는 사실 자체가 믿겨지지 않았고, 자식이라도 되는 것처럼 부드러운 손길로 고양이의 등을 쓰다듬고 있는 모습이 믿기지 않았다.

더 결정적인 건 딸아이의 입에서 나온 말이었다. 내가 다가가자 딸아이가 대뜸 말했다. "아빠, 애 참 귀엽지?" 귀엽다니? 고양이가? 예상치 못한 딸아이의 행동과 말에 나는 충격을 받고 크게 놀랐다. 하지만 내색하지 않았다. 딸아이의 안전에 문제가 없다는 걸 확인했다는 안도감으로 돌아섰다. "이제 그만 고양이도 자러 가야지."

그렇게 나와 고양이의 인연은 '놀람'으로 시작되었다. 하지만 그건 말 그대로 시작에 불과했다. 그 후 더 큰 놀람이 이어졌다. 딸아이는 그 후로도 고양이에 푹 빠져 지냈고, 급기야는 용돈을 떼 고양이 사료와 물컵을 사서 현관문 신발장 위에 떡하니 진열해뒀다.

고양이를 싫어하던 아내는 기겁했고, 자꾸 그러면 용돈을 깎겠다고 으름장을 놓았다. 하지만 그런 협박이 통할 리 없었다. 고양이에 꽂힌 아이는 그 후로도 꾸준히 고양이밥을 챙겨줬다.

그러던 어느 날 내게 문자로 부탁을 해왔다. "오늘은 조금 늦으니 아빠가 나 대신 고양이 밥 좀 챙겨줘." 그러며 밥 주는 방법과 사료의 양, 위치, 주의사항 등에 대해 자세하게 적었다. 나는 딸아이의 부탁대로 고양이 사료를 챙겨 지정된 장소에 갖다줬다. 그렇게 고양이와 나 사이의 거리감은 조금씩 좁혀졌다.

처음 봤을 때 고양이는 멈칫거리며 가까이 다가오지 않았다. 하지만 시간이 지나면서 경계심을 풀고 내 곁으로 한 발 한 발 다가왔다. 두어 달이 지날 무렵에는 딸아이가 하던 것처럼 나도 벤치에 앉아 고양이의 등을 쓰다듬어주는 단계에 이르렀다.

내가 본격적으로 길고양이들을 돌보기 시작할 무렵 딸아이는 취업에 성공했는데, 경제적으로 자립할 힘이 생기자 고양이를 집으로 데려오겠다고 선언했다. 아내는 극렬하게 반대했고 나도 길고양이에게 밥을 챙겨주는 것까진 괜찮지만 집에 데려오는 건 찬성할 수 없다며 아내와 보조를 맞췄다.

그러자 딸아이는 자신의 월급통장 관리를 엄마에게 맡길 테니 입양하게 해달라고 제안했다. 평소 딸아이의 돈 씀씀이가 헤프다며 걱정하던 아내는 빅딜 제안을 받아들였고, 몇 달 뒤 고양이 한 마리가 우리 집으로 들어왔다.

딸아이는 밖에서 밥을 챙겨주던 어른 고양이를 데려오려 했는데 여의치 않아 새끼들 중에서 엄마를 가장 많이 닮은 고양이를 데려왔다. 야생에서 지내다가 집고양이가 된 새끼 고양이는 적응하는 데 꽤 오랜 시간이 걸렸다. 하지만 딸아이가 부모의 마음으로 지극정성을 다해 보살피니 마침내 어엿한 우리 집 식구가 되었다.

입사 첫해 큰딸이 보름 정도의 일정으로 미국 연수를 떠나는 바람에 집에 들여온 새끼 고양이의 양육은 결국 내 몫이 되었다. 딸아이 부재중에 임시로 밥을 챙겨주고 똥오줌을 치워줬는데, 딸아이가 귀국한 후에도 그런 일이 반복되었고 그러다가 어느 순간부터인가 내 전담이 되었다.

그렇게 정 들었던 고양이였는데 지금은 내 곁에 없다. 딸아이가 결혼을 해 분가한 집으로 데려가면서 고양이와 나의 인연은 끝이 났다.

노자는 말한다.

"싫증 내지 않으니 싫증 낼 일이 생기지 않는다. 이 때문에 성인은 스스로 알고 있으면서도 자신을 드러내지 않고 스스로 사랑하면서도 자신을 귀하게 여기지 않고 저것을 버리고 이것을 취한다."

夫惟不厭(부유불염) 是以不厭(시이불염) 是以聖人(시이성인) 自知不自見(자지부자견) 自愛不自貴(자애부자귀) 故去彼取此(고거피취자)

_『도덕경』 72장

청백리 정승 황희의
넓은 도량

　돌아보면 후회되는 일이 하나 있다. 딸아이는 새끼 고양이를 데리고 온 다음 해 겨울 폭설이 내리던 날 (원래 데리고 오려 했던) 엄마 고양이를 데리고 현관문 앞까지 왔었다. 날이 워낙 추워서 그랬는지 고양이가 순순히 딸아이를 따라 집 앞까지 왔던 것이다.

　딸아이는 그 고양이도 집 안으로 들여놓고 싶어 했다. 하지만 아내와 나는 한 마리도 벅찬데 둘은 안 된다며 반대했다. 딸아이는 슬픈 표정을 지으며 고양이를 데리고 다시 밑으로 내려갔다.

　그때 한 마리도 키우는데 두 마리는 못 키우겠냐며 받아들였더라면 좋았을 텐데, 딸아이의 청을 매몰차게 뿌리친 게 두고두고 후회된다. 다행히 우리 동 10층에 사는 아주머니 한 분이 그 고양이를 입양해 지금까지 잘살고 있기에 마음이 놓이지만, 우리 집으로 데려와 모녀가 함께 사는 모습을 볼 수 있었으면 더 좋았을 테다.

　『조선왕조실록』에는 많은 사람이 등장한다. 그 가운데 황희 정승은 내게 큰 귀감이 된다. 황희는 청백리로 알려져 있지만 도량 또한 무척 넓었다. 식사 시간에는 자신의 음식을 들어 노비의 자식들에게 줬고, 동네 아이들이 뜰에 심어 놓은 감나무의 감을 따 먹을라 하면 "나도 맛이나 보게 하나는 남겨두라."라며 인자한 미소를 지었다.

　조정에서도 황희는 품 넓은 리더십을 발휘해 후배들로부터 두루 칭송을 받았다. 회의 시간에는 다른 신료들의 발언을 묵묵히 경청했고, 끝 무렵에 자신의 의견을 간단하게 제시했다. 세종은 그런 황희에게 18년간 영의정을 맡겼다.

겨울철 잎사귀가 다 떨어져 나간 매화나무와 살구나무, 벚나무에는 귀찮을 정도로 참새들이 몰려와 가지를 점령한다. 나무의 입장에선 제법 귀찮을 법하지만 어떤 나무도 팔을 휘휘 저어 새들을 쫓아내지 않는다. 그저 팔을 벌려 받아들일 뿐 싫은 내색을 하지 않는다. 그만큼 자연은 품이 넓다.

큰딸에게서도 그런 점을 배운다. 그 아이에겐 터울이 여덟 살이나 나는 동생이 있지만 윗사람으로서 권위를 내세우는 법이 없다. 말을 해도 늘 부드럽게 하고 동생의 의견을 존중해준다.

노자의 말처럼 동생을 향해 싫증을 내지 않기에 자매 사이에는 싫증 낼 일이 생기지 않는다. 그 덕분에 결혼한 후 해외여행으로 장기간 집을 비울 때는 꼭 동생에게 고양이를 부탁한다. 특별히 가르치지 않았는데 몸에 배어 있는 것 같다. 그런 덕성을 가진 아이이기에 그때 엄마 고양이를 데려오지 못하게 한 게 더 마음에 걸린다.

상대에게 최소한의 예의를 갖춰라

품격

담담함을 으뜸으로 여기고
승리하더라도 미화하지 않는다

恬淡爲上 勝而不美
염담위상 승이불미

본격적으로 인문학 공부를 시작하면서 우선 동서양 고전을 두루 탐독했다. 동양 고전 가운데는 사서삼경을 비롯해 뒤에 '자(子)'와 '경(經)'이 붙은 책은 한 권도 빼놓지 않고 읽었다. 사마천의 『사기』와 사마광의 『자치통감』을 비롯한 역사책들도 부지런히 읽었다.

동양 고전을 섭렵한 후에는 서양 고전으로 넘어갔는데, 그때 가장 먼저 읽은 책이 호메로스의 『일리아드』와 『오디세이』였다. 이름은 들어봤지만 구체적으로 어떤 내용인지는 몰랐던 책들이다. 제법 두툼한 분량이었지만 서양 문명의 시원(始原)을 알기 위해선 반드시 넘어야 하는 산맥이었기에 행간을 살피면서 자세히 읽었다.

『일리아드』는 한 번 읽는 것으로 성이 차지 않았다. 신과 인간이 혼재되어 등장하는 서사 그 자체가 매력적이기도 했지만 내 전공(정치학)과의 연관성이 보여 몇 번을 반복해 읽었다.

나는 『일리아드』에서 두 가지 코드를 발견했다. 하나는 '가치의 재분배'라는 정치학적 코드였고, 또 하나는 '인간의 욕망과 호기심'이라는 심리학적 코드였다. 요즘은 후자 쪽에 더 관심이 많지만 당시에는 전자 쪽에 더 눈길이 갔다.

그때 그런 통각을 기반으로 쓴 게 『인문학의 눈으로 본 행복한 국가와 정치』라는 책인데, 내 저작 목록 1호는 그렇게 탄생했다. 그때까지만 해도 정치학의 그늘에서 완전히 벗어나지 못하던 시절이라, 인문학이라는 산을 오르면서도 내 눈길은 사회과학이라는 바다를 응시했다.

『일리아드』는 처음부터 내 구미를 자극했다. 아킬레우스가 아가멤논을 향해 독설을 퍼붓는 장면에서 정치학의 핵심 이슈 중 하나인 '분쟁'이라는 단어를 떠올렸다. 그리고 뛰어난 지략으로 둘 사이의 갈등을 봉합한 후 아킬레우스를 다시 전장으로 끌어내는 데 성공한 오디세우스에게선 '가치의 재분배'라는 이슈를 떠올렸다.

아킬레우스는 아가멤논이 전리품 분배를 불공정하게 하자 태업에 들어갔다. 현대 정치학에선 희소성을 가진 재화를 권위적으로 재분배하는 과정을 '정치'라고 정의하는데, 그런 관점에 보면 아킬레우스와 아가멤논의 분쟁은 정치적 성격을 띠었다. 트로이 전쟁에 출전한 군대가 그리스 각 도시국가에서 파견된 연합군으로 조직된 점을 고려하면 둘 사이의 갈등은 국가 간 분쟁으로 확대해 볼 수도 있다.

내게 더 흥미로웠던 건 오디세우스가 둘 사이의 갈등을 중재, 조정하는 과정이었다. 아킬레우스는 아가멤논에 대한 감정을 풀고 전장에 복귀하라는 참모들의 조언을 귓등으로 흘렸다. 하지만 오디세우스가 현실적인 대안을 제시하자 받아들였다.

오디세우스는 아킬레우스가 태업에 들어간 이유가 정치적 계산 때문이라는 사실을 정확하게 간파하고 있었기에 맞춤식 해법을 내놓았다. 아가멤논과 아킬레우스는 오디세우스의 중재안을 받아들여 향후의 전리품은 승리 기여도에 따라 분배하기로 합의했다.

이 원칙을 준수할 경우 아킬레우스의 몫이 더 많아질 건 자명했다. 전쟁에서 아킬레우스를 대적할 트로이의 장수는 없었고, 그가 통솔하는 군대는 무적이었기 때문이다. 아가멤논으로선 썩 내키지 않은 중재안이었지만, 아킬레우스 없인 전쟁을 승리로 이끄는 게 불가능한 상황이라 오디세우스의 제안을 받아들일 수밖에 없었다.

아킬레우스의 맹활약에도 불구하고 트로이 전쟁이 10년간 지루하게 이어진 건 지형적인 영향이 컸다는 게 내 생각이다. 영화 〈트로이〉에선 주요한 전투가 치러진 장소를 지중해 바닷가의 모래사장으로 묘사하고 있지만, 그랬더라면 전쟁이 그렇게 장기간 계속되진 않았을 것이다. 트로이 전쟁의 주된 무대는 현재 튀르키예의 험한 산악지대였을 것으로 추정하는 게 합리적이다.

『일리아드』에는 트로이 전쟁의 구체적인 결말에 대한 기록이 없다. 목마 속에 그리스 병사들을 숨겨놓은 채 철수하는 것으로 기록된 문서의 신빙성도 고증해봐야 할 부분이 많다. 전쟁이 그렇게 단순하게 끝나진 않았을 것이다. 그러나 분명한 건 트로이 전쟁이 끝날 무렵 아킬레우스가 죽음을 맞았다는 사실이다. 그의 죽음은 인과응보였고 하늘이 내린 벌이었다.

노자는 말한다.

"무기는 상서롭지 못한 물건으로 군자가 쓸 게 못 된다. 할 수 없이 써야 할 경우 담담함을 그 으뜸으로 여기고 승리하더라도 미화하지 않는다. 이를 미화한다는 건 살인을 즐기는 것이다. 살인을 즐기는 사람은 천하에서 큰 뜻을 펼 수 없다."

兵者不祥之器(병자불상지기) 非君子之器(비군자지기) 不得已而用之(불득이이용지) 恬淡爲上(염담위상) 勝而不美(승이불미) 而美之者(이미지자) 是樂殺人(시락살인) 夫樂殺人者(부락살인자) 則不可得志於天下矣(즉불가득지어천하의)
                                                    _『도덕경』 31장

노자 사상의 핵심이 평화라는 건 앞서 말했다. 평화는 비전쟁의 상태이고, 불가피하게 전쟁을 해야 하는 경우라도 최소한의 인간적인 도리를 지켜야 한다. 하늘의 도에 합당한 것이며, 어기는 사람은 천하를 취할 자격이 없다는 게 노자의 생각이다.

'역발산기개세' 항우가
유방에게 천하를 내준 까닭

태업을 풀고 복귀한 아킬레우스는 종횡무진 전장을 누빈다. 트로이 군대를 지휘하던 맹장 헥토르도 아킬레우스의 적수가 되지 못했다. 당당하게 1합을 겨뤘지만 헥토르는 아킬레우스의 칼날에 쓰러지고 만다. 문제는 헥토르의 시신을 처리하는 과정이었다.

아킬레우스는 헥토르의 시체를 수레에 싣고 와서 자신의 막사 옆에 둔다. 그 또한 정치적 계산에 따른 행동이었다. 아킬레우스의 속셈을 읽은 헥토르의 아버지 프리아모스는 수레에 금은보화를 잔뜩 싣고 와 거래를 시도한다. 수레에 실린 재화를 살펴본 아킬레우스는 만족감을 표시하며 헥토르의 시신을 프리아모스에게 넘겨준다. 그리고 장례식을 치르는 기간에 전투를 중지한다.

언뜻 보면 적군 장수의 죽음에 예를 갖춘 것으로 보이지만 그 밑바닥에는 인간 아킬레우스의 세속적 욕망이 진하게 깔려 있다. 전투

중 용감하게 항전하다 최후를 맞은 적군 장수의 시신은 그 자리에 바로 묻어주고 예를 갖추는 게 신사적인 행동이다.

전쟁사에는 그런 장면이 수없이 나온다. 하지만 아킬레우스는 적군 장수의 시신을 거래 대상으로 삼았고, 결국 신의 노여움을 샀다. 아킬레우스의 행동은 도에 어긋나는 것이었고, 결국 죽음을 맞았다.

천하를 차지하고자 유방과 다툰 항우에게서도 같은 교훈을 얻을 수 있다. 그는 산을 통째로 뽑을 만한 기개를 가진 장수였다. 그를 대적할 사람은 아무도 없었기에 천하는 당연히 그의 차지였다. 하지만 그는 결국 쓸쓸한 최후를 맞았으며 유방에게 천하를 내줬다.

적군에게 예를 갖추지 않는 잔인한 리더십이 항우의 발목을 잡았던 것이다. 항우는 진나라 군대 20만 명을 산 채로 매장시켰으며, 초나라 의제와의 약속을 저버리고 그의 목숨을 거뒀다. 유방은 거꾸로 했다. 그는 승리를 거둬도 미화하지 않고 담담하게 받아들였으며 적군 장수에 대해서도 인간적인 예를 갖췄다.

선거도 전투다. 칼이 아니라 표로 승패를 결정한다는 게 다를 뿐 정치적 의미는 같다. 우리 정치의 비극도 본질적으로 아킬레우스와 항우의 비극과 다르지 않다. 패배한 장수를 향해 예를 갖추는 당선인을 보기 힘들다. 그런 비극에 마침표를 찍을 수 있는 후보가 있다면 보수와 진보를 가리지 않고 소중한 한 표를 던질 것이다. 그럴 날이 꼭 올 거라고 믿는다.

잘 싸우는 사람은 성을 내지 않는다

훌륭한 무사는 무용을 드러내지 않고
잘 싸우는 사람은 성내지 않는다

善爲者不武 善戰者不怒
선위자불무 선전자불로

인생의 결정적인 순간에선 가진 걸 모두 걸고 승부수를 던지는 결단이 필요하기도 하다. 그러나 그런 승부수가 통하려면 태산처럼 장중하고 얼음장처럼 차가운 기질을 가지고 있어야 한다. 그래야 어지간한 변수가 생겨도 흔들리지 않을 수 있고 끝까지 목표에 집중할 수 있다.

냉정한 승부사 기질, 지난날을 돌아볼 때 내겐 그런 게 부족했던 것 같다. 내 성격은 좋게 말하면 인정 많고 나쁘게 말하면 물러터진 유형이었다.

지인의 청탁을 받았을 때 딱 부러지게 안 된다고 말하지 못하는 성격이다 보니 금전적 손실을 보기도 했고, 예기치 않게 일이 어긋나 곤란한 일을 당하기도 했다.

요즘의 나는 조금 다르다. 부탁을 거절할 줄도 안다. 출판사에서 원고 청탁을 받을 때 예전 같으면 무조건 받아들였을 텐데 요즘은 가려 받는다. 내 체력과 형편에 따라 기한 내에 쓸 수 없다고 판단되면 정중하게 사양한다.

미안한 마음이 들기도 하고 기회를 놓치는 것 같아 아쉬운 마음이 들기도 하지만, 그래도 나중에 후회하는 것보다 낫다는 게 내 생각이다.

지인들의 모임 초대에도 무조건 응하기만 하진 않는다. 예전에는 초대에 응하지 않으면 인간관계에 마이너스 요인이 되는 것 같아 이유를 불문하고 참석했는데, 요즘에는 그런 계산을 하지 않는다.

마음이 내키지 않는 자리는 아무리 좋은 모임이라도 발걸음을 하지 않는다. 마음이 불편하면 산해진미도 소용없으므로 그런 초대에는 일절 응하지 않는다.

노자보다 먼저 접했던 『장자』가 큰 도움이 되었다. 특히 「달생」에 나오는 목계에 관한 우화를 읽은 후 깨달은 바가 무척 컸다.

투계(鬪鷄)를 좋아하는 왕이 어느 날 기성자라는 조련사에게 최고의 싸움닭을 만들어 달라고 부탁했다. 열흘 후 왕이 물었다.

"닭이 이제 싸울 수 있겠는가?"

기성자가 아뢰었다.

"아직 안 됩니다. 강하긴 하지만 교만합니다. 허세를 부리면서 제 힘만 믿습니다."

다시 열흘이 지나 왕이 기성자에게 물었다.

"이제는 다 되었는가?"

그러자 기성자는 말했다.

"아직도 아닙니다. 교만함은 많이 줄었지만 너무 조급해 진중함이 없습니다. 다른 닭을 보거나 울음소리만 들어도 당장 덤벼들 것처럼 합니다."

또다시 열흘이 지났을 때 왕이 "다 되었냐"며 재차 물었다. 하지만 기성자는 이번에도 말했다.

"아직도 안 됩니다. 눈초리가 너무 공격적이어서 최고의 투계는 아닙니다."

또 열흘이 지나 40일째 되는 날 왕이 묻자 기성자는 "이제 된 것 같다"며 말했다.

"다른 닭이 소리를 질러대고 도전해도 움직이지 않아 마치 나무로 만든 닭 같습니다. 싸움닭으로서 최고의 덕이 갖춰졌습니다. 그 모습을 보면 어떤 닭도 감히 덤비지 못하고 도망칠 것입니다."

목계는 냉정한 승부사를 상징한다. 어느 분야에서든 경지에 이른 사람은 힘을 함부로 뽑내지 않는다. 칼을 칼집에 넣은 채 상대에게 무언의 힘을 보여줄 뿐 먼저 칼을 뽑지 않는다. 상대가 깐죽거리며 싸움을 걸어와도 목계처럼 초연한 마음으로 냉정함을 유지한다.

이병철 회장은 아들 이건희 삼성전자 회장이 그룹 부회장으로 승진한 다음 날 아들을 집무실로 불러 목계 그림을 선물했다. 조직이 외파에 흔들릴 때도 목계와 같은 평정심을 유지하라는 의미였다.

노자는 말한다.

"훌륭한 무사는 무용을 드러내지 않고 잘 싸우는 사람은 성내지 않는다. 훌륭한 승자는 맞서지 않는다. 훌륭한 고용인은 스스로를 낮춘다. 이를 일러 다투지 않는 덕이라 하고 용인의 힘이라 하고 하늘을 짝으로 삼는 지극한 일이라고 한다."

善爲士者不武(선위사자불무) 善戰者不怒(선전자불노) 善勝敵者不輿(선승적자불여) 善用人者爲之下(선용인자위지하) 是謂不爭之德(시위불쟁지덕) 是謂用人之力(시위용인지력) 是謂配天古之極(시위배천고지극)

_『도덕경』 68장

잘 싸우는 사람은 상대가 도발적으로 나와도 목계처럼 흔들리지 않는다. 욕을 하며 화를 북돋워도 냉정함을 잃지 않는다. 때를 기다리다가 상대의 허점이 보일 때 일거에 공격해 승부를 끝낸다.

헤르만 헤세의 『청춘은 아름다워』 중 「클라인과 바그너」에 나오는 말에서도 같은 교훈을 얻었다. "가지 굵은 나무 같아라. 의연한 산 같아라. 또 고독한 야수 같아라. 가끔은 높은 곳에서 반짝이는 별 같아라. 세상이 어떻게 변하든 항상 나 자신으로 있으라."

제갈량을 꺾은
사마의의 승부사 기질

『삼국지』의 최고 영웅은 제갈량이다. 지략이 탁월해 불리한 전세를 뒤집는 경우도 자주 있었으며, 판단력 또한 뛰어나 전쟁에서 나아가야 할 때와 물러나야 할 때를 정확하게 구분했다.

그러나 『삼국지』에서 최종 승자는 제갈량이 아니라 사마의였다. 제갈량이 천수를 다해 불가피하게 전세가 넘어간 측면도 있지만 사마의의 승부사 기질이 제갈량을 눌렀다고 볼 수도 있다.

최후의 승부처인 오장원 전투에서 사마의는 철저한 수성 작전을 폈다. 제갈량이 각종 지략으로 사마의의 화를 돋웠지만 사마의는 꿈쩍도 하지 않았다. 백미는 여자의 속옷을 이용한 전략이었다.

제갈량은 사마의가 싸움에 응하지 않자 여자 속옷을 사마의에게 보내 조롱했다. '사마의는 여자같이 유약한 장수'라는 모욕적인 프레임을 씌워 그를 흔들어놓겠다는 계산이었다. 제갈량의 계책은 효과를 발휘했다.

제갈량이 보낸 상자 속에 들어 있는 물건이 여자 속옷이라는 걸 알아챈 위나라 참모들은 일제히 분노했다. 즉각 성문을 열고 나가 제갈량과 일전을 벌여야 한다며 목소리를 높였다.

하지만 사마의는 달랐다. 그는 얼굴색 하나 변하지 않았으며 오히려 성문을 더 굳게 닫았다. 자신의 냉정함을 보여줌으로써 역으로 제갈량을 흔들어놓겠다는 의도에서였다.

『초한지』에서 항우가 유방에게 패한 것도 같은 맥락으로 설명할 수 있다. 항우는 힘은 셌지만 화를 잘 참지 못하는 스타일이었다. 유방은 항우의 약점을 철저하게 파고 들었다. 천하 쟁탈전이 막바지에 이르렀을 때 승부가 좀처럼 결정나지 않자 항우는 유방에게 일대일로 맞붙자고 제안한다. 하지만 유방은 바보가 아니었다. 일대일로 붙으면 자신이 질 게 뻔한데 그런 제안을 받아들일 리 없었다.

항우가 초조해한다는 사실을 눈치챈 유방은 심리전으로 맞선다. 성벽 위에 서서 적진을 향해 일장 연설을 하는데 '항우는 약속을 지키지 않고 폭행과 약탈을 일삼아 진나라와 초나라의 군주를 시해한 대역죄인'이라는 것이었다. 유방의 심리전에 말려든 항우는 무모하게 공격을 감행했으며, 결국 역공을 당해 천하를 내주고 말았다.

4부

복잡한 마음이
홀가분해지는 시간

집착을 내려놓을 줄 아는 사람

방하

하고자 하면 실패하고
잡고자 하면 잃는다

爲者敗之 執者失之
위자패지 집자실지

나는 산책자다. 글을 쓰고 강의를 하므로 작가 혹은 강사라고 부를 수도 있지만 요즘 내 일상을 보면 산책자가 가장 잘 어울리는 것 같다. 세계 고양이의 날이었던 2022년 8월 초, 비가 억수같이 퍼부었다. 최근 몇 년 동안 그렇게 비가 많이 온 적이 없었던 것 같다.

그런 날에도 나는 식물원을 산책했다. 바람까지 심하게 불어 바깥 나들이 하기가 수월치 않은 날씨였지만, 그래도 늘 하던 대로 산책하러 나갔다. 오후 다섯 시가 되면 자동으로 내 몸이 반응해 나를 일으켜 세우기 때문이다.

산책하는 동안 나는 모든 걸 내려놓는다. 습관이 되기 전까진 그 시간이 아까워 뭔가를 생각하고 구상하는 시간으로 활용했는데 요즘은 그렇지 않다. 모든 걸 내려놓고 그냥 걷는다. 터벅터벅 걷다 보면 어느새 식물원을 한 바퀴 돌고, 끝 무렵 나의 성소(聖所)인 호숫가 흔들의자에 잠시 앉아 물멍을 때린다. 그리고 집으로 돌아온다.

산책하는 동안 시간에 구애받지 않는다. 시간은 내 걸음과 함께 흘러가는 자연일 뿐 관리해야 할 그 무엇이 아니기 때문이다. 공간도 마찬가지다. 산책자인 내게 공간은 눈앞에서 펼쳐지는 길이고 하늘이고 연못일 뿐 의식을 투사해야 할 대상이 아니다. 그저 눈에 보이는 대로 보고 마음에 닿는 대로 담으면 될 뿐이다.

산책하는 동안 예복은 필요하지 않다. 옷차림의 형식이나 스타일에 얽매이지 않기에 산책하는 동안 무척 자유롭다. 예전 같으면 남의 시선을 의식하느라 옷도 단정한 걸로 골라 입고 신발도 깨끗한 걸로 골라 신었는데 지금은 그렇지 않다. 그냥 손에 집히는 대로 입고 발에 걸리는 대로 신는다.

산책자인 내게 자연은 위대한 스승이다. 연꽃은 겸허함을 가르치고, 버드나무는 유연함을 가르친다. 계수나무와 과꽃을 보며 순수한 동심을 배우고, 목련과 매화를 보며 시인이 된다. 시시각각으로 변하는 수련을 볼 때마다 위대한 화가의 이름이 떠오르고, 보리수나무 밑을 걸어갈 때면 고행 끝에 득도한 왕족 출신의 인도인이 떠올라 영혼이 저절로 맑아지는 느낌을 받는다.

산책할 때 나는 무소유다. 돈도 없고 지위도 없고 명예도 없다. 지갑을 두고 나오니 걸음이 가볍고, 지위나 명예를 추구하지 않으니 마음이 편하다. 알아보는 사람이 없으니 타인의 시선에서 자유롭고, 막아서는 사람이 없으니 거칠 게 없어 좋다.

요즘의 내 삶은 산책을 빼놓고는 상상조차 할 수 없다. 산책은 나의 모든 것이다. 글을 쓸 수 있게 해주고 숨을 쉴 수 있게 해준다. 그렇기에 산책은 내 존재의 이유이면서 존재 그 자체다.

산책을 하며 내 길을 걷고, 발견하고, 세상과 연결되고 소통한다. 산책이 없으면 나는 죽은 것이나 마찬가지며 내가 좋아하는 일도 신기루처럼 사라져버릴 것이다.

산책을 할 동안 나는 모든 걸 버린다. 과거의 나를 버리고 욕심을 버리고 집착을 버린다. 그럼으로써 나는 모든 걸 얻는다. 비워진 머릿속에 새로운 지식들이 채워지고 비워진 마음속에 새로운 영감들이 채워진다.

집안에만 콕 박혀 있으면 나는 하루하루 나이만 먹는 노인에 불과할 것이다. 신선한 공기를 쐬지 못해 말라 비틀어가는 식물들처럼, 산책이 없다면 나라는 존재는 금세 시들어버릴 것이다.

산책은 내 삶의 청량제이고 기쁨의 원천이고 내 일을 도와주는 가장 완벽한 조력자다. 무뎌진 감각을 일깨우고 탁해진 마음을 깨끗하게 해주기에 산책은 내 마음의 샛별이며 내 영혼의 청소부다.

노자는 말한다.

"천하를 취하고자 하지만 내가 보건대 필경 성공하지 못한다. 천하는 신령한 그릇이니 함부로 취할 수가 없다. 하고자 하면 실패하고 잡고자 하면 잃는다."

將欲取天下而爲之(장욕취천하이위지) 吾見其不得已(오견기불득이) 天下神器(천하신기) 不可爲也(불가위야) 爲者敗之(위자패지) 執者失之(집자실지)

_『도덕경』 29장

걷지 않는 사람은 죽은 사람이다. 관 속에 누워 있다는 건 더 이상 걸을 수 없음을 뜻한다. 그러므로 길을 걷는다는 건 생명의 확인이다. 걸음으로써 일상이 생겨나고 그것이 모여 삶을 완성시키므로 삶의 '도'는 걷기에서 비롯되는 셈이다.

길은 손에 쥘 수 없고 발 아래 놓아야 한다. 길을 내려놓지 않으면 길을 걸을 수 없다.

길을 걷는 사람은 마음의 짐도 내려놓아야 한다. 마음속의 짐이 무거우면 발걸음은 천근만근이 되고 제대로 걸을 수 없다. 집착을 내려놓아야 올바른 도를 걸을 수 있다.

로베르트 발저를
기리며

헤르만 헤세는 법정 스님만큼이나 내가 좋아하는 문인이다. 특히 그의 『싯다르타』는 노자의 『도덕경』과 더불어 인생 후반기의 경전으로 삼고 있는 책이다.

싯다르타는 고행으로 득도하고자 했다. 하지만 실패했다. 해탈하겠다는 마음이 또 다른 짐이 되어 그를 구속했기 때문이다. '위자패지(爲者敗之) 집자실지(執者失之)', 노자가 설파한 것처럼 해탈하고자 하는 마음이 강했기에 해탈하는 데 실패했고 도를 잡고자 하는 마음이 강했기에 도를 잡는 데 실패했다.

살이 찢기고 뼈를 깎는 고행으로도 참 진리에 이르지 못하자 그는 무작정 걸었다. 그러다가 어느 강가에 이르렀다. 싯다르타는 흐르는 강물에 모든 걸 던졌다. 진리를 갈구하는 마음도, 도를 깨우치겠다는 집착도 모두 던졌다. 모든 걸 비우니 참된 깨달음이 찾아왔다.

헤르만 헤세가 생전에 예찬한 인물이 둘 있는데 한 명은 노자고, 또 한 명은 로베르트 발저다. 헤세는 노자의 『도덕경』을 동양사상에서 가장 빛나는 보석이라고 했고, 발저에 대해선 "발저 같은 작가가 지성을 주도한다면 이 세상에 전쟁이란 없을 것"이라며 그의 평화주의 사상을 옹호했다.

발저는 스위스 태생의 작가다. 그의 글은 손이 아니라 발에서 나온다. 그는 위대한 산책자다. 그는 책상 앞에서 글을 쓰거나 잠자는 시간을 제외한 거의 모든 시간을 밖에서 걸어 다니며 보냈다.

장 자크 루소도 걷기를 좋아했다. 그의 이름을 세상에 알린 논문 「학문예술론」도 감옥에 있는 드니 디드로를 면회하기 위해 걸어가는 동안 영감을 얻어 작성했다.

발저는 루소보다 더 많이 걸었다. 그는 보기 드문, 특별한 수준의 기나긴 산책자였다. 그러하기에 그의 글은 특별한 의미로 다가온다.

"산책은 나에게 무조건 필요한 것이다. 특별한 목적지 없이 발길 닿는 대로 돌아다니는 산책을 하다 보면 산책자의 온몸에서는 눈부신 감각이 열리며 찬란하고 고귀한 생각이 떠오른다. 산책을 통한 자연의 명상이 없다면 나긋하면서도 엄중하게 경고하는 자연의 탐구가 없다면 나는 삶이 아무런 의미가 없다고 느낄 것이고 또 실제로도 그럴 것이다. 산책자는 오직 바라보고 응시하는 행위 속에서 자신을 잊을 줄 알아야 한다."

—로베르트 발저, 『산책』

낳았지만 소유하지 않을 때까지

모든 걸 낳고도 소유하지 않고
일을 하고도 자랑하지 않는다

生而不有 爲而不恃
생이불유 위이불시

　내가 사무총장으로 근무했던 한국사학진흥재단은 사립 대학들의
시설 개선에 필요한 자금을 융자해주는 업무를 주로 했는데, 만기가
된 자금을 회수해 신규로 융자해주는 과정에서 생기는 일시적 여유
자금을 금융기관에 투자하는 업무도 함께했다.

　여유 자금의 규모가 클 때는 수백억 원에 이르기도 했기에 투자
할 금융기관을 정할 때는 회계사와 변호사, 대학 교수 등 전문가들
의 철저한 자문과 자금운용위원회의 심사를 거쳐야 했다. 자금운용
위원회 위원장은 사무총장인 내가 맡고 있었지만 일반 위원들의 경

우 담당 팀장을 제외하곤 모두 외부 전문가들로 구성되어 있어 투명성이 저해될 소지는 크지 않았다.

특히 계량적으로 평가하는 항목별 점수에서 기준점을 충족시키지 못하는 금융기관의 경우, 투자 대상에서 원천적으로 배제되는 시스템이었기 때문에 부실 상품이 끼어들 소지는 적었다.

이중 삼중으로 안전장치를 갖고 있었기 때문에 내가 재직하던 3년간 금융사고가 단 한 건도 발생하지 않았다. 그런데 내가 퇴직한 후에 문제가 불거졌다.

내가 재직하던 기간에 투자했던 금융 상품의 모회사가 부도 나는 바람에 손실이 발생했는데, 감독기관인 교육부로부터 회수 명령이 떨어졌다는 것이었다. 금액은 무려 20억 원이었다. 교육부는 업무 처리 라인에 있었던 이사장과 사무총장, 담당 팀장, 실무자 등 네 명이 연대해 손실금을 메우라고 지시했다.

우리는 업무 처리를 정상적으로 했기에 손실을 임직원에게 부가하는 건 부당하다며 맞섰고, 급기야 사건은 법적 소송으로 이어졌다. 소송을 제기한 당사자는 재단이었지만 사실상의 원고는 교육부였고, 피고는 당시 업무 라인에 있었던 임직원 네 명이었다.

내가 근무하던 시절 재단 사무실은 서울에 있었는데 공공기관 이전 정책에 따라 대구로 옮겨갔고, 그 때문에 재판도 재단의 주소지 관할 법원인 대구지방법원에서 받게 되었다. 재판이 있을 때마다 대구로 가는 것도 힘들었지만, 혹시 모를 금전적인 손실에 대한 우려가 커 정신적으로 힘들었다.

균등 배분한다고 해도 한 사람당 5억 원이라는 돈을 물어야 했는데, 감당하기 어려운 거금이었다. 오랜 세월 전세를 전전하다가 겨우 내 집 한 채 마련했는데, 재판에서 지면 전 재산을 날릴 수도 있었다. 말 그대로 하늘이 무너지는 것 같은 참담한 심정이었다.

다행히 재판은 잘 끝났다. 우리는 재단의 내규와 전문가들의 조언을 받아 정상적으로 업무를 처리했다는 사실과 투자를 결정할 당시에는 대상 물건에 하자가 없었다는 점을 집중적으로 부각시켰다.

재판부는 아무런 조건을 달지 않은 채 100% 우리 손을 들어줬다. 더는 다툼의 여지가 없다고 판단한 교육부는 항소를 포기했고 2년 가까이 진행된 재판은 우리의 승소로 끝났다.

재판은 아무 탈 없이 마무리되었지만 변호사를 선임하고 대응하는 과정이 이어지면서 나는 몸과 마음이 모두 지쳤고, 급기야 폐렴이 찾아와 자리에 눕고 말았다. 폐렴은 2주 정도 항생제를 잘 챙겨 먹으면 낫는 병이지만 면역력이 바닥 난 내겐 무서운 질병이었다.

3주를 먹어도 차도가 없었고 결국 대학병원에 가 추가 검사까지 받아야 했다. 폐렴에서 회복되어 자리에서 겨우 일어났을 때 또 다른 시련이 찾아왔다. 어머니가 치매에 걸린 것이었다. 처음에는 대수롭지 않게 여기다가 증상이 심해져 결국 요양원에 모셨는데, 아버지가 돌아가신 후 홀로 계시게 한 게 원인으로 작용했다는 생각에 죄책감을 떨치기 힘들었다.

노자는 말한다.

"만물을 만들고도 공치사하지 않으며 모든 걸 낳고도 소유하지 않는다. 일을 하고 자랑하지 않으며 공을 이룬 후 거기에 머물지 않는다. 머물지 않기에 자리를 잃는 일도 없다."

萬物作焉而不辭(만물작언이불사) 生而不有(생이불유) 爲而不恃(위이불시) 功成而弗居(공성이불거) 夫唯弗居(부유불거) 是以不去(시이불거)

_『도덕경』 2장

소송전의 풍파가 한바탕 몰아치고 지나간 2016년 추석 무렵, 경상북도 칠곡군 왜관의 요양원에 계시는 어머니를 뵈러 갔다. 그때는 어머니의 상태가 초기이기도 했고 코로나19가 터지기 전이라 횟수나 인원 제한 없이 면회를 할 수 있었다. 함께 간 누님들께 "어머니가 늘 저 상태만 유지해주면 좋겠다."라는 바람을 전한 후 서울로 돌아오는 기차에 몸을 실었다.

그런데 기차간에서 간이 떨어질 뻔한 아찔한 경험을 했다. 기차가 왜관을 지나 구미로 향하고 있을 무렵 갑자기 덜컹거리더니 멈춰 섰다. 승객들이 여기저기서 웅성거렸고 스피커에선 안내방송이 나왔다. "경주 인근에서 발생한 대규모의 지진으로 차가 잠시 정차 중이니 안전한 객실 내에서 대기하시기 바랍니다." 객실은 일순간 정적에 휩싸였고 머릿속으로 당시 유행하던 〈부산행〉 〈터널〉 같은 재난 영화의 장면들이 스쳐 지나갔다.

누구나 빈손으로 왔다가 빈손으로 간다

서울로 올라온 후 나는 법정 스님이 말하는 무소유를 삶의 모토로 삼았다. 언제 어떤 상황에서도 홀가분하고 마음 편하게 지내는 걸 일상의 소원으로 여기며 안분지족한 삶을 살기로 마음먹었다.

필요한 건 하나면 족하고 필요하지 않은 건 하나도 많다는 스님의 가르침을 일상에서 실천하고자, 내 소유로 되어 있던 물건들 가운데 꼭 필요한 최소한의 것들만 남기고 모두 내다 버렸다. 책과 명함, 각종 임명장, 옷가지, 신발, 넥타이 등 임의로 처분할 수 있는 물건들은 모두 버렸다. 가족과 함께 공유하는 일상의 공간들이 있기에 집안 전체를 미니멀하게 꾸미진 못했지만, 글을 쓰고 일을 하는 작업실만큼은 최대한 심플하게 만들었다.

식물원 산책을 습관으로 만들며 노자가 『도덕경』 2장에서 말하고 있는 '생이불유(生而不有) 위이불시(爲而不恃)'의 의미를 새삼 실감하고 있다. 자연은 모든 걸 낳고 기르지만 자신의 소유로 삼지 않는다.

식물원에는 4천 종이나 되는 자연의 자식들이 서식하고 있지만 자연은 그것들에 대한 소유권을 주장하지 않는다.

봄이 되면 꽃을 피웠다가 가을이 되면 낙엽이 되어 대지의 품으로 돌아가는 과정을 되풀이할 뿐 '이것은 내 것, 저것은 네 것'이라며 만물을 구분한 후 소유권을 주장하지 않는다. 바다에도 돌고래, 새우, 돔 등 수많은 종의 물고기들이 살고 있지만 바다는 그들에 대해 소유권을 주장하지 않는다. 그것이 자연의 섭리고 이치다.

사람은 누구나 빈손으로 왔다가 빈손으로 간다. 수십조 원의 재산을 가진 부자들도 죽을 때는 수의 한 벌만 걸치고 관 속으로 들어간다. 우리가 내 소유, 내 물건이라고 하는 것들은 잠시 잠깐 우리 곁에 머무르는 뜬구름 같은 것이다. 존재의 본질이라는 측면에서 볼 때 그것들은 한 줌의 먼지에 지나지 않는다.

삶의 반환점을 돌아 끝 지점을 향해 가고 있는 내겐 특히 그렇다. 남은 인생을 마음 편히 자유롭게 살기 위해선 소유에의 욕심과 집착을 내려놓고 무위한 마음으로 살아가는 게 중요하다.

자식도 그렇다. 내 소유물이라고 생각하면 관계가 꼬이고 불편해진다. 내가 낳았지만 내 소유는 아니라는 생각을 가질 때 부모와 자식 사이에도 평화가 찾아온다.

단순함에 위대한 진리가 숨어 있다

간결

성인은 하나를 품어
천하의 표준으로 삼는다

聖人抱一 爲天下式
성인포일 위천하식

간결한 삶. 단순한 삶. 숨 쉬듯 가볍게 살아가는 게 인생 후반기 나의 모토이자 소원이다. 인간관계도 그렇고, 일도 그렇고, 간단하고 심플한 게 좋다. 관계가 복잡해지면 삶이 번잡해질 수밖에 없다. 과거의 내가 그랬다. 방을 정리하면서 보니까 명함이 족히 1천 장은 넘었다. 내 인생 전반기는 천 갈래 이상 얽혀 있었던 셈이다.

요즘 〈자연인〉을 즐겨 본다. 도시의 번잡한 생활을 접고 심산유곡으로 들어가 자연이 주는 재료를 가지고 밥을 지어 먹으며 살아가는 자연인들을 볼 때마다 '나도 저런 삶을 한 번 살아 보고 싶다'라는 생각이 절로 든다. 법정 스님을 좋아하는 것도 그런 이유 때문이다. 종교인들 가운데 산속에 오두막을 짓고 소박하게 살다 간 수행자가 더러 있는데 법정 스님이 그 가운데 대표적인 인물이다.

미국의 자연주의 철학자 헨리 데이비드 소로도 그런 부류의 인물이다. 소로는 미국 매사추세츠주 콩코드의 월든 호숫가에서 작은 통나무집을 짓고 살았다. 손수 땔감을 장만하고 자연이 주는 재료를 가지고 음식을 만들어 먹으면서 외부와 격리된 채 단순하고 소박한 삶을 살았다. 소로는 당시 자신의 일상을 『월든』으로 펴냈는데, '단순하고 간소하게 살라.'라는 한 문장으로 요약할 수 있다. 소로는 소유를 줄이고, 일을 줄이고, 생각을 줄이고, 그로써 번뇌를 줄여 간소하게 사는 게 행복에 이르는 지름길이라고 역설한다.

헬렌 니어링과 스콧 니어링 부부도 소로와 함께 미국을 대표하는 자연주의 철학자들이다. 이들 부부는 『조화로운 삶』에서 자연의 법칙에 순응하며 살아가는 게 가장 이상적인 삶이라고 말한다.

니어링 부부는 이러한 삶을 살기 위해 우선 음식부터 간소하게 줄이라고 말한다. 니어링 부부의 상차림을 보면 한 끼에 기껏해야 두세 가지 음식을 먹을 뿐이다.

그렇게 먹고 건강을 제대로 유지할 수 있느냐고 반문할 수도 있겠지만, 이들 부부의 생을 보면 그런 반문이 기우임을 알 수 있다. 남편 스콧 니어링은 백 살까지 건강하게 살았고 아내 헬린 니어링도 큰 탈 없이 아흔두 살까지 살았다.

고대 그리스 시대의 현인으로 불리는 디오게네스와 에피쿠로스도 단순 소박함의 도를 일상에서 실천한 인물로 알려져 있다. 디오게네스에겐 알렉산드로스 대왕의 권력보다 햇빛 한 줄기가 더 소중했다. 에피쿠로스는 쾌락이 모든 선의 시초요 근원이라며 큰 기쁨보다 균형 잡힌 조용한 쾌락을 삶의 목표로 삼으라고 권고했다. 그러기 위해선 아무리 맛있는 음식이라도 실컷 먹지 말고 적당히 먹는 게 중요하다고 했다.

도는 길이다. 다니기 쉽고 편한 길이 좋은 길이듯 삶의 진리를 뜻하는 '도'라는 것도 행하기 쉽고 간편해야 한다. 아무리 좋은 가르침이라도 일상적으로 따라 하기 어려우면 그림의 떡에 불과할 것이다.

중국 당나라 때의 일이다. 백거이가 도림(道林)선사의 명성을 듣고 진망산으로 찾아갔다. 백거이는 이백, 두보와 함께 중국 당나라를 대표하는 3대 시인이다. 도림선사는 늘 나뭇가지 위에서 좌선을 해 세상 사람들은 그를 조과(鳥窠)선사라고도 불렀다. '새둥지 스님'이란 뜻이다. 또 까치가 그 곁에 둥지를 짓고 늘 가까이해 작소(鵲巢) 화상이라고도 불렀다.

백거이가 찾아간 날도 도림선사는 나뭇가지 위에서 참선을 하고 있었다. 그 모습을 보고 백거이가 물었다. "스님, 그곳은 위험하지 않습니까?" 스님이 대답했다. "그대가 서 있는 곳이 더 위태롭소." 백거이가 그 까닭을 물었다. "저는 지위가 강산을 진압하고도 남음이 있는데 어찌 위태롭다고 하십니까?" 스님이 대답했다. "장작과 불이 서로 사귀듯 식(識)의 성품이 멈추질 않으니 어찌 위험하지 않겠소?"

세상 지식을 함부로 자랑하지 말라는 스님의 말에 체면이 깎인 백거이는 다른 화두를 던졌다. "도의 근본은 무엇입니까?" 그러자 스님은 답했다. "악을 멀리하고 착하게 살라는 것입니다." 너무 뻔한 소리에 백거이가 다시 물었다. "아니, 그 정도는 세 살 먹은 어린 애도 아는 것 아닙니까?" 이에 스님은 말했다. "그렇소이다. 하지만 팔십 먹은 노인도 제대로 행하기는 어려운 일입니다."

노자는 말한다.

"적으면 얻게 되고 많으면 미혹을 당하게 된다. 그러므로 성인 은 하나를 품어 천하의 표준으로 삼는다."

少則得(소즉득) 多則惑(다즉혹) 是以聖人抱一爲天下式(시이성인 포일위천하식)

_『도덕경』 22장

'일(一)'이라는 숫자가 가장 간단하고 쉽듯 '도'란 지극히 쉽고 간단하다. 하나를 품어 천하의 표준으로 삼는다는 건 가장 간단하고 쉬운 것에 도가 있다는 것이다. 물론 도림선사의 말처럼 도는 간단하고 쉽지만 삶 속에서 제대로 행하는 건 또 다른 문제다.

일상을 소박하고 간소하게 만든 후 꾸준하게 실천하는 게 삶의 도를 실천하는 지름길이다. 만물의 시작은 하나다. 이 간단한 원칙은 예나 지금이나 변함이 없다.

우주는 작은 점 하나에서 시작되었고, 인간도 조상을 거슬러 올라가면 작은 세포 하나에서 비롯되었다. 의상대사는 「법성게」에서 말한다. "하나 속에 모든 게 있고 많은 것 속에 하나가 있으니 하나가 곧 모든 것이고 많은 그것이 곧 하나를 이룬다."

단순함이
삶의 집중력을 높인다

행복의 비결은 단순하다. 복잡하게 생각하면 한없이 복잡해진다. 이것저것 생각하다 보면 고민도 눈덩이처럼 불어난다. 하지만 단순하게 생각하면 세상은 한없이 단순해지고 고민거리도 줄어든다.

무엇을 할까 결정하는 기술보다 무엇을 하지 않을까 결정하는 기술이 행복에 더 필요하다. 이것저것 많은 걸 하려는 생각을 버리고 중요한 것 한 가지에 집중하는 게 삶을 행복하게 만드는 비결이다.

정리 전문가 곤도 마리에가 말한 것처럼 그러기 위해선 '언젠가는 쓰겠지' 하는 마음으로 쟁여둔 물건과 설레지 않는 물건들, 소용이 다한 물건들을 미련 없이 버릴 줄 아는 지혜가 필요하다. 심리학자

비움

윌리엄 제임스도 말한다. "현명해지는 기술은 무엇을 무시해도 되는 지를 아는 기술이다."

단순하게 사는 것의 가장 큰 장점은 집중에 있다. 먹을 것, 입을 것, 신을 것, 사는 곳을 최대한 단순하게 줄이면 진짜 좋아하는 일에 더 집중할 수 있다. 불필요한 것에 신경을 덜 쓰고 에너지를 덜 쓰면 중요한 일에 사용할 수 있는 시간과 여력이 그만큼 더 많아진다.

대다수의 사람은 세상이 너무 복잡하기에, 당연히 해결책도 복잡할 거라는 생각을 갖고 있다. 그 때문에 문제를 해결하지 못할 거라는 무력감에 빠지고, 복잡한 문제를 해결해야 할 책임이 자신이 아닌 타인에게 있다고 생각한다. 하지만 주변을 둘러보면 모든 문제의 해결책은 의외로 단순하고 간단하다.

아무리 크고 위대한 업적이라도 언제나 작고 소박한 하나에서 시작한다. 큰 바다는 졸졸 흐르는 시냇물 한 줄기에서 비롯되고, 태산은 흙 한 줌에서 시작된다.

'맑고 향기롭게 운동본부' 발족식에서 법정 스님은 말했다.

"하나가 필요할 때 둘을 가지려고 하지 마세요. 둘을 갖게 되면 그 하나마저 잃어버립니다. 무소유란 아무것도 갖지 않는 게 아닙니다. 불필요한 것을 갖지 않는 것입니다. 만족할 줄 알면 비록 가진 것이 없더라도 부자나 다름없습니다. 행복의 척도는 필요한 것을 얼마나 많이 가지고 있느냐가 아닙니다. 불필요한 것으로부터 얼마나 자유로워져 있느냐에 달렸습니다."

욕심을 내려놓고 소박하게 사는 법

검소

소박하게 살고
사사로운 욕심을 버려라

見素抱樸 少私寡欲
견소포박 소사과욕

"이 집도 우리 집만큼이나 살림이 소박하네요." 얼마 전 살던 집을 팔고 옆 단지로 이사를 왔는데, 예전에 살던 집에 새로 입주하는 아주머니가 한마디 했다.

의정부에서 살다가 아들 직장 가까운 곳으로 이사를 왔다는데 아저씨와 아주머니 두 분 모두 수수하고 검소한 차림이었다. 그 집 세간살이를 직접 보진 못했지만 아주머니 말씀과 두 분의 차림새로 미뤄볼 때 무척 검소할 것 같다는 느낌을 받았다.

우리 집 살림이 소박한 건 아내의 영향이 크다. 아내는 사치스러운 걸 좋아하지 않는다. 가전제품은 기능이 단순한 걸 좋아하고 옷가지도 화려한 것보다 수수한 스타일을 좋아한다.

먹는 것도 육류보다 채소류를 더 즐긴다. 요즘에는 명퇴 후에 텃밭을 가꾸다 보니 상추나 치커리, 오이, 가지, 호박 같은 야채들이 식탁에 더 자주 오른다. 아내의 이러한 취향은 미니멀리즘과 무소유를 실천하려고 노력하는 나와 상당 부분 일치한다.

내가 육류를 좋아하는 편이긴 하지만 그렇다고 채소를 싫어하는 것도 아니다 보니 아내가 차리는 식탁에 대한 불만은 없다. '다 먹고 살자고 하는 짓'이라는 인간사 최고의 진리에 비춰볼 때 나는 행복한 축에 속한다.

로마의 정치가 마르쿠스 카토는 화려한 웅변술로 대중의 사랑을 받았다. 하지만 플루타르코스는 『영웅전』에서 카토가 진짜로 존경받은 이유는 따로 있다며 말하고 있다. "그는 고향 마을에서 선조들의 풍습을 계승하며 살았는데, 소박한 식사를 기꺼워했고 간소한 의복과 작은 오두막에 만족했다. 그는 호화로운 생활을 즐기는 것보다 그것을 포기하는 게 더 존경받을 만하다고 생각했다."

루드비히 비트겐슈타인은 노르웨이의 외딴 마을에서 단순한 삶을 살며 『논리-철학 논고』를 집필했고, 바뤼흐 스피노자는 죽는 당일에도 평소와 다름없이 간단한 아침 식사를 마친 후 산책을 하고 집으로 돌아와 편안하게 죽음을 맞았다. '내일 지구가 멸망하더라도 나는 한 그루의 사과나무를 심겠다'라고 한 신념대로 살다 간 것이다.

흔히 볼 수 있는 건 아니지만 최고 권력자들 가운데도 검소하고 소박한 삶을 즐긴 경우가 더러 있다. 우루과이 제40대 대통령을 지낸 호세 무히카가 그랬다. 그는 젊은 시절 군사독재에 맞서는 게릴라 조직 '투파마로스 인민해방운동'의 리더로 활동했으며, 의협심이 강해 이 조직의 '로빈후드'로 불렸다고 한다.

여느 투사들의 삶이 그랬듯 무히카도 긴 세월을 감옥에서 보냈고 석방된 후 정치인으로 변신, 하원의원과 상원의원을 거쳐 대통령에 당선되었다.

눈여겨볼 점은 임기를 마치고 대통령궁을 나설 당시 지지율이 무려 65%에 이르렀다는 사실이다. 임기 초반에도 지지율이 30% 밑으로 추락해 고전을 면치 못하는 대통령이 있는데 임기를 마칠 때의 지지율이 65%라는 건 무척이나 놀랍다.

퇴임 당시 무히카의 높은 지지율은 단순히 업적 때문이 아니었다. 경제 성장과 사회적 불평등 해소라는 정치적 성과를 이루기도 했지만, 그보다 그의 검소한 삶이 국민을 감동시켰다. 퇴임 당시 신고한 전 재산이 1987년식 낡은 자동차 한 대뿐이었고, 대통령 월급의 90%를 기부했으며, 노숙자들에게 대통령궁을 내주기도 했다.

퇴임 후에도 그는 몬테비데오 외곽의 허름한 농가에서 농사를 지으며 아내이자 정치적 동반자인 루시아 여사, 한쪽 다리를 잃은 강아지 마누엘라와 함께 살고 있다고 한다.

그의 말 한마디 한마디는 모두 법정 스님의 무소유와 닮았다. 법정 스님을 처음 접하면서 '세상에 이런 스님도 다 있다니'라며 경외심을 가졌는데 무히카 전기를 읽으면서 '세상에 이런 대통령이 있다니'라는 경외심을 가졌더랬다.

무히카의 어록은 법정 스님의 말 만큼이나 큰 울림을 준다. 내 마음을 울린 말들을 간추려 소개한다.

"나는 가난하지 않다. 단순하게 살 뿐이다. 사람이 사는 데는 그다지 많은 것이 필요치 않다." "나에게 가난한 자란 너무 많은 것을 원하는 사람이다. 너무 많은 것을 원하는 사람은 도무지 만족할 수 없기 때문이다." "당신이 많은 것을 소유하려 하지 않는다면, 그것을 유지하기 위해 노예처럼 일하지 않아도 되며, 따라서 당신 자신을 위한 시간을 더 많이 가질 수 있다." "나는 뒤를 돌아보며 사는 데는 익숙지 않다. 삶은 앞에 있는 그 무엇이다. 태양은 매일 새로 떠오르니까."

노자는 말한다.

"인을 끊고 의를 버리면 백성들이 효성과 자애로움을 회복할 것이다. 기교를 끊고 이해관계를 버리면 도둑이 없어진다. 소박하게 살고 사사로운 욕심을 버려라."

絶仁棄義(절인기의) 民復孝慈(민복효자) 絶巧棄利(절교기리) 盜
賊無有(도적무유) 見素抱樸(견소포박) 少私寡欲(소사과욕)

_『도덕경』19장

노자에 따르면 소박하고 검소하게 사는 게 도에 더 가까운 삶이
다. 스피노자가 그렇게 살았고, 법정 스님이 그렇게 살았고, 무히카
대통령이 그렇게 살았다. 그러했기에 그들은 삶 속에서 도를 이뤘고
시공을 초월해 세인들의 귀감이 되고 있다.

가진 게 적어도
행복하게 살 수 있다

마르쿠스 아우렐리우스는 『명상록』에서 말한다. "항상 이것을 마
음에 새겨라. 행복한 삶을 유지하는 데 필요한 것은 사실 매우 적은
것들이다."

삶의 반환점을 돌며 지난날을 돌아보니 실제로 그렇다. 아우렐리
우스의 말처럼 가진 게 많다고 더 행복한 것도 아니고 가진 게 적다
고 덜 행복한 것도 아니다. 주어진 것에 만족하며 살면 누구나 행복
하게 살 수 있다.

식물원 산책길에서 만나는 오리는 가장 행복한 존재다. 오리들은

가진 게 아무것도 없다. 몸뚱이 하나만 가지고 있다. 하지만 넓은 연 못과 호수, 식물원 전체가 그들의 것이다. 두 발을 앙증맞게 저어 유 유히 호수 위에서 노닐다가 무료해지면 두 날개를 활짝 펴 자유롭게 여기저기 날아다니고, 때로는 물속에 들어가 헤엄을 치기도 하면서 마음껏 삶을 즐긴다. 소유하고 있는 건 아무것도 없지만 모든 걸 소 유하고 있는 세상에서 가장 부러운 존재가 오리다.

그에 비하면 새장에 갇힌 앵무새는 얼마나 불행한 존재인가. 그들 은 집 한 채 소유하고 있지만 그 밖에 그들에게 허락된 공간은 아무 것도 없다. 우리도 그렇다. 소유는 하고 있지만 자유롭지 못한 앵무 새 같은 존재가 바로 우리 인간이 아닐까 하는 생각이 든다.

갖고 싶은 걸 모두 갖고 쾌락을 향유하며 부를 축적해보지만 돌아 서면 텅 빈 마음뿐이다. 우리가 진정으로 원하는 건 삶의 의미인데 소유물이나 쾌락, 돈에선 삶의 참된 의미를 찾을 수 없다.

식물원이 아름다운 건 식물원이 내 소유가 아니기 때문이다. 식물 원이 내 소유라면 나는 그 아름다움을 한순간에 잃을 것이다. '어떻 게 하면 손님들을 더 많이 유치할 수 있을까?'라는 세속적 욕심이 앞 서 식물원의 자연을 예전처럼 즐길 수 없을 것이다. 식물원을 소유 하고 있지 않기 때문에 나는 식물원의 모든 걸 누리고 있는 것이다.

복잡한 마음이 홀가분해지는 오십

초연

화려한 경관이 있을지라도
초연함을 잃지 않는다

雖有榮觀 燕處超然
수유영관 연처초연

경기도 과천에서 서울로 진입하는 관문인 남태령고갯길은 정체가 심하기로 유명했다. 서울의 대표적인 상습 정체 구역이었다.

한 번은 인덕원에 지인을 만나러 갔다가 집으로 돌아오는 길에 남태령고개를 넘었는데, 1km 남짓한 거리를 가는 데 두 시간이 넘게 걸린 적이 있다.

그날의 정체는 거기서 그치지 않았다. 남태령을 통과하면 정체가 해소되는데 그날은 사당동 고가다리(지금은 철거되고 없지만 예전에는 사거리에 고가다리가 있었다)를 지나도 풀릴 기미가 보이지 않았다.

자동차들이 꼬리에 꼬리를 물고 동작대교까지 죽 늘어서 있었고 도로는 거대한 주차장이 되었다. 어딘가에서 큰 사고라도 난 모양이라며 막연하게 추측하면서 이수역 사거리에서 좌회전을 해 집으로 돌아왔는데 다음 날 그 까닭을 알았다.

정체의 주범은 여의도 불꽃놀이였다. 여의도 고수부지에서 펼쳐지는 서울세계불꽃축제를 보러온 사람들로 여의도 일대가 막히면서 그 여파로 올림픽대로, 이수역, 사당역 사거리까지 줄줄이 막혔고 남태령의 차량 흐름을 최악으로 만들었던 것이다.

꽤 오래 전 일이지만 두 시간 넘게 차 안에서 고생했던 기억은 지금도 생생하다. 하지만 따지고 보면 그날의 고생은 자업자득인 측면도 있었다. 나도 한때는 불꽃놀이를 보기 위해 여의도에 몰려든 100만여 명의 행락객 중 하나였으니 말이다.

국회에서 근무하던 시절 아내와 아이들의 손을 이끌고 불꽃놀이를 구경하러 가곤 했다. 높이 솟구쳐 올라 원을 그리며 밤하늘을 수놓는 불꽃놀이를 보노라면 세상 근심이 모두 사라지는 기분이었다. 인파가 많을 때는 여의도 고수부지 근처에 가지도 못하고 노량진 한강대교 부근에서 까치발로 구경한 적도 있다.

매년 4월 국회의사당 둘레길인 윤중로(여의서로)에서 펼쳐지는 벚꽃축제도 장관이다. 진해군항제에 비할 바는 아니지만 서울에서 벚꽃을 즐기기에는 윤중로만 한 곳이 없다. 그러니 그맘 때가 되면 또한 번 여의도가 극심한 교통 정체로 몸살을 앓는다.

국회에서 근무하던 시절 내게 4월은 잔인한 달이었다. 하지만 그에 대해서도 나는 할 말이 없다. 주말이면 가족과 함께 벚꽃놀이 행락객들 속에 파묻히곤 했기 때문이다. 발 디딜 틈 없이 인파로 가득 들어찬 의사당 주변 도로에서 오뎅이나 떡볶이, 순대 같은 군것질거리를 사 먹던 소소한 재미도 잊히지 않는 추억으로 남아 있다.

앨범 속에 남아 있는 그 시절 아이들의 모습을 보면서 세월의 무상함을 느끼곤 한다. 불꽃놀이와 벚꽃축제에만 정신을 판 게 아니었다. 그 시절에는 내 삶 자체가 그랬다. 나는 오랜 시간 권력의 단맛을 쫓으며 살았다. 화려하고 빛나는 것들에 취해 시간을 헛되이 낭비했다. 부질없는 명예를 얻고자 마음의 속뜰을 제대로 가꾸지 못했다.

그런 의미에서 식물원은 내게 구세주다. 식물원에는 사람의 눈길을 단박에 사로잡을 만한 장관이나 화려함은 없다. 식물원의 자연은 철마다 옷을 갈아입지만 그다지 화려한 모습은 아니다. 봄에 피는 매화나 목련, 5월부터 연못을 장식하는 수련, 6월에 접어들 무렵 피어나는 달맞이꽃이나 도라지꽃은 화려함과는 거리가 멀다.

그들은 수수하고 단아하다. 식물원에는 불꽃놀이 같은 휘황찬란한 이벤트도 없다. 볼거리라곤 넓은 잔디밭에서 열리는 작은 규모의 음악회가 고작이다.

요즘에는 그런 소소한 것들에 마음이 더 끌린다. 크고 웅장한 것보다 작고 소박한 게 더 아름답게 여겨지고, 화려하게 옷을 입은 식물들보다 단순하고 소박한 꽃들에 더 눈길이 간다.

비움

산책길 곳곳에 피어 있는 민들레나 제비꽃, 강아지풀, 혹은 이름 모를 키 작은 꽃들을 보노라면 그 존재의 의미를 힘껏 안아주고 싶은 충동이 일어난다. 불꽃놀이 철이 되면 마곡에서도 볼 수 있다. 워낙 높이 쏘는 탓에 멀리서도 보이기 때문이다. 하지만 이제는 더 이상 그런 것에 내 마음을 빼앗기지 않는다.

노자는 말한다.

"그러므로 성인은 하루 종일 다닐지라도 짐수레를 떠나지 않는다. 화려한 경관이 있을지라도 초연함을 잃지 않는다. 만승지국의 군주가 어찌 자기 몸을 가볍게 놀릴 수 있겠는가."

是以聖人終日行(시이성인종일행) 不離輜重(불리치중) 雖有榮觀(수유영관) 燕處超然(연처초연) 柰何萬乘之主(내하만승지주) 而以身輕天下(이이신경천하)

_『도덕경』 26장

노자가 활동하던 춘추시대는 사회적 혼란이 극에 달했다. 제후들은 한 뼘의 영토라도 더 늘리고자 밤낮없이 전쟁에 몰두했고, 화려한 전리품들에 취해 살았다. 그 무렵 '완벽'이라는 단어가 유래했다.

완벽한 것보다
조금 모자라는 게 낫다

조나라에는 '화씨지벽'이라는 옥구슬이 있었다. 밤이 되거나 어두운 곳에 가면 빛을 내며 수십 보를 환히 비췄는데, 무현이라는 사람이 우연한 기회에 이 보물을 얻는다.

조나라 혜문왕이 소문을 듣고 무현에게서 화씨지벽을 상납받아 조나라 궁궐에 보관했는데, 조나라 궁궐에 진귀한 보물이 있다는 소문이 삽시간에 퍼져 진나라 소왕의 귀에까지 들어갔다.

구슬이 탐난 소왕은 혜문왕에게 진나라의 성읍 열다섯 개와 맞바꾸자고 제안한다. 혜문왕은 난처했다. 구슬을 내주자니 아까웠고 진나라의 제안을 거절하자니 보복이 두려웠다. 참모들을 불러 대책을 논의했지만 아무도 묘안을 내놓지 못했다. 그때 인상여라는 신하가 구슬을 가지고 진나라에 가서 소왕과 담판을 짓겠다고 말한다.

뾰족한 수가 없었던 혜문왕은 인상여를 사신으로 보냈고, 진나라에 도착한 인상여는 소왕에게 구슬을 바친다. 하지만 소왕이 약속한 성읍 열다섯 개를 내주지 않고 미적거리자, 인상여는 사실 구슬에 작은 흠이 있다며 흠이 있는 부위를 알려주겠다고 한다.

소왕이 구슬을 인상여에게 주자 인상여는 기둥을 향해 구슬을 내던지는 시늉을 하며 "진나라가 약속을 지키지 않으니 차라리 구슬을 던져 박살내버리고 나도 기둥에 머리를 받아 죽어버리겠다."라고 말한다. 화들짝 놀란 소왕은 빠른 시간 내에 성읍 열다섯 개를 내주겠다고 다짐하지만, 그 말을 믿을 수 없었던 인상여는 약조가 이뤄질 때까지 구슬을 보관하고 있겠다고 말한다.

구슬은 다시 인상여의 품으로 돌아왔고, 인상여는 구슬을 안고 숙소에 돌아오자마자 몰래 진나라를 빠져 나와 조나라로 귀국한다. 인상여의 활약으로 구슬은 다시 조나라의 소유가 되었고 인상여는 널리 이름을 떨쳤다.

다치지 않고 안전하게 구슬을 조나라로 가지고 왔다는 이 고사에서 '완벽(完璧)'이라는 단어가 유래했다. 인상여가 소왕에게 구슬에 흠이 있다며 다시 보여달라고 했을 때의 흠을 뜻하는 '하자(瑕疵)'도 이 고사에서 유래했다.

화씨지벽 고사가 말해주듯 완벽한 보물은 사람들로 하여금 과도한 욕심을 갖게 한다. 욕심은 분쟁을 불러오고 다툼이 있는 곳에선 평화가 사라진다.

옥구슬은 인생 전반기 내가 탐했던 화려한 불꽃놀이나 벚꽃놀이, 달콤한 꿀이 묻은 권력이나 명예 같은 것이다. 완벽한 것보다 조금 모자란 게 낫다. 화려함을 추구하던 예전의 삶이 전쟁이었다면 소박함을 추구하는 요즘의 일상은 평화 그 자체다.

족함을 아는 게 가장 큰 족함이리니

만족

족함을 아는 게
가장 큰 족함이다

知足之足 上足矣
지족지족 상족의

작년에 코로나19로 격리를 했던 적이 있다. 대학 졸업반인 작은 딸아이가 인천 송도에서 있었던 페스티벌에 갔다가 코로나19에 감염되었고, 딸아이와 함께 식탁에서 밥을 먹었던 탓에 며칠 후 내가 감염되었다.

코로나19 환자의 동거인들은 보건소나 선별진료소에서 무료로 PCR 검사를 받을 수 있다고 해 선별진료소를 찾아가려 했는데, 집을 나서면서 열을 재보니 37.6도였다. 코로나19에 걸렸다고 생각해 집 앞 상가 빌딩에 있는 이비인후과에 가서 신속항원검사를 받았다.

병원에는 코로나19 검사를 받으려는 사람들로 북적거렸다. 저마다 불안한 표정이었고 나 또한 그랬다. 순서가 되어 검사실로 들어가니 안면에 보호 장구를 걸친 의사가 내 증상을 물어보길래 "여차여차해서 오게 되었다."라고 하니 의사는 "그러면 코로나가 확실하겠네요."라며 단정적으로 말했다.

경험치가 풍부한 전문가라 그런지 내 사정과 증상만 듣고도 감염 여부를 확신하는 것 같았다. 검사 결과는 예상대로였다. 면봉 같은 막대기를 오른쪽 코 안쪽 깊숙이 집어넣어 이리저리 돌려 채취한 검채를 키트에 올려놓은 지 1분도 지나지 않았는데, 의사는 또렷한 어조로 "양성"이라고 했다.

친구들로부터 경험담을 여러 차례 들었던 터라 크게 걱정하진 않았는데 코로나19는 생각보다 강력했다. 금요일 오후부터 처방받은 약을 먹기 시작했는데 다음 날엔 고열에 오한까지 겹쳐 크게 고생했다. 일요일에는 그나마 상태가 조금 호전되어 운영 중인 유튜브 채널에 올릴 영상 한 편을 제작했다. 그게 무리가 되었던지 월요일에 하루 종일 쉬었는데도 몸이 개운치 않았다.

미열과 두통, 코감기 증상이 남았고 옅은 기침도 간헐적으로 나왔다. 입맛도 돌아오지 않았다. 아내가 작업실 방문 앞에 가져다 놓은 소반을 살그머니 들여와 매끼 식사를 해결했는데, 가족들과 함께 식탁에 둘러앉아 밥을 먹을 수 있다는 사실이 얼마나 큰 행복인지를 실감했다.

빼앗긴 자유도 그리웠다. 바깥 출입을 하지 못하고 꼼짝없이 집에 갇혀 있으려니 여러모로 갑갑하고 불편했다. 감옥 생활이 따로 없었다. 내 방에 유폐된 채 화장실 갈 때만 안방을 들락거리는 정도이고, 거의 매일 반복되는 음식물 쓰레기를 내다버리는 일과 매주 일요일 한 번씩 하는 생활 쓰레기 배출은 내 담당이었는데, 현관문 밖으로 한 발짝도 나가지 못하는 상황이다 보니 온전히 아내 몫이 되었다.

특히 매일 하던 식물원 산책을 하지 못한 게 가장 아쉬웠다. 아침 여섯 시에 일어나 영어 프로그램을 듣고, 오전 중에 원고 한 꼭지를 마감하고, 오후에는 책을 보고, 다섯 시쯤 산책길에 나서는 일상의 패턴이 완전히 깨졌다. 무슨 꽃이 새로 피었을까? 무궁화와 수국은 아직도 피어 있을까? 연못의 수련과 연꽃은 다 졌을까? 호수의 오리들은 유유자적 잘 지내고 있겠지? 온갖 것의 소식이 다 궁금했다.

사지육신 멀쩡하고 길도 그대로인데 내 마음대로 걷지 못하니 산책자로서의 내 정체성을 바이러스에게 빼앗긴 셈이었다. 바이러스에 빼앗긴 자유를 되찾는 날이 내겐 또 다른 광복절이 될 것이었다.

텃밭 작물들도 궁금했다. 코로나19에 걸리기 직전에 가서 봄철에 심었던 상추와 오이, 가지, 호박 등속의 대를 거뒀는데 가을에 수확할 배추와 무 파종을 하는 일은 오롯이 아내 몫이 되었다. 서툴긴 하지만 그래도 손길을 보태야 하는 시절인데 아내 혼자 터를 고르고, 깻묵을 뿌리고, 파종을 준비했다.

비움

245

노자는 말한다.

"천하에 도가 있으면 달리는 말이 그 거름으로 땅을 비옥하게 한다. 천하에 도가 사라지면 전쟁에 끌려간 말이 성 밖에서 새끼를 낳는다. 족함을 모르는 것보다 더 큰 화는 없고 갖고자 하는 욕심보다 더 큰 허물이 없다. 그러므로 족함을 아는 것이 가장 큰 족함이다."

天下有道(천하유도) 却走馬以糞(각주마이분) 天下無道(천하무도) 戎馬生於郊(융마생어교) 禍莫大於不知足(화막대어불지족) 咎莫大於欲得(구막대어욕득) 故知足之足常足矣(고지족지족상족의)

_『도덕경』 46장

바이러스에게 내 일상의 자유를 빼앗긴 건 아쉽지만 그래도 다행인 건 딸아이와 아내가 무사하고 내가 육십이 넘은 나이에도 불구하고 중증으로 진행되지 않았다는 점이다. 그걸로 나는 족하다.

코로나19는 한때 유행했던 스페인 독감이나 메르스, 사스 등에 비해 치명률이 크게 높지 않다. 그래도 기저질환을 가진 사람들이나 고령자들에겐 위험할 수 있어 썩 체력이 좋지 못한 나로선 내심 걱정을 했는데, 이 정도로 지나가는 것만으로도 다행이라 생각한다.

잃는 게 있으면
얻는 것도 있다

작은딸은 코로나19 확진 판정을 받은 후 약을 먹기 시작했는데 이틀 정도 지나니 열도 내리고 해서 큰 탈 없이 지나갔다.

아내는 아예 발병 자체를 피해 갔다. 내가 신속항원검사를 받을 때 아내는 특별한 증상이 없어 인근 선별진료소에 가 PCR 검사를 받았는데 다음 날 아침 음성 판정을 받았다. 우리 집 식탁의 구조상 아내가 나보다 작은딸과 더 가까운 거리에서 밥을 먹었는데도 아무런 탈이 없다는 게 신기할 정도다.

바이러스라는 게 걸리고 싶다고 걸리는 게 아니고 피하고 싶다고 피해지는 것도 아니지만, 불가피하게 걸리면 한 번 앓고 지나가는 게 나은 것이다.

잃는 게 있으면 얻는 것도 있는 게 세상 사는 이치인 것 같다. 코로나19로 일상의 자유를 잃었지만 미국 여행지에서 마음 놓고 다닐 수 있는 자유를 얻었다. 집에 유폐되다 보니 내 글감의 주요한 소재가 되는 산책을 하지 못해 아쉬웠는데 코로나19에 걸린 경험을 가지고 글을 쓰니, 인생이란 참으로 묘하다.

중요한 건 이런 상황이든 저런 상황이든 일희일비하지 않고 주어진 현실에 만족하며 사는 지혜가 아닐까 싶다.

말이 많으면 처지가 궁색해진다

묵언

말이 많으면 처지가 궁색해지고
마음속에 담고 있는 것만 못하다

多言數窮 不如守中
다언삭궁 불여수중

같은 아파트 단지 내에 고등학교 동기가 한 명 살고 있다. 한의사인 그 친구 덕분에 건강 상식에 대해 많이 배운다. 똘똘이라는 이름의 강아지를 한 마리 키우는데, 그 녀석을 목욕 시키기 위해 동네 애견숍에 맡기는 날 주로 내게 연락을 한다.

똘똘이를 목욕 시키는 동안 남는 시간에 식물원 산책을 하며 이런저런 이야기를 나누는데, 체질에 따라 좋은 음식과 피해야 할 음식, 허리나 목 등에 좋은 운동 방법 등 유용한 정보를 많이 얻는다.

코로나19에 관한 이야기도 그 친구에게서 많이 들었다. 내가 코로나19에 걸리기 한 달 전쯤 그 친구가 먼저 감염되었는데, 자신의 경험과 의사로서의 전문적인 지식 등을 버무려 코로나19 대응 방법을 알기 쉽게 알려준 덕분에 격리 기간 중 유용하게 써먹었다.

그런데 한 가지 엇나가는 게 있는데 혈액형과 코로나19의 상관관계다. 그 친구에 따르면, 통계적으로 혈액형이 O형인 사람들의 경우 코로나19에 잘 걸리지 않거나 감염이 되어도 약하게 앓고 지나간다고 한다. 그 이야기를 들으며 내심 반가웠다. 내가 O형이기 때문이었다. 피 하나는 잘 타고 났다고 생각하며 적잖은 위로를 받았는데 막상 걸려보니 딱히 그렇지도 않았다.

확진 이틀째에 고열과 오한이 겹쳐 무척 고생했고, 격리 5일째 저녁 무렵부터 열이 다시 37.4도까지 올라 긴장 속에 하룻밤을 보냈다. 다행히 다음 날 일어나니 열이 내리고 원고를 쓸 만한 컨디션이 되어 컴퓨터 앞에 앉긴 했는데 불안한 마음을 감출 수 없었다.

한 가지 잘한 건 O형이 코로나19에 강하다는 이야기를 아내에게 하지 않았다는 점이다. 예전 같았으면 곧바로 "나는 O형이라 코로나19에 쉽게 걸리지도 않고, 걸려도 약하게 앓고 넘어간대."라고 떠벌렸을 텐데 이번에는 말을 아꼈다.

결과적으로 볼 때 참 잘한 처신이다. 아내에게 또 한 소리를 들을 뻔했으니 말이다. 노자를 본격적으로 읽으면서 특히 내 행동의 금언으로 여기는 것 중 하나가 말의 무게다. 말 한마디로 천 냥 빚을 갚을 수도 있지만 말 한마디 잘못해 나락으로 떨어지는 경우도 왕왕 있는 게 우리 인생이다.

인생의 전반전을 돌아볼 때 가장 후회하는 것도 말과 관련된 것이다. 주지했듯 나는 한때 정당 대변인실에서 논평 쓰는 일을 담당했다. 대변인실은 전쟁터로 비유하자면 최전방 공격수와 같다. 말이라는 검을 가지고 상대의 허점을 찌르는 게 주된 임무다.

그러다 보니 본의 아니게 타인에게 상처를 입히기도 한다. 정곡을 찌르는 논평으로 언론의 주목을 받으면 보람을 느끼기도 하지만, 마음에 남는 빚은 그보다 훨씬 크고 오래 간다.

내가 대변인실에서 근무하던 시절 대권주자 한 분이 있었는데 그는 출사표를 던지기 전 여론의 동향을 주의 깊게 살폈다. 간을 보기만 할 뿐 명확한 의사 표시를 하지 않고 있었다. 그가 어느 날 충청 향우회에 참석해 자신을 '충청의 아들'이라고 했는데 나는 논평으로 그를 공격했다. "아무개 씨는 지역주의에 기대 여론의 눈치를 살피는 소심한 기회주의자다." 이 논평이 언론의 주목을 제법 받았지만 그 시절로 돌아갈 수만 있다면 지우고 싶다. 말 한마디로 그 사람을 규정해버리는 행위가 옳지 않다는 걸 뒤늦게 깨달았기 때문이다.

이뿐만 아니라 두 전직 대통령을 비롯해 다른 많은 이에 대해서도 말빚을 지고 있다. 그런 자취들도 깨끗이 지우고 싶은 게 지금의 내 심정이다. 하지만 되돌리고 싶어도 되돌릴 수가 없는 게 말로 지은 업이다. 지나온 발자국은 지울 수 있지만, 말이나 글로 남긴 자취는 결코 지울 수 없다.

언어의 힘은 채찍보다 강하다. 바벨탑을 높이 쌓아 신의 영역에 도달하려는 인간의 무모한 욕망을 좌절시키고자 신이 동원한 수단은 채찍이 아니라 언어의 교란이었다. 이렇게 말은 무척 중요하지만 일상생활에선 말 때문에 화를 입는 경우가 적지 않다.

10세기 중국의 사상가였던 풍도는 말한다. "구시화지문(口是禍之門) 설시참신도(舌是斬身刀), 입은 화를 부르는 문이고 혀는 신체를 베는 칼이다." 그래서 말을 잘하는 방법을 배우는 것도 중요하지만 말을 아끼는 법, 침묵하는 법을 배우는 것도 중요하다. 어떤 말을 어떻게 하느냐도 중요하지만 말을 참는 게 더 중요할 때도 있다. 말을 잘하려면 먼저 침묵하는 법부터 제대로 배워야 한다.

노자는 말한다.

"하늘과 땅 사이는 마치 풀무와 같다. 비어 있으나 다함이 없고 움직일수록 더욱더 많은 것을 생성시킨다. 말이 많으면 처지가 궁색해진다. 마음속에 담고 있는 것만 못하다."

天地之間(천지지간) 其猶橐籥乎(기유탁약호) 虛而不屈(허이불굴) 動而愈出(동이유출) 多言數窮(다언삭궁) 不如守中(불여수중)

_『도덕경』 5장

아리스토텔레스는 『수사학』에서 '무슨 말을 어떻게 하느냐'가 아니라 '누가 말하느냐'가 더 중요하다고 강조한다. 화려한 언변보다 말하는 사람에 대한 신뢰가 수사학의 성패를 좌우하는 핵심 요소라는 뜻이다. 진정성 없는 말은 사람의 마음을 움직일 수 없다.

진정성이 담긴
간결한 말 한마디가 낫다

제너럴 일렉트릭 회장을 역임한 잭 웰치는 어린 시절 말이 어눌했다. 잭이 친구들로부터 놀림을 당하자 그의 어머니가 아들을 위로했다. "괜찮아, 네 말이 느린 게 아니라 네 생각의 속도가 너무 빠른 거야. 말을 잘하는 것보다 말에 생각의 깊이와 진심을 담는 게 더 중요하단다." 노자가 『도덕경』에서 강조하는 말의 핵심도 간결함이다.

노자의 언어관이 잘 드러나는 일화가 하나 있다. 공자가 자신의 저서를 주나라의 도서관에 보관하기 위해 그곳에서 사서로 근무하던 노자를 찾아왔다. 처음에 거절한 노자는 공자가 워낙 강하게 부탁하자 먼저 책의 내용을 설명해 보라고 한다. 공자는 자신의 저서 열두 권을 책상 위에 펼쳐놓고 주저리주저리 설명해 나갔다. 그러자 노자는 말했다. "너무 번잡하니 요점만 말하시오."

내공이 얕으면 말이 번잡해진다. 사물의 핵심을 꿰뚫어 보는 통찰

력을 갖추려면 간결하고 담백한 언어습관을 갖춰야 한다. 마르틴 하이데거가 말했듯 언어는 존재의 집이기도 하고 세계를 비추는 거울이기도 하다. 존재가 편해지기 위해선 집이 단출해야 하듯 인간관계를 편하게 하기 위해선 사용하는 말이 쉽고 간단해야 한다.

대화의 신 래리 킹과 토크쇼의 여왕 오프라 윈프리의 비결은 말을 적게 하는 것이다. 그들은 자신의 말 수를 줄이는 대신 상대방의 말을 경청한다. 미하엘 엔데의 소설 『모모』에 나오는 주인공 모모가 이웃들 간에 일어나는 분쟁을 잘 해결하는 비결도 말을 잘하는 것에 있지 않고 말을 잘 듣는 것에 있다. 말을 많이 하다 보면 뜻하지 않은 실언으로 이어지는 경우가 생긴다.

'책 한 권 읽은 사람이 가장 무섭다.'라는 말처럼 자신의 생각에 확증편향을 가지고 강하게 주장하는 사람보다 '나는 아는 게 아무것도 없다.'라며 겸손한 태도로 상대의 말에 귀 기울이는 게 더 좋은 습관이다. 사용하는 언어에서 매화 향기처럼 은은한 향기가 나는 사람이라야 진실된 사람으로 인정받을 수 있다. 몸이 구부정하면 그림자도 구부정하듯 사용하는 말이 곧지 못하면 사람의 됨됨이도 곧지 않게 된다.

비움

253

관계가 편하고 돈독해지는 마법

비움이 지극하면
고요하고 돈독함을 지킬 수 있다

致虛極 守靜篤
치허극 수정독

내 성격의 결함 중 하나는 타인에게 잘 맡기지 못한다는 것이다. 뭐든 내 손으로 직접 해야 속이 편한 타입이다. 일종의 완벽주의 성향인데 반평생을 살아 보니 고쳐야 할 습관 같다.

국회 교육위원장실에서 근무할 무렵의 일인데, 당시 사무실 직원들과 함께 3박 4일로 제주도 여행을 갔더랬다. 가족들도 동반하다 보니 전체 인원이 10여 명이 넘었고 이것저것 준비할 것도 많았다. 내가 발의해 직원들을 데려가는 처지였다 보니, 숙소도 내가 잡고 비행기 티켓도 내가 끊고 일정표를 짜는 일도 전부 내 손으로 했다.

공동 경비를 관리하는 일도 내 손으로 했다.

제주도에 도착한 후에도 그런 일 처리 형태는 바뀌지 않았다. 숙소에 도착해 체크인하는 일부터 여미지 식물원이나 한림원을 비롯한 제주도의 관광 명소 입장권 끊는 일까지 전부 내가 손수 처리했다. 공동 경비로 결제한 후 잔돈을 챙기고 티켓을 일일이 나눠주다 보니 손이 열 개라도 모자랄 지경이었다.

더군다나 당시 동행한 작은딸은 막 걸음마를 뗀 참이었는데 기저귀나 우유 등 챙길 게 많았다. 여행지에서 아내 혼자 하기에는 버거운 일이었다. 내가 도와줘야 하는데 일행 인솔하고 안내하는 일 등을 내가 혼자 도맡다 보니 아내에게 손을 내줄 여유가 없었다.

여미지 식물원에 입장한 후 직원 일행이 저만치 앞서갈 즈음 아내가 내게 말했다. "여보, 당신은 여행의 전체적인 일정만 관리하고 공동 경비 지출이나 입장권 끊는 일 등은 다른 직원들에게 맡겨도 되지 않아요?" 듣고 보니 그랬다. 함께 여행 온 직원들 중에는 회계 업무를 보는 직원도 있었는데 내가 계획하고 추진하는 일이라는 부담감과 책임감 때문에 전부 내 일로 여겼던 것이다.

오래 전 일이라 뒷일은 자세히 기억나지 않지만 아내에게 들은 말이 큰 도움을 줬던 것 같다. 그다음 날부터 경비 처리나 숙소 확인 같은 일들을 다른 직원에게 맡겼던 것으로 기억한다.

유럽 여행에서도 비슷한 경험이 있다. 1990년대 말쯤 약 보름간의 일정으로 서유럽 5개국을 다녀온 적이 있다. 이탈리아, 독일, 프랑스, 스위스, 영국 등 5개국을 돌아보는 연수 명목의 단체 여행이었는데 국회에서 함께 근무하던 동료들 20여 명과 함께였다.

국회 사무처에서 예산을 지원받아 떠나는 여행이다 보니 경비 처리에 만전을 기할 필요가 있었고 그 업무를 내가 맡았다. 현지 식사, 입장권 구입, 공식 일정에 수반되는 선물 준비 등 소소하게 챙길 게 많았고, 단체로 움직이다 보니 경비 관리 일도 만만치 않았다.

나는 손에 수첩을 들고 다니며 꼼꼼하게 기록했고, 연수를 마치고 돌아온 후 정산해 일행에게 보고했다. 기록한 지출 내역들을 모두 합산해보니 주어진 예산에서 딱 10원이 남았던 것으로 기억한다. 내 보고를 받은 동료 일행은 모두 혀를 내둘렀다.

성격이 꼼꼼하다는 것과 책임감을 가진다는 건 일면 통하는 지점이 있다. 하지만 그게 내 삶에 투영될 때 나를 옥죄는 부정적인 요인으로 작용하는 경우도 있다.

한국사학진흥재단 사무총장으로 일할 때 그런 단점을 조금 고쳤다. 팀 단위로 움직이는 조직이다 보니 자연스럽게 팀장 위주로 업무가 돌아갔고 사무총장인 내가 직접 챙길 일은 많지 않았다.

대외적으로 재단의 지원을 받는 사립 대학들을 방문할 때나 유관 기관들과 MOU(업무협약)를 체결하는 일 등을 제외한 일상 업무는 내가 관여하지 않아도 되었기에 자연스럽게 위임형 리더십을 배울 수 있었다.

한국승강기대학교 총장으로 근무하던 무렵에도 그런 리더십을 배웠다. 총장 자리가 CEO의 성격이 짙다 보니 직접적인 업무는 보직 교수들에게 맡기고 나는 학교를 전체적으로 관리하는 일에만 집중했던 게 도움이 되었다.

노자는 말한다.

"비움이 지극하면 고요하고 돈독함을 지킬 수 있다. 영원한 걸 알면 너그러워지고 너그러워지면 공평해진다. 하늘은 곧 도가 되고 도는 영원하니 죽는 날까지 위태롭지 않게 된다."

致虛極(치허극) 守靜篤(수정독) 知常容(지상용) 容乃公(용내공)
天乃道(천내도) 道乃久(도내구) 沒身不殆(몰신불태)
_『도덕경』16장

자신의 일을 타인에게 믿고 맡길 수 있다는 건 스스로 너그럽고 공평하다는 증거다. 마음의 품이 넓지 못하면 타인을 믿지 못하고, 일을 맡기지 못한다.

과거의 내가 그랬다. '이 일은 내가 아니면 할 수 없다.'라는 생각은 오만함의 발로다. 타인을 나와 대등한 인격을 가진 성숙한 존재로 인정하지 못하기 때문에 그랬던 것이다.

뽑았으면 의심하지 않고
의심하면 뽑지 않는다

내가 아는 사람 중 최고의 위임 전문가는 세종이다. 세종은 능력이 출중했지만 오만하지 않았다. 그는 아랫사람들을 믿었고 국정을 신하들에게 위임했다. 세종이 취임한 다음 해인 1419년 1월 11일 자『세종실록』에는 흥미로운 기록 하나가 실려 있다.

이른바 리더십 논쟁으로 당시 예조판서로 있던 허조와 의정부 참찬으로 있던 김점 둘이 벌인 논쟁인데, 세종이 바람직하게 여기는 리더십 유형과 함께 인사 원칙을 엿볼 수 있다.

김점은 만기친람형 리더십이 바람직하다는 의견을 내놓았다. 즉 임금이 모든 정사에 적극 개입해 처리해야 한다는 것이었다. 허조는 위임형 리더십이 바람직하다는 의견을 내놓았다. 즉 일단 신하를 뽑았으면 신하를 믿고 그에게 일을 맡겨야 한다는 것이었다. 군왕은 굵직굵직한 틀과 원칙만 제시하고 실무 행정은 신하에게 포괄적으로 위임해야 한다는 게 허조의 논조였다.

기록의 말미에 사관의 코멘트가 실려 있다. 세종은 위임형 리더십이 바람직하다고 주장한 허조의 손을 들어줬다. '인재를 뽑았으면 의심하지 말고 의심하면 뽑지 않는다.'라는 세종의 인재관은 오늘날 글로벌 기업의 CEO에게도 많은 영향을 미쳤다. 특히 삼성그룹의 창업자 이병철은 노트에 '의인물용 용인물의(疑人勿用 用人勿

疑)'의 여덟 글자를 써놓고 인재를 선발하는 기준으로 삼았다.

『장자』「천도」에는 '무위야즉임사자책의(無爲也則任事者責矣), 리더가 무위해야 일을 맡은 사람이 책임감을 가진다.'라는 구절이 나온다. 장자의 말 그대로 세종은 인재들을 무한 신뢰하면서 일을 맡겼으며, 세종 시대의 신하들은 하나같이 국가의 일을 자신의 일로 여기며 최선을 다했다. 황희를 비롯해 허조, 김종서, 장영실, 박연 등은 세종의 위임형 리더십이 길러낸 대표적인 인재들이다.

세종은 신하들과의 치열한 토론을 통해 국정의 가닥을 잡은 후 세부적인 실무는 "그대들이 알아서 전장하라."라며 각 분야의 팀장급 신하들에게 맡겼다. 국정의 총괄은 황희에게, 국방은 김종서에게, 과학은 장영실에게, 음악은 박연에게 전적으로 일임했다.

일을 추진하는 과정에서 작은 허물이 있어도 원칙을 크게 벗어나지 않으면 탓하지 않았다. 특히 밤낮으로 오랑캐를 대적해야 하는 국방 분야에선 위임과 면책의 범위를 대폭 확대시켰다. 황희는 아흔이 될 때까지 국가에 헌신했고, 김종서는 예순이 넘는 나이까지 변방을 꿋꿋하게 지켰다.

일 하나 이뤘다고 뽐내지 말라

겸손

목적을 이뤘으되 뽐내지 않고
목적을 이뤘으되 교만하지 않는다

果而勿伐 果而勿驕
과이물벌 과이물교

도시에서 살다 보니 들녘에 있는 벼를 볼 기회가 잘 없지만 어린 시절 시골에 살 때는 일상적으로 보는 게 벼였다. 농부들에게 벼는 삶의 모든 것이다. 벼가 없으면 생존을 유지할 수 없기에 벼는 곧 생명이고, 벼농사가 풍작이라야 자식들을 건사하고 학교에도 보낼 수 있기에 벼는 집안의 기둥이자 재산이다.

여름 장마와 태풍이 지나가고 선선한 바람이 불어올 때쯤 시골의 들녘은 황금색으로 변한다. 누렇게 익은 곡식들이 너른 들판에 가지런히 줄지어 서 있는 모습을 보노라면, 농부의 근심과 시름이 한순간에 사라진다. 내 아버지와 어머니도 그러셨다. "올개(올해)는 곡식이 알차구나. 볏 가마가 제법 쏠쏠하게 나오겠다."라며 좋아하셨다.

"아부지, 옴마, 그렇게 좋나?" 하고 물으면 "하모, 좋고 말고. 내년에 우리 ○○, 학교 들어가는데 저 쌀로 공책도 사고 연필도 사고 해야지." 하시면서 싱글벙글 웃는 얼굴로 나를 바라보곤 하셨다. 다시 내가 "쌀이 먼데 공책도 사고 연필도 사노?" 하고 물으면 "쌀이 곧 돈인기라. 쌀이 없으면 아무것도 할 수 없지." 하시면서 내 손을 이끌고 들녘 한가운데를 훑고 다니셨다.

내가 기억하는 가을 들판의 벼는 늘 고개를 숙이고 있었다. 누렇게 익을 때쯤의 벼는 하나의 예외도 없이 머리를 숙이고 있었다. 논두렁에 심어 놓은 콩잎은 색이 누렇게 변해도 모양이 늘 그대로지만, 벼는 가을이 되면서 언제나 고개를 숙인다. 속담 '벼는 익을수록 고개를 숙인다'의 뜻을 알게 된 건 그 후의 일이지만, 익을수록 고개를 숙이는 벼의 특성은 진즉부터 알고 있었던 것이다. 하지만 나는 그동안 벼의 덕목을 잊고 지냈다.

돌이켜 보면 나는 겸손한 축에 속하지 못했던 것 같다. 특별히 오만한 성격은 아니었지만 나를 내려놓고 상대를 편하게 대하는 그런 타입은 아니었다. 아마 그것이 나의 인간관계를 부드럽게 만들지 못하는 요인 중 하나로 작용했던 것 같다.

나는 한때 경기도 시흥에서 정당의 지구당위원장(요즘의 당협위원장)을 지냈다. 중앙당에서 실시하는 위원장 공모 절차를 거쳐 발령을 받았더랬다. 지역 연고가 없다 보니 애로사항이 많았다. 우여곡절 끝에 이런저런 인연을 동원해 지구당 조직을 만들긴 했는데, 정식으로 위원장 활동을 시작하고 난 후 또 다른 장애물을 만났다.

어느 날 지구당 사무국장이 내게 말했다. "위원장님, 당원들과 소통의 폭을 좀 더 넓히셔야겠습니다. 핵심 당원들의 불만이 많습니다." 이유를 물어보니 내가 너무 뻣뻣하다는 것이었다. 타 지역 출신이면 좀 더 고개를 숙이고 사람들에게 보다 적극적으로 다가가야 하는데, 내게 그런 면이 보이지 않는다고 했다.

그러며 사무국장은 내게 핵심 당직자 연수를 제안했다. 당원들과 위원장인 나 사이의 거리감을 좁히기 위한 소풍 같은 것이었다. 그렇게 각 동 단위 책임자들과 부위원장, 청년부장, 여성부장 등 150여 명이 함께 안면도로 향했다. 당시에도 기부 행위의 제한을 받을 때라 일정액의 참가비를 받았지만, 당원들은 신임 지구당위원장과 함께하는 자리라 그랬던지 빠짐없이 참석했다.

버스 간에서 나는 작심하고 당원들에게 술잔을 돌렸다. 그렇게 해서라도 거리감을 좁히고 싶었기에 참석자 전원에게 일일이 술을 따라준 후 다시 받아마셨다. 작은 종이 잔에 3분의 1 정도씩만 받아 마셨지만 참석한 당직자들의 숫자가 워낙 많다 보니 평소 내 주량을 몇 배 초과했다. 안면도에 내려 소소한 체육 행사를 하는 과정에서도 나는 쉴 새 없이 당원들 틈을 돌아다니며 술잔을 주고받았고, 막판에는 필름이 끊어져버렸다.

그래도 다음 날 홍보부장이 찍은 사진을 통해 보니 나는 연신 즐거운 표정이었고, 사무국장을 통해 들으니 당원들도 나와의 거리를 많이 좁혔다며 연수를 긍정적으로 평가하는 분위기라 했다. 그렇게 소기의 성과는 달성했던 셈이다.

노자는 말한다.

"훌륭한 사람은 목적만 이룬 다음 그만둘 줄 알고 감히 군림하려 하지 않는다. 목적을 이뤘으되 자랑하지 않고 목적을 이뤘으되 뽐내지 않고 목적을 이뤘으되 교만하지 않는다. 목적을 이루지만 부득이하게 하고 목적을 이룬 후 군림하려 하지 않는다."

善有果而已(선유과이이) 不敢以取强(불감이취강) 果而勿矜(과이물긍) 果而勿伐(과이물벌) 果而勿驕(과이물교) 果而不得已(과이불득이) 果而勿强(과이물강)

_『도덕경』 30장

노자는 물을 닮으라고 권유한다. 아래로 흐르는 물처럼 자신을 한 없이 낮추고 겸손해지라는 의미에서다. 겸양지덕, 일을 이룬 후 공을 내세우지 말고 교만해지지 말라는 게 노자의 가르침이다.

겸손한 자를
이길 사람은 아무도 없다

노자, 장자와 함께 노장주 사상의 한 축을 이루는 주역에서도 말한다. 64괘의 각 괘사와 효사에는 인간의 길흉화복이 교차한다. 하지만 딱 하나 예외가 있다. 지산겸괘인데 땅을 상징하는 곤괘가 위에 있고 산을 상징하는 간괘가 아래에 있는 괘다.

산은 일반적으로 우뚝 솟아 있는 모양이다. 그런 콧대 높은 산이 자신을 낮춰 땅 아래에 거하는 것이다. 괘 이름에 '겸손할 겸'을 쓴 것도 그 때문이다. 지산겸괘에는 흉(凶)과 화(禍)를 의미하는 텍스트가 하나도 없고 괘사와 효사가 길(吉)과 복(福)으로만 구성되어 있다. 겸손하면 만사가 형통하다는 게 지산겸괘의 가르침인 것이다.

세종 시절 황희와 함께 투톱을 이뤄 국정을 끌고 갔던 인물이 맹사성이다. 맹사성은 어린 시절 천재로 소문났고 약관의 나이에 장원 급제에 성공했다. 업무 능력도 탁월했던 맹사성은 조정에 입문한 후 요직을 두루 거치며 승승장구했다.

하지만 소년 급제한 사람이 대개 그랬듯 젊은 시절의 맹사성도 인품이 원만하지 못했다. 목을 뻣뻣하게 펴고 다니며 아랫사람들을 대했다. 충청도 지역의 현감으로 나간 맹사성은 지역의 명망 있는 노스님 한 분을 찾아뵈었는데, 스님과 대화를 나누던 맹사성이 갑자기 자리를 박차고 일어났다. 스님에게 큰 가르침을 구하고자 찾아갔는데 스님이 말 없이 찻잔에 물만 계속 따랐기 때문이었다.

무시를 당했다고 생각한 맹사성은 감정을 여과 없이 표출한 후 문 밖으로 나갔다. 하지만 급하게 나가다가 문에 머리를 찧고 말았다. 그때 스님이 말했다. "고개를 숙이면 다치는 법이 없소이다."

그 일을 계기로 맹사성은 큰 깨달음을 얻었고 어떤 상황에서든 자신을 낮추는 겸양의 미덕을 발휘했다. 『조선왕조실록』에 나오는 맹사성에게서 매화 같은 향기가 나는 것도 그 때문이다.

내가 겸손의 표상으로 여기는 사람이 있는데 바로 큰누님이다. 큰누님은 10여 년 전 매형을 여의고 시골에서 혼자 사시는데 겸손한 성품을 갖고 있어 대인관계가 원만하다. 권사 직분을 맡고 있는 교회에선 물론이고 아파트 단지 이웃들과도 무척 잘 지내신다. 아내는 내게 큰 형님 반만 닮으라고 말하곤 하는데 그럴 때마다 특별한 반박을 하지 못한다.

얼마 전에는 문화체육관광부에서 시행하는 이야기 할머니에 뽑혀 활동하고 계신다. 전직 교사들을 비롯한 쟁쟁한 사람들과 경쟁해 선발되셨다. 내가 '가문의 영광'이라며 추어올리면 큰누님은 말씀하신다. "아는 게 없다 보니 아이들과 잘 맞을 것 같아 뽑아준 모양이다." 아내의 말처럼 큰누님의 반만이라도 닮고 싶다.

비움

앞서고자 하면 몸을 뒤에 둬야 한다

양보

백성들을 앞서고자 하면
반드시 몸을 그 뒤에 둬야 한다

欲先民 必以身後之
욕선민 필이신후지

내겐 친할아버지와 친할머니에 대한 기억이 전혀 없다. 두 분 다 내가 태어나기도 전에 돌아가셔서 얼굴 한 번 뵌 적이 없다. 사진도 흔치 않던 시절이라 두 분은 내 상상 속에만 존재한다.

대신 내겐 외할아버지와 외할머니에 대한 기억이 또렷하다. 외가 댁은 우리 가족이 대구로 이사를 나온 몇 년 후쯤 대구 비산동으로 이사를 나왔다. 9남매의 장녀이자 맏이셨던 어머니가 고생하는 게 안쓰러웠던 외할머니께서 결단을 내리셨다고 한다.

어머니와 큰외삼촌을 제외한 7남매가 모두 출가 전인 시절이라

외할머니 본인 살림도 빠듯하셨을 텐데, 맏이의 고생이 더 안타깝게 여겨졌던지 대식구를 이끌고 도회지로 이사를 나온 것이다.

시골에서 제법 번듯한 논밭 뙈기를 가지고 있었던 외가댁은 도시에 나와서도 집 한 칸 장만할 여력이 있었던 모양이다. 비록 허름한 판잣집이었지만 단독 가옥에서 외할아버지와 외할머니, 외삼촌들, 이모들이 모두 모여 살았던 기억이 난다.

우리 집과는 직선거리로 200m 남짓한 곳이라 자주 갔는데 그때마다 외할머니께선 국수도 삶아주시고 여름철에는 미숫가루와 수박화채도 만들어주셨다.

어머니께서 워낙 이른 나이에 출가를 하신 탓에 막내 외삼촌과 막내 이모는 나와 비슷한 또래였다. 맛있어 보이는 음식을 보면 서로 많이 먹겠다고 그릇을 제 앞으로 당길 만도 했는데 그들은 그러지 않았다. 몇 살밖에 차이가 나지 않는 조카였지만 그들은 언제나 내게 양보했다. 외할머니께선 "너거는(너희들은) 아까 뭇짢아(먹었지 않니)."라고 말씀하시면서 외삼촌과 이모들의 손길을 단속하셨다.

둘째 외삼촌은 내게 좀 더 특별한 존재였다. 외삼촌은 머리가 비상했지만 학창 시절에는 문제아였다. 도시 생활이 적성에 맞지 않았던지 공부는 뒷전이었고 이런저런 기행으로 외할아버지와 외할머니의 속을 꽤나 썩이셨다. 껄렁껄렁한 친구들과 어울리며 학생 신분에 어울리지 않는 행동을 했다. 술과 담배는 기본이고 지나가는 여학생들에게 추근거리다 시비가 붙기도 했다.

하지만 내겐 늘 잘해주셨다. 헐렁한 옷을 입고 모자 챙이 뒤로 가게 쓴 채 우리 집 대문을 들어서며 "○○ 집에 있었구나." 하고 나를 향해 씩 웃으시던 모습이 지금도 눈에 선하다.

내가 초등학교를 졸업하고 중학교에 입학한 후 우리 집은 단칸방에서 탈출했다. 아버지와 어머니가 억척스럽게 일을 하신 탓에 방 두 칸짜리 사글세로 옮길 수 있었다.

주인 아저씨는 영덕에서 대게를 가져와 가마솥에 삶은 후 골목을 돌면서 파는 일을 하셨는데 인상이 무척 좋았다. 야심한 밤 "영덕대게가 왔습니다." 하며 골목골목 외치고 다니시던 주인 아저씨의 목소리가 지금도 귀에 쟁쟁하다.

골목길에 접한 작은 방에 내 책상이 있었는데 그 시절 나는 문학책에 흠뻑 빠졌더랬다. 이광수의 『무정』, 심훈의 『상록수』 같은 작품들을 주로 봤는데 그것들을 읽은 후 쓴 독후감이 당선이 되어 책을 선물로 받았던 적도 있다.

중학교 2학년 쯤인가 소설책을 읽느라 밤을 꼬박 샜던 적이 있다. 그때 마침 둘째 외삼촌이 우리 집에 와 있었다. 학교를 졸업한 후 낭인 생활을 하던 외삼촌은 가끔 우리 집에 와서 자고 갔는데 그날은 술이 취한 채 새벽녘에 온 것이었다.

어머니를 비롯한 온 식구가 자고 있을 때였는데 외삼촌은 아랑곳하지 않고 제집처럼 쑥 들어왔다. 마침 불을 켠 채 책을 읽고 있던 내게 외삼촌은 '쉿' 하면서 손가락을 입에 갖다 대더니 방 앞에 있는 평상에 대자로 드러누워 곯아 떨어졌다.

술 냄새가 폴폴 났지만 아무도 깨어나지 않았고, 나는 다시 독서에 몰두했다. 책을 덮은 후 새벽녘에 눈을 붙이려고 하는데, 마침 외삼촌 옆에 떨어져 있던 만년필이 눈에 들어왔다. 두툼한 볼륨에다 색상도 멋진 만년필이었다.

나는 외삼촌 몰래 만년필을 손에 쥐고 글씨를 써봤다. 감촉이 무척 좋았다. 다음 날 아침 외삼촌이 집을 나서며 만년필을 내게 쑥 내밀더니 말했다. "이거 ○○ 니 해라. 나보다 니한테 더 소용이 많은 물건인 것 같다." 자는 줄 알았는데 내가 하는 행동을 봤던지 선물로 주신 것이었다.

그 후 외삼촌은 불의의 교통사고로 비교적 젊은 나이에 돌아가셨다. 그는 어머니를 비롯한 외가댁 식구들에겐 속을 썩이던 망나니에 불과했지만, 내겐 자신의 소중한 물건을 조카에게 양보해준 멋진 외삼촌이었다.

노자는 말한다.

"강과 바다가 골짜기의 왕이 될 수 있는 건 스스로를 잘 낮추기 때문이다. 그래서 모든 골짜기의 왕이 되는 것이다. 백성들 위에 있고자 하면 반드시 겸양함으로 스스로를 낮춰야 하고 백성들을 앞서고자 하면 반드시 몸을 그 뒤에 둬야 한다."

江海所以能爲百谷王者(강해소이능위백곡왕자) 以其善下之(이기선하지) 故能爲百谷王(고능위백곡왕) 是以欲上民(시이욕상민) 必以言下之(필이언하지) 欲先民(욕선민) 必以身後之(필이신후지)

_『도덕경』66장

자신이 가진 걸 남에게 양보하는 건 쉬운 일이 아니다. 불편함을 감수해야 하므로 양보는 곧 희생이다. 부모라면 희생이 당연한 일이 겠지만 남이라면 결코 쉽지 않다. 그렇기에 타인을 위해 제 자리를 내주거나 희생한 사람의 미덕을 기리고 칭송한다. 망나니 둘째 외삼촌이 내게 작은 영웅으로 기억되고 있는 것도 그 때문이다.

작은 선행 하나가
천국으로 인도하는 열쇠다

내겐 그런 영웅이 또 한 사람 있다. 그는 내 피붙이도 아니고 이름도 모르는 동네의 평범한 아저씨에 불과했지만, 내 기억 속에 스파이더맨 못지않은 영웅으로 자리를 잡고 있다.

우리 집은 형편이 좀 더 나아져 오스카 극장 뒤편의 작은 기와집으로 이사했다. 여전히 전세였지만 독립된 부엌이 있었고, 작은 마당도 하나 있었다. 무엇보다 신축 건물이라 깨끗해서 좋았다. 집 근처에 있는 작은 교회에 출석하며 어머니와 큰누님이 본격적인 신앙 생활을 하기 시작한 것도 그 무렵이었는데, 정신적으로도 비교적 안정된 생활을 했던 게 그 집 덕분이 아니었나 싶다.

하지만 통학 거리가 문제였다. 내가 다니던 중학교는 서문시장 옆에 붙어 있었는데 우리 집 하곤 거리가 꽤 있었다. 부득불 나는 버스로 통학했는데 아침에 버스를 타는 게 여간 힘든 일이 아니었다.

버스는 늘 만원이었고 콩나물시루가 따로 없었다. 요즘도 아침 출근 시간대에 지하철을 타는 게 힘들지만 그 시절은 훨씬 힘들었다. 안내양이 손님들을 짐짝처럼 쑤셔 넣은 후 "오라이" 하고 외치면 버스가 출발하는데, 배차 간격도 넉넉하지 않아 혹시라도 버스를 놓칠 새라 발을 동동 구르기 일쑤였다.

그날도 그랬다. 서문시장에 큰 장이라도 섰던지 손님이 더 많았는데 안내양이 아무리 쑤셔 넣어도 내가 탈 공간이 나오지 않았다. 혹시라도 지각할까 봐 죽어라 머리를 들이밀었지만 도저히 틈을 비집을 수가 없었다. 안내양이 "안 되겠다. 학생은 다음 차 타."라고 하면서 "오라이"를 외치려는 순간 내 앞에 탔던 아저씨 한 사람이 내리더니 대신 나를 밀어넣었다. 그리고 말했다. "이 차 타고 가야 지각 안하지. 내사 다음 차 타도 되니까." 그 작은 양보 덕분에 나는 지각을 면했고, 그 기억은 평생 머릿속에서 떠나지 않고 있다.

삶의 군더더기를
덜어내는 법

오십부터는 조화를 이루는 게 이치

흰 것을 알면서
검은 것을 유지하다

知其白 守其黑
지기백 수기흑

일주일간의 코로나19 격리 기간이 끝났다. 짧다면 짧고 길다면 긴 시간이었다. 일상의 패턴이 깨져버려 신체 리듬도 원활하게 돌아가지 않았다. 특히 매일같이 하던 식물원 산책을 하지 못하는 게 가장 아쉬운 점이었다. 롱 코비드라는 말이 있다는 걸 새로 알았다. 꽤 오래 후유증을 앓았다. 미열과 두통, 코감기 증상이 깨끗하게 사라지지 않았고 입맛도 없었다. 복통과 설사로 고생하기도 했다. 그래도 자유를 되찾았다는 사실에 만족했다.

혈액형과 코로나19 사이에 큰 상관관계가 없듯 코로나19 증상과

후유증의 양상도 제각각인 것 같다. 인터넷에서 코로나19 후일담을 찾아보니 많은 사람이 심한 인후통과 근육통에 시달렸다고 하는데 내겐 그런 증상이 전혀 없었다. 다만 뜨거운 증기를 쐰 듯 콧속의 불기운이 괴롭혔고 그로 인한 두통도 참기 어려웠다. 병원에서 처방해 준 약을 먹고 나니 콧속을 휘감고 있던 열기가 많이 가라앉긴 했지만 격리 기간이 해제된 후에도 완전히 사라진 것 같진 않다.

색깔에 비유하면 코로나19는 흑색도 아니고 흰색도 아니다. 천연색이다. 내가 내린 결론이다. 딱 부러지게 이런 양상, 저런 양상이 정해져 있다면 치료에도 패턴이 생겨 도움이 될 텐데 사람마다 다르다 보니 치료가 일률적일 수 없는 것 같다. 치료라는 표현도 부적절한 것 같다. 시간이 지나며 체내에 머물던 바이러스가 저절로 사라지길 기다린다는 표현이 적절할 것 같다.

또 하나 내가 내린 결론은 잃어버린 패턴을 스스로 회복하는 게 코로나19 후유증을 최소화하는 방법이라는 점이다. 몸이 개운치 않아 떨치고 일어나기 쉽진 않겠지만 늘 하던 일상의 생활 리듬을 찾으면 바이러스 저항력이 생기고 그게 롱 코비드를 숏 코비드로 전환시키는 최적의 방안이라는 게 내 생각이다.

그래서 나는 격리 기간이 종료되자마자 곧바로 산책을 재개했다. 무엇보다 햇살이 반가웠다. 집 안에 갇혀 있는 동안 전혀 쐴 수 없던 밝은 빛을 온몸 가득 받으니 금세 몸이 가벼워지는 느낌이었다.

늘 다니던 식물원 산책 코스에 접어드니 보랏빛의 맥문동 꽃이 가장 먼저 반긴다. LG아트센터 옆에는 보리수 나무와 소나무가 군락을 이루고 있는데 그 아래 꽤 넓직한 터에 맥문동이 좌우 균형을 이룬 채 피어 있다. 키가 크진 않지만 보라색 계열의 단색으로 곱게 피어 있는 모습이 신비롭다.

보라색은 빨주노초파남보의 마지막 색, 즉 인간의 눈으로 볼 수 있는 가시광선의 끝자락이다. 신계와 인간계의 경계를 이루는 색이 보라색인 셈이다. 이 색을 넘으면 물리현상도 고장을 일으킨다.

독일의 물리학자 막스 플랑크는 그 점에 착안해 난제로 여겨지던 흑체복사 실험에 성공했고 그로부터 양자역학이라는 신세계가 열리기 시작했다. BTS식으로 해석하면 보라색은 세상을 조화롭게 만드는 색깔이다. '보라해'라는 아미의 용어처럼 우리가 서로의 차이를 인정하고 사랑하면 세상은 한결 평화로워질 것이다.

두 번째로 내 눈을 사로잡은 식물은 무궁화다. 무궁화는 여전히 기세가 등등하다. 그래도 색깔의 주된 이미지는 조금 변했다. 보랏빛이 한층 더 진해졌다. 극과 극이 수렴되는 과정인가 보다.

정치도 그렇고 살림살이도 그렇고 무궁화의 보랏빛을 닮아 조약돌처럼 둥글둥글해졌으면 좋겠다. 그게 우리나라를 상징하는 무궁화에 담긴 메시지가 아닐까 싶다. 바이러스가 만인의 몸속을 자유롭게 드나들 듯 재물도 만인의 호주머니를 차별하지 말고 공평하게 드나들었으면 좋겠다.

노자는 말한다.

"남성다움을 알면서 여성다움을 유지하면 천하의 계곡이 된다. 흰 것을 알면서 검은 것을 유지하면 천하의 본보기가 된다. 천하의 본보기가 되면 영원한 덕에서 어긋나지 않고 무극의 상태로 돌아간다."

知其雄(지기웅) 守其雌(수기자) 爲天下谿(위천하계) 知其白(지기백) 守其黑(수기흑) 爲天下式(위천하식) 爲天下式(위천하식) 常德不忒(상덕불특) 復歸於無極(복귀어무극)

_『도덕경』28장

독일의 분석 심리학자 칼 구스타프 융은 동양학에 조예가 깊었다. 동양 사상의 원류인 『주역』을 비롯해 노자, 장자 등을 깊이 들여다봤다. 융이 말하는 아니마와 아니무스 개념이 『도덕경』 28장에 나오는 남성다움과 여성다움에 가장 잘 어울리는 분석 장치들이다.

사람은 생물학적으로 남성과 여성으로 구분할 수 있지만, 노자에 의하면 그 둘이 조화를 이룰 때 '도'에 가까워진다. 융도 그렇게 설명한다. 남성의 자아 속에 자리 잡은 여성적 무의식인 아니마와 여성의 자아 속에 자리 잡은 남성적 무의식인 아니무스가 조화를 이룰 때 사람은 인격적으로 완성된다고 말한다.

코스모스에 숨어 있는
우주의 신비

식물원에 가면 계절의 변화를 실감한다. 여름철 탐스럽게 피던 수국은 가을이 오면 빛을 바란다. 화무십일홍이라더니 참으로 시절이 무상하다. 수국 거리를 지나니 코스모스가 눈에 띈다. 한들한들 실바람에 날리고 있는 코스모스는 몸이 가냘프지만 어지간한 바람에도 쉬 허리가 꺾이지 않는다. 유연성이 뛰어나기 때문이다.

코스모스의 식물학적 특징도 영향을 미치는 것 같다. 코스모스는 꽃 이파리가 여덟 조각으로 구성되어 있다. 상하좌우가 완벽하게 균형을 이루고 있는 것이다. 그래서 어느 한쪽으로도 치우치지 않고 조화를 이룬다. 『주역』의 기초가 되는 기하학적 원리가 8괘인데 그런 이치가 코스모스에도 구현되어 있는 셈이다.

우주는 조화와 균형이 기본이다. 극단은 예외이고 조화가 깨지면 스스로 알아서 균형점을 찾아간다. 코로나19가 창궐하면서 세상의 균형이 무너졌지만 곧 다시 질서를 회복할 것이다. 평화로운 일상이 파괴되고 자유를 빼앗겼지만 시간이 지나면서 서서히 원 상태로 돌아가는 것도 그런 조화와 균형의 원리가 있기 때문이다.

서로 보완하며 살아가야 할 때

만물은 음을 등에 업고
양을 가슴에 안았다

萬物負陰而抱陽
만물부음이포양

나는 79학번이다. 고등학교를 졸업한 해에 곧바로 대학에 진학해 고교 졸업연도와 대학 입학연도가 같다. 재수한 친구들의 경우 한 해씩 차이가 나기도 하는데 나의 경우 요행히 일치한다. 그런데 2학년에 올라가면서부터 연도의 앞자리 숫자가 7에서 8로 바뀌었기 때문에 흔히 통칭해 부르는 '386세대'에 속한다.

대학원을 마치고 캠퍼스를 떠난 게 1986년이니까 햇수로 7년 가까이 대학촌에 머물렀던 셈이다. 정치적으로 워낙 스산하던 시절이다 보니 학교 밖에서 생활한 날이 많았고, 그런 시간을 제하면 만으로 5년 남짓 캠퍼스에서 보냈지만 짧지 않은 세월인 건 분명하다.

그 시간 가운데 뇌리에 가장 오래 남아 있는 장면은 단연코 시위 현장이다. 특히 10·26이 일어난 후 12·12를 거쳐 5·18에 이르는 격동기 내내 캠퍼스에서 있었던 크고 작은 데모에 대한 기억은 좀처럼 잊히지 않는다.

데모라는 걸 처음으로 경험했던 1979년 9월 어느 날은 어제처럼 생생하다. 신입생 시절 10·26으로 캠퍼스에서 쫓겨나기 전까지 나는 기숙사에서 지냈다. 지방 출신의 학생들이 대개 그랬듯 하숙이나 자취를 하는 대신 기숙사에 방을 하나 배정받아 생활했다. 다섯 개 동으로 구성된 기숙사 가운데 마동 208호(내 기억이 틀리지 않는다면)가 내 방이었는데 선배 한 명과 동기 둘, 총 넷이 함께 지냈다.

동기 둘은 모두 청주 출신으로 고등학교도 동문이었다. 우리 방 바로 맞은 편에 212호가 있었는데 그 방의 신입생 셋 가운데 둘은 대구 출신, 하나는 청주 출신이었다. 208호와 212호를 합해 대구 출신이 셋, 청주 출신이 셋이었던 셈이다.

그러다 보니 우리 방 208호와 212호는 대구와 청주 출신 동기들의 집결 장소 겸 사랑방이 되었다. 많이 모이는 날에는 그 숫자가 일개 중대원 규모였다. 방학 때는 청주로 대구로 놀러 다녔고, 학기 중에도 수원에 있는 딸기밭 같은 곳에 가서 시간을 죽치곤 했다.

당시 기숙사에는 마이티라고 불리는 카드 게임이 유행했는데 주로 내 방에 모여 치다 보니 208호는 마이티의 성지가 되었다. 밤을 새우는 날도 더러 있었지만 그렇다고 수업을 빼먹는 일은 없었다.

그날도 그랬다. 마이티로 밤을 새우다시피 한 다음 날, 2교시 수업에 가기 위해 방을 나서는데 212호 터줏대감인 국사과 선배가 다급한 목소리로 말했다. "터졌다." 그러더니 덧붙였다. "운동화 신고 짱돌 준비해 나를 따라 오너라." 터졌다는 건 잠잠하던 데모가 드디어 시작되었다는 뜻이었고, 운동화를 신고 짱돌을 준비하라는 건 멀리서 경찰들을 향해 돌을 던진 후 후다닥 도망갈 수 있게 채비를 갖추라는 의미였다.

1교시 수업이 없어 208호와 212호 방에 남아 있던 친구들 서너 명은 선배의 말에 일사분란하게 움직였다. 암울한 시대 상황에 대한 공감대가 있었기에 데모가 터졌을 때 참가하는 건 학생의 당연한 의무로 여겨졌고 아무도 주저하지 않고 운동화 끈을 고쳐맸다.

선배를 따라 현장으로 가니 데모가 한창 진행되고 있었다. 여기저기서 최루탄과 짱돌이 난무하고 캠퍼스는 순식간에 매콤한 최루가스로 뒤덮였다. 우리도 그 대열에 동참했다. '정의와 용기는 젊음의 생명. 우리의 깃발은 높이 솟았다. 외쳐라 젊음이여~'로 시작하는 민중가요를 합창하며 짱돌도 던지고 구호도 외쳤다.

그러나 학생이 정규 경찰의 무력을 당할 수는 없었다. 콘크리트로 된 바닥을 깬 짱돌을 마련했지만 금세 바닥 났고 우리는 속절없이 경찰에게 밀렸다. 중앙도서관 근처에 있던 주력 부대는 법대와 사범대를 지나 4·19탑이 있던 언덕 위로 후퇴했다.

그런데 그때 일련의 여학생 무리가 가방을 짊어지고 오더니 우리 앞에 짱돌 한 무더기를 쏟아부었다. 어디서 구했는지 몰라도 짱돌은 한 수레 분량이었고, 넉넉한 무기로 재무장한 우리는 다시 경찰을 밀어붙였다. 돌멩이 세례를 받은 경찰은 중앙도서관 쪽으로 후퇴했고, 우리는 큰 함성을 지르며 그들을 추격했다.

그런데 급하게 돌진하던 즈음 문제가 터졌다. 시위대를 따라나섰던 여학생 한 명이 가정대 건물 언덕배기를 달리다가 주르륵 미끄러지고 만 것이었다. 중앙도서관 바로 위쪽에 있던 가정대는 고도가 제법 높아 언덕의 경사도 심했다. 자칫하면 큰 사고로 이어질 뻔한 아찔한 순간이었다.

다행히 여학생은 언덕 아래 설치되어 있던 난간에 걸려 더 이상 아래로 굴러떨어지진 않았다. 하지만 경찰의 손길을 피하기가 쉽지 않아 보였다.

바로 일어나 도망치면 되었을 텐데 문제는 신발이었다. 운동화를 신고 있지 않았던 그녀는 언덕 위로 올라오지 못한 채 엉거주춤한 자세로 서 있었고, 그 틈을 노려 경찰 특공대 서너 명이 여학생을 체포하기 위해 우르르 달려들었다.

이번엔 남학생들이 나섰다. 그 광경을 지켜보던 남학생 서너 명이 재빠르게 여학생에게 달려가 언덕 위로 끌어올렸다. 위에선 나머지 학생들이 짱돌을 던지며 경찰이 더 이상 접근하지 못하게 엄호했다.

노자는 말한다.

"도가 하나를 낳고 하나가 둘을 낳고 둘이 셋을 낳고 셋이 만물을 낳는다. 만물은 음을 등에 업고 양을 가슴에 안았다. 기를 비움으로 조화를 이룬다."

道生一(도생일) 一生二(일생이) 二生三(이생삼) 三生萬物(삼생만물) 萬物負陰而抱陽(만물부음이포양) 沖氣以爲和(충기이위화)

_『도덕경』 42장

노자에 따르면 만물은 상호보완적이다. 노자뿐만 아니라 장자와 주역 등 동양사상의 근간 전체가 동일한 구조 위에서 구축되었다. 이런 틀은 남자와 여자, 진보와 보수, 낮과 밤, 음과 양, 좌우, 냉기와 온기 등 다양한 형태로 변주될 수 있지만 뼈대는 동일하다.

강점은 키워주고
단점은 보듬어준다

서울식물원의 북쪽 끝단에는 한강 연육교가 있다. 호수와 습지원을 지나 한참을 더 걷다 보면 한강이 나오는데 올림픽대로 위에 연육교가 설치되어 있어 그 다리를 통해 고수부지로 나갈 수 있다.

연육교에 서면 강 건너 왼쪽 편에 행주산성이 보인다. 날씨가 맑은 날에는 행주대첩비가 선명하게 보이는데, 그 탑을 볼 때마다 1979년 그 뜨거웠던 캠퍼스 데모 현장을 떠올린다. 결사항전의 자세로 왜적을 물리친 민초의 함성 위로 독재타도를 외치던 시위대의 함성이 겹치기도 하고, 치맛자락에 돌을 담아 나르던 아낙네들의 모습 위로 짱돌을 쏟아붓던 여학생들의 모습이 어른거리기도 한다.

『주역』의 '지천태' 괘는 태평성대를 상징하는 괘다. 그 괘의 효사 중 한 구절을 특히 좋아한다. '무평불피(無平不陂), 비탈 없는 평지는 없다', 골이 깊으면 산이 높고 음지가 변해 양지가 되는 세상의 이치를 가장 잘 보여주는 구절이다.

호시절이라도 장애가 없진 않다. 밝은 햇살로 가득한 방안에도 그늘진 곳이 있기 마련이다. 남녀 사이에도 그렇다. 장점이 있으면 단점이 있고, 강한 곳이 있으면 약한 곳이 있다. 단점을 보완해주고 장점을 북돋아주는 과정에서 삶의 지혜가 커지고 행복이 자라난다.

우리 부부도 그렇다. 나는 다소 즉흥적이고 충동적인 반면 아내는 계획적이고 차분하다. 의사결정을 할 때 내가 너무 앞서간다 싶으면 아내가 한 박자 늦춰준다. 반면 대사를 당해 아내가 이럴까 저럴까 망설일 때는 내가 결단을 당겨준다. 그렇게 우리는 반평생을 서로 보완하며 살았다. 남은 생도 그렇게 살 것이다.

너무 강하면 부러질 수 있다

나무가 강하면 부러지고
부드럽고 약한 게 강하고 굳센 걸 누른다

木强卽節 柔弱勝强剛
목강즉절 유약승강강

식물원에서 많은 산책객과 마주친다. 하지만 만나진 않는다. 스쳐 지나갈 뿐이다. 우리는 같은 공간을 거닐지만 걷는 길은 다르다. 그러므로 식물원은 내게 섬과 같다. 식물원에서 나는 세상과 분리되고 단절된 존재다. 어쩌면 나는 분리와 단절을 즐기고 있는지도 모른다. 그동안 너무 많이 섞여 살았기에 그에 대한 반성과 퇴고로 산책을 하는 것일 수도 있다.

퇴고의 기억들이 글로 탄생하니 산책은 내게 최고의 생산활동이자 노동이다. 하지만 그 너머의 효능도 있음을 부인할 수 없다. 나는 산책을 하며 견딘다. 그리고 이긴다. 내가 견디는 건 노년의 외로움이고 내가 이기는 건 삶의 무료함이다.

고독과 신사협정을 맺은 지 10년 세월이 흘렀지만 여전히 고독은 내 영혼을 갉아먹고 있다. 나는 단지 협정을 맺었을 뿐이지 그것들을 완전히 몰아내진 못하고 있는 것이다.

식물원에는 작은 섬이 몇 개 있다. 연못도 그중 하나다. 연못은 그저 바라만 볼 뿐 접근할 순 없는 존재다. 뛰어넘을 수 없는 벽이 나와 연못을 갈라놓고 있기에 우리 둘은 분리되어 있다. 남녘과 북녘의 하늘이 갈라져 있듯 나와 연못은 서로에게 접근이 차단되어 갈라져 있다. 그러니 연못은 내게 섬이다. 연못 섬, 그 섬을 나는 사랑한다. 풍덩 뛰어들어 한 송이 연꽃이 되고픈 충동을 자주 느낀다.

어제도 연못에 비친 내 얼굴을 보며 그런 생각을 했다. '저 연못에 뛰어들어 나라는 존재를 힘껏 껴안는 나르키소스가 되고 싶다.' 그렇게라도 노년의 고독을 이겨내고 싶은 욕망이 강한 탓일 테다.

연못에 뛰어들 수 있다면 고개를 푹 숙인 채 늙어가고 있는 앙상한 부부 연꽃의 곁에 머물고 싶다. 아니 그들처럼 되고 싶다. 그들은 한여름의 강풍도 꿋꿋하게 견뎌내고 제 자리를 지키고 있다. 속을 모두 비워냈기에 부드럽고 유연하다. 결코 꺾이는 법이 없다.

노년의 삶을 견디는 가장 좋은 방법은 비우는 것이다. 그래야 연꽃처럼 꺾이지 않는다. 하루에 하나씩 비우자는 비움의 결심이 없다면 노년은 외로워 죽고 고독해 죽는다. 넘치는 욕망을 비우지 못하

조화
287

면 절대 고독과 소외를 느끼고 결국 죽음에 이르게 하는 병이 된다.

『도덕경』에서 읽었지만 정작 이치를 깨치진 못했는데 연꽃으로 비로소 확인한다. 산책은 나를 비워 나를 채우는 내 삶의 연금술이다. 코로나19에 걸려 일주일간 바깥출입을 하지 못했을 때 겪은 고통 중 하나는 다리가 시린 현상이었다. 자리에 누우면 양쪽 다리의 정강이와 무릎, 허벅지 부분이 시려 제대로 잠을 이룰 수 없었다.

내 스스로 내린 진단은 순환기 고장이었다. 산책을 하며 하루의 묵은 기운을 비워내야 하는데 못하니까 다리에 고인 채 아우성을 치는 것이다. 우리를 내보내 달라는 시위였던 셈이다.

내 진단은 맞았다. 격리 기간이 끝나고 산책을 재개한 후 증상은 싹 없어졌다. 격리 기간이 더 길어져 한 달 이상 산책을 하지 못했더라면 내 다리가 기어이 부러지고 말았을 테다.

젊은 시절 나는 자주 부러졌다. 집에서, 직장에서, 사람들 사이에서 부러지는 경험을 자주 했다. 그때마다 무척 아팠다. 돌아보면 자업자득이었다. 부드럽지 못했기 때문에 부러졌고, 마음의 탄력성이 부족했기에 상처를 잘 극복하지 못했다.

작은 말 한마디, 사소한 행동 하나에 나는 부러졌다. 그렇게 쉬 부러질 일도 아닌데 부러졌다. 부러진 후 남들은 잘도 툭툭 털고 일어나는데 나는 그러질 못했다. 지금도 여전히 나는 부러진다.

하지만 그 상처가 예전만큼 오래 가진 않는다. 어지간한 일을 겪어도 툭툭 털고 일어난다. 나이가 들었다는 증거일 수도 있겠지만 삶의 지혜가 한 뼘 더 자랐기 때문일 수도 있겠다. 『도덕경』으로 무장해 산책을 하며 자연과 벗해 살다 보니 마음의 둔감력이 조금은 높아지지 않았나 싶다.

어떨 땐 '내가 이래도 되나' 싶은 생각이 드는데, 그때마다 스스로를 위로한다. '괜찮아, 나이 들어서까지 남들 눈치 보며 살 필요는 없잖아? 살고 싶은 데로 사는 거야. 강풍에 부러지는 버드나무보다 흔들려도 꺾이지 않는 갈대처럼 살자.'

노자는 말한다.

"사람이 살아 있을 때는 부드럽고 약하지만 죽으면 단단하고 강해진다. 풀과 나무는 살아 있으면 부드럽고 연하지만 죽으면 말라비틀어진다. 그러므로 단단하고 강한 것은 죽음의 무리이고 부드럽고 약한 것은 삶의 무리다. 그래서 군대가 강하면 이기지 못하고 나무가 강하면 꺾이고 만다."

人之生也柔弱(인지생야유약) 其死也堅强(기사야견강) 萬物草木之生也柔脆(만물초목지생야유취) 其死也枯槁(기사야고고) 故堅强者死之徒(고견강자사지도) 柔弱者生之徒(유약자생지도) 是以兵强則不勝(시이병강즉불승) 木强則兵(목강즉병)

_『도덕경』76장

노년의 고독을 견디지 못하면 부러진다. 폭삭 고꾸라진다. 생명의 기운은 사라지고 죽음의 그림자와 마주할 수 있다. 어디 노년의 삶만 그러랴. 인생이란 게 고독 아니던가. 사람은 결정적인 순간, 마지막 순간 혼자다. 남들의 도움을 받으며 살 순 있지만 남이 내가 될 순 없다. 설사 그런 일이 가능하다 해도 나는 나로 살고 싶다. 남들처럼 되는 것보다 고독을 견디며 혼자만의 삶을 살아가는 게 낫다.

고독을 즐기며 살아가면
고독에 부러지지 않는다

산책 덕분에 나는 부러지지 않는다. 산책 덕분에 나는 생명을 유지한다. 식물원이라는 섬에 가는 건 나를 고립시키기 위한 자발적인 선택이기도 하지만 내 영혼의 자유를 찾기 위한 여행이기도 하다. 장 그르니에의 말처럼 섬에 가지 않고선 바다가 주는 자유로움을 만끽할 수 없다.

식물원은 분리된 섬이지만 내 영혼에 가장 밀착되어 있는 성소다. 나를 부러지지 않게 해주는 내 삶의 버팀목이자 생명에 나를 딱 들러붙게 해주는 강력한 접착제다.

식물원의 길은 늘 다니는 길이지만, 단 한 번도 같은 길을 걸은 적이 없다. 식물을 지나면 또 식물이 나오고 정원을 지나면 또 정원이 나오지만, 그것들은 늘 다른 사물이고 늘 다른 존재다. 그러하기에 나는 고독한 섬을 거닐며 고독을 견디는 힘을 얻는다.

장 그르니에는 알베르 카뮈의 스승이다. 책 『섬』에 덧붙인 카뮈의 서문은 스승을 위한 제자의 헌사인데, 그 글을 읽으며 무한대의 위안을 얻는다. 카뮈가 그랬던 것처럼 나는 『섬』을 읽으며 글을 쓰는 이유를 발견한다.

『섬』에서 노년의 삶을 잘 견디는 법을 배우고 세찬 비바람에도 꺾이지 않는 지혜를 얻는다. 가브리엘 가르시아 마르케스의 『백년의 고독』에서 고독을 견디는 법을 배웠다면, 『섬』에서는 고독과 더불어 살아가는 법을 배운다. 한 걸음 더 나아가 『섬』을 통해 내가 고독이고 고독이 곧 나라는 사실을 깨닫는다. 그러니 이제 고독을 견디고 이기는 차원을 넘어 고독을 즐기련다.

"산을 넘으면 또 산이요, 들을 지나면 또 들이요, 사막을 건너면 또 사막이다. 그것들은 결코 끝나지 않는다. 그리고 나는 끝내 나의 둘시네아(세르반테스의 『돈키호테』에 나오는 이상향)를 찾지 못하고 말 것이다. 그러니 그 누군가 말했듯이 이 짤막한 공간 속에 긴 희망을 가두어 두자."

_장 그르니에, 『섬』

모날 것인가 부드러울 것인가

날카로운 건 무디게 하고
얽힌 건 풀어준다

挫其銳 解其紛
좌기예 해기분

　정치권에 있을 때 나는 주로 야당 신분이었다. 정치권에 입문할
때부터 야당이었고, 그 후에도 집권당인 여당에서 활동했던 경우는
불과 몇 년에 지나지 않았다. 그러다 보니 투사적 기질을 발휘해야
하는 상황이 많았다. 야당 체질이란 게 따로 있는 건 아니지만, 기간
이 길어지다 보니 자연스럽게 말과 행동이 거칠어진 측면이 있었다.

　2000년 대 초반 대통령 선거에서 연속으로 패한 후 당 내에선 새
로운 변화가 필요하다는 인식이 높아졌고, 나 또한 그런 생각을 했
다. 그래서 시도한 게 '전진포럼'이라는 정치결사체였다.

나는 당내 젊은 전문가 집단들을 두루 접촉해 포럼을 구성했다. 필요할 경우 지방에 내려가 만나기도 했는데, 상황이 상황이다 보니 생각보다 많은 사람이 취지에 호응해주고 포럼에도 적극적으로 동참해줬다. 당내 젊은 보좌관들이 주축 멤버였고 변호사, 대학 교수, 회계사, 세무사 등 각 분야에서 능력을 인정받고 있는 젊은 사람들 30여 명이 회원으로 참여했다.

나는 포럼의 강령과 정책, 회칙 등을 직접 기안해 발기인 워크숍에서 시안으로 올렸다. 일부 문구의 수정을 거쳐 최종안으로 확정되었다. 나를 포함한 공동대표 다섯 명으로 구성된 집행부 구성을 마친 후 포럼의 취지와 활동 방향, 발기인 명단 등을 언론에 공개했다.

초기 활동은 「공직선거법」 개정에 대한 여론의 공감대를 높이는 일에 집중했다. 당시의 「공직선거법」은 기성 정치인들에게 절대적으로 유리했다. 각종 진입 장벽이 있어 무명의 초심자들이 그 벽을 뚫는 건 하늘의 별 따기만큼이나 어려웠다.

「공직선거법」 개정을 촉구하는 청원서를 만들어 선거관리위원회 등에 제출하고, 여야 국회의원들을 비롯한 관련 전문가들을 초청해 세미나를 개최하기도 했다. 몇 가지 현실적인 목표를 설정했는데, 그중에서도 정치 신인들의 경우 선거 180일 전부터 사무실을 열고 지역 유권자들에게 명함을 배포할 수 있는 예비후보자의 지위를 가질 수 있도록 해야 한다는 쪽에 초점을 맞췄다.

포럼은 활동 반경이 넓어지며 언론에서도 많은 주목을 받았다. 하지만 그게 오히려 독이 되었다. 언론과의 접촉면이 넓어지면서 나는 인터뷰나 기고문 등을 통해 내 생각을 가감 없이 쏟아 놓았더랬다. 그런 와중에서 나온 게 '역386론'이었다.

1960년대에 태어나 1980년대에 대학을 다닌 30대 정치인들을 통칭해 386세대라 불렀는데, 그 용어를 거꾸로 뒤집어 1930년대에 태어나 1980년대에 정치에 입문한 60대들을 '역386세대'라 규정하고 당내 혁신과 변화를 위해서 용퇴해야 한다고 주장했다.

대중 특히 젊은 층에선 우리 당을 낡고 노쇠한 보수 정당으로 보는 경향이 강했기에, 중도 쪽으로 외연을 확장하고 새롭고 신선한 바람을 불러일으키기 위해선 그들부터 기득권을 내려놓아야 한다고 목소리를 높였다.

이른바 역386세대에는 4선 이상의 중진들이 많았다. 돌이켜보면 참으로 어리석고 무모한 도발이었다. 보수 정당의 뿌리이자 당의 기둥 역할을 하고 있던 시니어 그룹 전체를 상대로 선전포고를 했던 것이다.

역386론은 시대적 상황을 타파하기 위한 화두로서 나름 신선한 측면이 있었지만 내겐 씻을 수 없는 과오가 되고 말았다. 포럼 회원들 사이에서도 역386론은 지나치게 성급한 이슈 제기였다는 부정적인 여론이 강했고, 내 친정 세력이라 할 수 있는 포럼의 지지도 받지 못하는 상황이 되다 보니 찻잔 속의 태풍으로 끝나고 말았다.

후유증은 컸다. 출범 당시 취지에 공감해 우호적으로 바라보던 당내 인사들도 우리를 곱지 않은 시선으로 보게 되면서 포럼의 입지는 크게 위축되었고, 중진들의 눈 밖에 나면서 운신의 폭이 급격히 좁아졌다. 출범 초기에 「공직선거법」 개정 세미나를 개최했을 때는 유력 정치인들(훗날 대통령과 국회의장을 지낸 분도 있다)이 대거 참석해 격려사를 해줬는데, 그 일이 있고 난 후부터는 그들로부터 더 이상의 덕담을 들을 수 없었다.

결정적으로 역386론의 직접적인 타깃이 된 정치인 한 분이 훗날 당내에서 막강한 영향력을 발휘하면서 나는 '모난 돌이 정을 맞는다'라는 속담처럼 정수리를 세게 한 대 얻어맞았다.

노자는 말한다.

"아는 사람은 말하지 않고 말하는 사람은 알지 못한다. 입구는 막고 문은 폐쇄하고 날카로운 건 무디게 하고 얽힌 건 풀어주고 빛은 부드럽게 하고 티끌과 하나가 된다."

知者不言(지자불언) 言者不知(언자불지) 塞其兌(새기태) 閉其門(폐기문) 挫其銳(좌기예) 解其分(해기분) 和其光(화기광) 同其塵(동기진)

_『도덕경』 56장

나는 성급했다. 내 말에 대한 실천적 담보력이 있으려면 관철시킬 수 있는 힘을 키우든지 여건이 충분히 성숙될 때까지 기다리던지 둘 중 하나만이라도 선택했어야 했는데, 이도 저도 아닌 상황에서 성급하게 화두를 던졌다. 조건이 충족될 때까진 입구를 막고 문을 폐쇄하는 심정으로 묵묵히 포럼의 역량을 키우는 데만 집중했어야 하는데 그러질 못했다. 날카로운 검을 휘두르는 데만 신경을 썼을 뿐 '화광동진(和光同塵)'의 도를 실천하지 못했던 것이다.

잡스보다
워즈니악처럼 살아라

애플 창업주 스티브 잡스의 사례도 모난 돌이 정을 맞은 경우다. 잡스는 스티브 워즈니악과 함께 애플을 창업했는데 성격이 불같고 모났다. 독점욕이 강해 직원의 공을 가로채는가 하면 자신이 기준에 미치지 못하는 개발자들을 향해 폭언과 막말도 서슴지 않았다.

그 결과는 해고였다. 실리콘 밸리의 수많은 천재들 가운데 창업한 기업에서 쫓겨난 경우는 잡스가 유일하다. 애플 이사회는 잡스의 난폭한 리더십이 오너 리스크로 작용할 수 있다고 판단해 잡스를 전격적으로 해고했다. 잡스는 파부침주의 심정으로 자신이 가진 주식 가운데 딱 한 주만 남기고 전량 매각한 뒤 애플을 떠났다. 한 주를 남긴 건 주주 총회에 참석하기 위해서였다.

10년 넘게 변방을 떠돌다가 애플에 복귀한 잡스는 직원들을 향해 말했다. "앞으로는 나를 CLO라고 불러주십시오." CLO는 '최고경청자(Chief Listening Officer)'라는 의미다. 자신의 말대로 잡스는 애플에 복귀한 후 귀를 열고 직원들의 말을 경청했으며, 극적인 리더십 전환으로 더 이상 정을 맞지 않았다.

워즈니악은 잡스와 정반대되는 리더였다. 잡스가 불이라면 워즈니악은 물이었다. 물을 닮은 그는 매사에 겸손했고 품이 넉넉했다. 애플이 잘 나가는 기업이 되어 기업 공개를 하게 되었을 때, 잡스는 절친이던 친구에게도 비정규 직원이라는 이유로 단 한 주의 주식도 나눠주지 않았다. 반면 워즈니악은 자신의 지분 가운데 상당 부분을 떼어 함께 고생한 직원들에게 나눠줬다.

애플의 공동대표가 된 후에도 워즈니악은 엔지니어로서의 직분에만 충실했고 이름을 드러내려고 애쓰지 않았다. 그런 미덕으로 워즈니악은 순탄한 경영인의 길을 걸었다. 그는 단 한 번도 정을 맞지 않았고 해고되는 아픔도 겪지 않았다.

젊은 날의 내 허물을 다시 떠올린다. 그리고 다짐한다. '잡스보다 워즈니악처럼, 인생 후반기에는 그렇게 살자.'

가야 할 길을 일관되게 걷는다

중용

도를 깨우친 사람은 곧지만 방자하지 않고
빛나지만 눈부시게 하진 않는다

直而不肆 光而不燿
직이불사 광이불요

　내겐 세 명의(名醫)가 있다. 내과 의사, 치과 의사, 피부과 의사가
한 명씩이다. 세상의 시각에서 보면 당연히 허준과 히포크라테스가
최고의 명의지만 내겐 그들 셋이 최고의 명의다. 그들은 모두 내 병
을 치료하지 않음으로써 내 병을 낫게 했다는 공통점이 있다. 의학
적인 용어로는 부적절하겠지만 그들이 내게 베푼 의술은 '비치료 요
법'이었다. 시기적으로 보면 치과 명의를 가장 먼저 만났고, 두 번째
가 내과 명의, 세 번째가 피부과 명의다.
　한국사학진흥재단 임원으로 3년간 근무한 뒤 나는 경상남도 거

창에 있는 한국승강기대학교 총장으로 부임했다. 지인의 소개로 총장 초빙 공모에 원서를 제출했는데 다른 후보자들을 제치고 내가 뽑혔다. 크게 기대하지 않았던 일이었기에, 조금 얼떨떨한 기분으로 총장 취임식에 맞춰 거창으로 내려갔다.

총장 취임식에는 배우자가 함께 참석하는 게 관례인데, 내 경우 아내가 초등학교 교사로 재직 중이던 때라 그러질 못했다. 마침 그해에 큰딸이 대학에 입학했는데, 우리 셋은 각자의 위치에서 자신의 입학식을 치렀다.

나는 대학 신입생들을 앞에 두고 축사를 하는 총장의 신분으로 입학식을 치렀고, 1학년 담임에 배정된 아내는 갓 입학하는 아이들을 앞에 두고 입학식을 치렀다. 큰딸은 입학한 대학교의 총장 축사를 들으며 입학식을 치렀다. 그때까지만 해도 어머니의 치매 증상이 나타나기 전이라 큰딸의 입학식에는 어머니가 참석했다. 외로운 자리가 될 뻔했는데 다행이었다.

학기 초 나는 원인을 알 수 없는 치통에 시달렸다. 모든 이빨이 공중에 붕 뜬 듯한 기분이었고 통증이 워낙 심해 밤잠을 설칠 정도였다. 하지만 학기 초라 이것저것 처리할 업무들이 많아 병원에 들를 시간을 내지 못했다.

학교에서 일에 몰두할 땐 통증이 가라앉는 듯했지만 퇴근 후 관사에 혼자 있을 때면 여지없이 통증이 재발했다. 일주일가량을 버티다가 도저히 견딜 수 없어 평일 오후에 잠시 짬을 내어 거창 시장 근처에 있는 치과에 들렀다.

사십 대 중반쯤으로 보이는 의사는 내 입안에 불빛을 비춰 이리저리 살펴보더니 대뜸 말했다. "좋습니다. 구석구석 양치질도 잘 되어 있고, 치아에는 아무런 이상이 없습니다." 그게 끝이었다. 더 이상의 처치도 없었고 약 처방도 없었다.

그때 솔직히 야매 의사(면허증 없이 무단으로 진료하는 의사)가 아닐까 하고 의심했더랬다. 대구 비산동에 살 무렵 옆집에 그런 사람이 있었기에 '혹시 이 사람도?' 하는 생각이 강하게 들었다.

하지만 그 후 내 치통은 씻은 듯이 사라졌다. 의사는 아무런 치료도 하지 않았지만 마법처럼 내 병을 낫게 했다. 내 마음속 1호 명의는 그렇게 탄생했다.

두 번째 명의는 내가 지금 살고 있는 마곡지구 5단지 상가에 있는 내과 원장이다. 폐렴으로 고생할 때 내게 직접 전화를 걸어 마음속까지 살펴주던 친절한 의사였는데, 그가 명의로 자리잡은 데는 또 다른 계기가 있다.

어느 날 아침 화장실에서 양치를 하다가 깜짝 놀란 적이 있다. 목에서 피가 섞인 가래가 나왔던 것이다. 무슨 큰 병에 걸렸나 싶어 가슴이 쿵 하고 내려앉았고 바로 내과를 찾았다.

가슴 엑스레이를 유심히 살펴보던 의사가 말했다. "크게 걱정하지 않으셔도 될 것 같습니다. 예전에 앓았던 결핵의 흔적이 남아 있는데, 그쪽 실핏줄이 터진 것 같습니다. 그때 나온 피가 중력의 법칙에 따라 아래로 내려가 고여 있다가 가래에 묻어나온 것 같습니다." 끝이었다. 더 이상의 처치나 약 처방은 없었다.

그 후로도 또 비슷한 경험을 했다. 하지만 놀라지 않았고 병원에 가보지도 않았다. 의사가 유난히 강조하던 중력의 법칙을 떠올리며 '또 그곳의 실핏줄이 터졌나보다.' 하고 생각해 무심코 넘어갔다.

세 번째 명의는 피부과 의사인데 내가 다니던 도서관 근처에 있는 피부과 병원 원장이었다. 어느 날 왼쪽 손등에 오백원짜리 동전 정도 크기의 반점이 하나 생겼다. 며칠이 지나도 없어지지 않길래 병원을 찾았는데 의사가 말했다. "있다면 있고 없다면 없는 것입니다. 걱정하지 않으셔도 됩니다."

그는 의사가 아니라 철학자였다. 그 후 내 손등의 반점을 볼 때마다 나는 『도덕경』에 나오는 '유무상생(有無上生)'과 함께 그 피부과 의사의 말을 떠올렸고 반점은 시나브로 사라졌다.

노자는 말한다.

"절대적으로 올바른 건 없다. 올바름이 변해 그른 것이 되고 선한 것이 변해 요망한 것이 된다. 사람의 미혹됨이 참으로 오래되었다. 도를 깨우친 사람은 곧지만 방자하지 않고 빛나지만 눈부시게 하진 않는다."

其無正(기무정) 正復爲奇(정복위기) 善復爲妖(선복위요) 人之迷
(인지미) 其日固久(기일고구) 直而不肆(직이불사) 光而不燿(광이
불요)

_『도덕경』58장

반대의 의사들도 경험했다. 그들의 공통점은 꽤 많은 비용이 수
반되는 과잉진료였다. 오래전 중치로 덮어씌운 이빨 하나가 고장 나
찾은 치과에서 의사는 대대적인 보수공사를 권했고, 한 유명 한의원
원장은 젊은 시절 앓았던 결핵이 나이가 들면 재발한다며 예방하는
차원에서 자신이 만든 '○○ 탕약'을 꾸준하게 복용하라고 권했다.

『모비 딕』의 선장 에이해브와
일등 항해사 스타벅

큰 문제가 없는데도 병을 부풀려 환자를 불안하게 하는 건 의사로
서 중용의 덕을 잃은 자세라는 게 내 생각이다. 노자의 말처럼 그들
은 의사로서 미혹된 사람들이다.

내가 명의라고 예를 든 세 의사는 모두 중용의 도에서 벗어나지
않았다. 그들은 병을 부풀리지도 않았고 방치하지도 않았다. 정확하
게 진단해 공정한 판단을 내렸다. 곧지만 방자하지 않고 빛나는 의

5부. 삶의 군더더기를 덜어내는 법

302

술을 가지고 있지만 무기로 삼아 내 눈을 멀게 하지도 않았다. 그들은 '괜찮다' '좋다' '문제없다'며 내 마음을 위로해줬고, 나는 그 위로를 약으로 삼아 병을 치료했다.

허먼 멜빌의 장편소설 『모비 딕』에 나오는 일등항해사 스타벅도 내겐 중용의 표상으로 남아 있다. 그는 선장 에이해브의 대척점에 서 있는 인물이다.

에이해브는 '모비 딕(Mody Dick, 大物)'이라는 이름을 가진 백경(白鯨)에 환장했다. 그는 모비 딕을 쫓다가 한쪽 다리를 잃었지만 포기하지 않고 또다시 항해에 나섰고, 스타벅은 그런 선장이 들뜨지 않도록 중심을 잡아줬다.

태평양을 항해하던 중 의견 충돌이 일어났을 때 선장 에이해브는 스타벅을 향해 총을 겨눴다. 순간 스타벅의 눈이 번쩍였고 뺨은 불타올랐다. 하지만 감정을 추스르며 물러나 침착하게 말했다. "선장님은 저를 격분하게 만들었습니다. 하지만 스타벅을 조심하라는 부탁은 드리지 않겠습니다. 에이해브는 에이해브를 조심해야 합니다."

살다 보면 중용의 경계선이 무너지려고 하는 순간이 종종 있다. 그때마다 스타벅의 말을 떠올리며 다짐하곤 한다. '내가 조심해야 할 사람은 나다. 내 삶의 요주의 인물 1호는 바로 나 자신이다!'

어린아이 같은 마음을 가지는 시간

순수

덕을 두텁게 하는 건
비유하자면 갓난아이와 같다

含德之厚 比於赤子
함덕지후 비어적자

어린 시절 살던 시골집 앞마당과 뒷마당에는 나무가 한 그루씩 있었다. 앞마당 나무는 감나무였고, 뒷마당 나무는 고욤나무였다. 당시 내 키의 다섯 배 정도 되었으니 수령이 제법 오래된 나무들이었다.

여름철이면 이 나무들에서 매미들이 하루 종일 시끄럽게 울어댔고, 매미들의 울음소리가 잦아들 때쯤이면 어머니와 아버지가 들일을 끝내고 집으로 돌아오셨다. 학교에 다녀와 안방에 배를 깔고 엎드려 숙제를 하다 보면 배에서 꼬르륵 소리가 났다. 그럴 때면 밖을 내다보며 말하곤 했다. "매미야, 니는 언제 자러 가노?"

매미가 자러 가는 시간이 부모님의 귀가 시간이었고 부모님의 귀가는 내가 밥을 먹을 수 있다는 의미였기 때문에, 매미들에게 그런 질문을 던져 주린 배를 달랬던 것이다.

하지만 매미들은 내 말을 들은 척도 하지 않은 채 요란하게 울어 댔고 나는 '매미들은 도대체 뭘 먹었길래 저리도 목소리가 우렁찰까?' 하며 휘이휘이 손을 저어 그들을 내쫓곤 했다.

가을걷이가 끝날 때쯤엔 매미들이 일제히 자취를 감췄는데 그때 나는 매미들의 부재를 아쉬워했다. 매미들을 따라 어머니도 사라졌기 때문이다. 어머니는 추수가 끝나 논일이나 밭일이 뜸할 즈음 머리에 보따리를 이고 장사를 떠나셨다. 내 고향과 인접해 있는 전라도 무주나 진안, 장수 같은 곳을 다니며 아낙네들에게 소용되는 방물이나 옷가지 등을 팔았는데 버스도 잘 없던 때라 걸어 다니셨다.

산책자로서 내 기질이 어머니에게서 온 게 아닌가 싶다. 한 번 집을 나서면 근 한 달 가까이 집을 비우셨기 때문에, 나는 조금 시끄러워도 좋으니 매미가 1년 내내 우리 집 마당에서 울어줬으면 하는 소망을 가졌더랬다.

어머니는 집을 나서며 항상 내게 말씀하셨다. "감나무와 고욤나무에 물이 빨갛게 들면 그때 돌아올 테니 공부 잘하고 있거라." 어머니가 집을 비운 사이 나는 숙제를 하다 말고 혹시라도 그새 감나무와 고욤나무가 빨갛게 물이 들었는지 하루에도 수십 번 밖을 내다보곤 했다.

밤에는 어김없이 매미와 감나무, 고욤나무가 등장하는 꿈을 꿨다. 매미가 시끄럽게 울고 있었고 나는 손에 붓을 들어 감나무를 빨갛게 색칠했다. 잎사귀가 워낙 많아 색칠하는 데 시간이 많이 걸렸지만 한시도 쉬지 않고 한땀 한땀 감나무 잎에 빨간 물감을 칠했다.

감나무 잎 채색이 끝나면 매미의 날개를 타고 뒷마당의 고욤나무로 날아갔다. 고욤나무는 감나무보다 잎사귀가 더 많아 색칠하는 데 더 많은 시간이 걸렸다. 그럼에도 수백 장의 고욤나무 잎사귀에 물감을 칠했고, 그 작업이 끝날 때쯤 잠에서 깨곤 했다.

어느 날에는 꿈속 소망이 실제로 이뤄지기도 했다. 감나무와 고욤나무에 빨간 물감을 칠하는 꿈을 꾼 다음 날 학교에서 돌아와 숙제를 하고 있을 때 큰누나와 작은누나가 "옴마 올 때 됐다. 방천에 가 보자."라며 내 손을 이끌었는데, 꿈결처럼 어머니가 방천 둑 저 멀리서 우리를 향해 다가오셨던 것이다.

나는 쏜살같이 달려가 어머니의 품에 안겼고, 어머니는 "아이고 내 새끼, 그단새 마이 컷구나." 하시면서 머리에 이고 있던 보따리를 땅에 내려놓고 앉은 자세로 나를 꼭 안아주셨다.

집에 와서 어머니가 지고 오신 보따리를 풀 때쯤 어머니에 대한 내 그리움은 썰물 같이 빠져나갔고, 대신 보따리 속 내용물이 뭘까 하는 호기심이 밀물처럼 밀려왔다. 방물 장수로 돈을 번 어머니는 귀가할 때쯤 고령 장터에 들러 사탕이랑 엿, 떡 같은 걸 한 보따리 사오셨다.

누나들이랑 나와 동생은 보따리 쟁탈전을 벌였고, 그때마다 어머니는 "사이좋게 농가 무야지."라고 하시면서 우리 4남매에게 골고루 나눠주셨다. 그중에서도 박하사탕 맛을 잊을 수 없다. 박하사탕은 입에서 '새~' 하는 소리가 날 정도로 달고 맛있었다. 지금도 나는 고깃집에서 식사를 하고 나올 때면 그 시절의 추억을 떠올리며 카운터 옆 통속에 담겨 있는 박하사탕 하나를 후식으로 꺼내먹는다.

노자는 말한다.

> "덕을 두텁게 하는 건 비유하자면 갓난아이와 같다. 벌, 전갈, 뱀이 쏘지 못하고 사나운 짐승이 덤벼들지 못하고 새가 낚아채지도 못한다. 뼈와 근육이 비록 약하지만 아귀 힘은 세다. 종일 울어도 목이 쉬지 않으니 조화가 지극하기 때문이다. 조화를 알면 영원하고 영원을 알면 밝아진다."

含德之厚(함덕지후) 比於赤子(비어적자) 蜂蠆蛇不螫(봉채사불석) 猛獸不據(맹수불거) 攫鳥不搏(확조불박) 骨弱筋柔而握固(골약근유이악고) 終日號而不嗄(종일호이불사) 和之至也(화지지야) 知和曰常(지화왈상) 知常曰明(지상왈명)

_『도덕경』 55장

매미 소리가 끝날 즈음 사라졌던 어머니는 지금 치매로 요양원에 계신다. 일시적 부재가 아니라 일상적 부재로 바뀌었다. 내 나이도 어머니의 귀환을 기다리던 그 즈음 어머니의 나이를 훌쩍 넘어섰다. 하지만 세월이 흘러도 순수했던 고향집 마당 기억은 그대로다.

마음이 탁해질 때 읽는
어른을 위한 동화책

노자에 따르면 어린아이의 순수함에 도가 깃들어 있다. 예수가 신약성경에서 "너희가 어린아이와 같이 되지 않으면 천국에 들어갈 수 없다."라고 한 말과 의미가 통한다. 순수하다는 건 꾸미지 않는 것, 있는 그대로를 받아들이고 사랑한다는 의미다. 어린 시절은 훌쩍 지나갔지만 그 시절의 순수함을 간직하고픈 마음은 여전하다.

법정 스님을 인생 후반기 멘토로 삼고 있는 이유도 그 때문이다. 강원도 시골 산골에서 손수 통나무집을 짓고 자연과 더불어 꾸밈없이 소박하게 살아가던 그 모습이 무척 좋아 보인다.

'도'에서 멀어진 꼰대 어른의 모습이 내게 어른거릴 때마다 어린 시절을 소환한다. 그때를 해독제로 삼아 나를 다잡기 위해서다. 내가 가장 경계하는 '비도(非道)'의 전형은 진지한 명령조의 어투와 어른스러움을 가장한 무거움이다. 아내와 아이들에게 그런 모습을 보이지 않고자 노력하지만 생각처럼 쉽진 않다. 나도 모르게 말이 갑자기 툭 튀어나오기도 하고 몸이 경직되기도 한다.

『이상한 나라의 앨리스』에 나오는 여왕처럼 "저 자를 사형에 처하노라."라는 식의 말투로 집안 분위기를 싸늘하게 만들기도 하고,『어린 왕자』에 나오는 왕처럼 "왕 앞에서 하품을 하는 건 예절에 어긋나는 일이다. 앞으로 하품을 금하겠다."라며 독선적 모습을 보여 눈살을 찌푸리게 만들기도 한다.

코로나19로 격리되어 있을 때 특히 그랬다. 무슨 벼슬이라도 하는 사람처럼 아내에게 이렇게 해달라 저렇게 해달라는 말을 남발했다. 아내가 묵묵히 잘 견뎌줬기에 다행이지, 그렇지 않았으면 10여 년간 지켜오던 조화로운 삶의 패턴이 무너질 수도 있었다.

순수함이라는 청량제가 필요할 때마다 즐겨 읽는 어른을 위한 동화 두 권을 다시 빌려왔다. 열 번 가까이 읽었지만 이번에는 색다른 맛으로 다가온다. 아마 내 마음이 탁해졌기 때문이리라.

삶의 군더더기를 덜어내는 법

단순

도의 입장에서 보면
이런 일은 먹다 남은 밥이나 군더더기 행동이다

其在道也 餘食贅行
기재도야 여식췌행

심플하게 살고 싶다. 『백년의 고독』을 읽고 난 후 삶이란 결국 혼자라는 사실을 절절하게 깨달았다. 사실이라고 표현하기엔 너무 약하니 진리라고 표현하는 게 적합할 것 같다.

소설 속 주인공처럼 타고난 가계와 몸을 담고 살아가는 집안, 공동체가 아무리 복잡해도 인생의 말년에는 결국 혼자로 남는다. 생활의 범위와 인간관계는 최소한으로 줄어들고 마지막 순간에는 무(無)가 된다. 몸과 영혼은 나비가 되어 원시림 같은 마콘도로 돌아간다.

나도 그럴 것이다. 그게 숙명이다. 나는 삶의 공식을 피하고 싶은 생각이 없다. 순응하며 살고 싶다. 그래서 남은 생을 최대한 단출하게, 최대한 간소하게 살 것이다.

오랜 기간의 산책으로 몸을 슬림하게 만드는 데 성공했다. 예전에는 70kg 중반까지 나갔는데 요즘은 60kg 중후반을 유지하고 있다. 예전에 찍은 사진과 요즘 찍은 사진을 비교해보면 확연하게 홀쭉해졌다. 턱선이 갸름해지고 뱃살도 거의 없어졌다. 고혈압도 사라지고 당뇨 같은 성인병도 나와는 거리가 멀다. 10년 세월을 투자한 보람을 느낀다. 심플러가 되기 위한 일차 목표는 달성한 셈이다.

산책을 삶의 중심에 놓다 보니 생활 패턴도 단순화시키는 게 가능해졌다. 오후 다섯 시에 집을 나서 식물원 산책 일과를 지렛대 삼아 생활을 배치하다 보니 24시간의 일상이 자연스럽게 정리정돈 된다.

한 가지 소원이 더 있다면 자전거를 지금보다 잘 타는 것이다. 지금은 자전거를 탈 줄은 알지만 익숙하지 않다. 인적 드문 평지에선 큰 어려움 없이 타지만 도로변이나 비탈길을 만나면 두려움이 앞서 쩔쩔맨다. 그러니 아내처럼 자전거를 일상적으로 이용하지 못한다.

지금보다 자전거를 더 잘 타게 되면 서울시에서 운영하는 '따릉이'를 이용해 동네 마트에도 갔다 오고 한강 고수부지에도 나가보고 싶다. 식물원 북측 끝단에 있는 한강 연육교에 가끔 가는데 자전거로 한강변을 씽씽 달리는 사람들을 보면 그렇게 부러울 수가 없다.

친구들 중에도 자전거 도사들이 있는데 그들은 하루에 수십 킬로미터를 거뜬하게 달린다. 그들이 앱에서 자동으로 기록된 자전거 주행 거리를 카톡에 올릴 때마다 '나는 언제 저렇게 타보나?' 하는 생각으로 그저 박수치는 고양이 이모티콘만 부지런히 올릴 뿐이다.

얼마 전 아침 EBS 영어 프로그램에서 따릉이의 장점에 관한 기사를 들은 후에 그런 소망이 더 강해졌다. 서울시뿐만 아니라 전 세계 수천 개의 도시에서도 자전거 대여 서비스를 시행 중이라고 하는데, 자전거를 능숙하게 타면 해외에 나가서도 이용할 수 있으니 여간 편리하지 않을 것 같다.

따릉이가 도입되던 초기와는 달리 요즘에는 QR코드만 찍으면 누구나 쉽게 자전거를 이용할 수 있다고 한다. 가격도 하루에 1시간씩 6개월 이용하는 요금이 1만 5천 원에 불과하다고 하니 무척 싼 편이다. 더불어 지구 환경도 지키고 건강도 증진시키는 효과가 있으니 일석삼조다.

자전거를 잘 타는 아내와 함께 동네를 자유롭게 돌아보고 싶은 욕망에 한때 자전거 타는 연습을 했더랬다. 아내의 정기권으로 따릉이 한 대를 빌려 아파트 단지 내를 이리저리 다니면서 연습했는데, 실력이 조금 늘기는 했지만 좁은 골목에서 행인들을 만나거나 도로를 건널 때는 여전히 불안한 마음을 감출 수가 없었다.

원고 쓸 게 늘어나 그마저도 중단했는데 다시 도전해보려 한다. 주중에는 도보로 산책을 하고 주말에는 자전거를 타고 동네에서 벗어나 멀리 나가는 일상을 정착시키면, 내가 지향하는 단순한 삶의 원칙이 좀 더 단단해지고 건강도 그만큼 더 좋아질 것 같다.

노자는 말한다.

"스스로 자랑하는 사람은 그 공로를 인정받지 못하고 스스로 으
스대는 사람은 공이 오래 가지 않는다. 도의 입장에서 보면 이런
일은 먹다 남은 밥이나 군더더기 행동으로 모두가 싫어하는 것
이다. 그러므로 도를 깨우친 사람은 이런 일을 하지 않는다."

自伐者無功(자벌자무공) 自矜者不長(자긍자불장) 其在道也(기재
도야) 曰餘食贅行(왈여식췌행) 物或惡之(물혹오지) 故有道者不
處(고유도자불처)

_『도덕경』24장

단순한 일상에 익숙해지니 예전의 생활들 가운데 많은 것이 떨어
져 나갔다. 하루가 멀다 하고 모임에 나가 친구들과 어울리면서 술
을 마시고 주말에는 골프를 치고 하는 것들이 대표적으로 내 삶에서
사라진 것들이다.

친구들을 만날 시간에 산책을 하고 술을 마시고 골프를 치는 시간
에 책을 읽고 글을 쓰는 일이 일상의 중심이 되니, 예전의 습속들은
삶에서 굳이 없어도 되는 군더더기가 되었다.

코끼리를 냉장고에
집어 넣는 방법

한때 이런 질문이 유행했더랬다. "코끼리를 냉장고에 넣으려면 어떻게 해야 할까?" 상식적으로 생각하면 코끼리를 냉장고에 넣는 건 불가능하다. 코끼리의 덩치가 크기 때문에 일반적인 생활형 냉장고에는 집어넣을 수가 없다. 원천적으로 불가능하다.

냉장고 크기를 초대형으로 만든다고 해도 냉장고 속으로 억지로 몰아넣는 게 수월한 일은 아니다. 훈련된 코끼리가 아니면 불가능하다. 하지만 이 질문에 대한 답은 의외로 간단하다.

첫째, 냉장고 문을 연다. 둘째, 코끼리를 냉장고 속으로 집어넣는다. 셋째, 냉장고 문을 닫는다. 그것으로 끝이다. 언어 유희 같기도 하지만 곰곰이 생각해보면 그보다 더 간단명료한 답이 없다.

우리가 생각하는 단순한 삶의 원리도 이와 같다. 복잡하고 번잡한 일상에 익숙해지다 보니 군더더기를 모두 덜어내고 단순하게 살아가는 게 불가능한 일로 여겨진다. 하지만 해보면 누구나 할 수 있다.

단순한 삶에는 여러 가지 장점이 있다. 한정된 시간을 효율적으로 쓸 수 있다는 게 가장 큰 장점이다. 삶에서 군더더기를 덜어내면 진정으로 하고 싶은 일에 더 집중하고 더 많은 시간을 쓸 수 있다. 그러다 보면 일의 능률도 더 높아진다.

내가 그렇다. 예전에는 원고 한 꼭지를 쓰려면 2~3일이 걸렸는데 요즘에는 반나절이면 쓸 수 있다. 모임에 나가느라 원고 쓰는 일을 뒤로 미루지 않아도 되고, 술 마시고 골프 치는 시간에 참고 서적을 읽다 보니 글감을 구상하고 정리하는 시간이 수월해졌기 때문이다.

또 한 가지 장점은 불필요한 잡념이 사라져 몸과 마음이 편해진다는 것이다. 내 경우 인간관계가 복잡할 때는 이것저것 고려해야 할 게 많았지만 지금은 그렇지 않다. 삶의 범위를 간소하게 만들다 보니 자연스럽게 머릿속 잡념이 사라지고 관계에서 오는 피로감도 줄어든다. 낮에는 일에 집중하고 밤에는 잠에 집중할 수 있게 되었다.

잠이 보약이라는 말처럼 한숨 푹 잘 자는 것만큼 건강에 좋은 게 없는 것 같다. 내가 비교적 약골 체질임에도 불구하고 2주일 정도만에 코로나19의 터널에서 완전히 벗어날 수 있었던 것도 단순한 삶의 원리가 가져다준 보약 같은 선물이 아닌가 싶다.

브라보 심플 라이프!

사람을 겉으로 판단하지 말라

내면

그러므로 성인은
거친 삼베옷을 걸치고 있지만 아름다운 구슬을 품고 있다

是以聖人 被褐懷玉
시이성인 피갈회옥

나는 서울대학교 사범대학을 나왔다. 내가 대학을 졸업하던 당시까지만 해도 국립 사범대학 졸업생들은 의무적으로 2년을 일선 학교에서 교사로 근무해야 했다. 그렇지 않으면 감면받았던 대학 등록금을 환불해야 했다. 어느 정도까지 강제성을 띠었는지는 잘 기억나지 않지만 규정상 그리고 관행상 그랬다.

요즘에는 국립 사범대학을 나왔다고 모두 교사가 되는 게 아니다. 교직을 이수한 다른 학생들과 공개 경쟁으로 임용고사를 치러 합격해야만 교직에 나갈 수 있다.

반면 예전에는 국립 사범대학 졸업생들에게 임용시험이 면제되었고 그런 제도적 특례로 나를 비롯한 동기들은 졸업과 동시에 국공립 중등학교 교사로 발령받았다.

처음으로 발령받은 학교는 관악구의 한 중학교였다. 낙성대 근처 언덕배기에 있는 학교였는데 이름은 정확하게 기억나지 않는다. 그런데 내 경우 학부를 졸업한 후 대학원에 진학했기 때문에 학교에 정상적으로 출근할 수 없었고 그런 내 사정을 감안해 교육청에선 학기 첫날 곧바로 나의 발령을 취소했다.

대학원을 졸업한 후 두 번째로 발령받은 학교가 강동구 암사동의 강일중학교였다. 학부 전공에 따라 사회과 교사로 발령받았다. 임용 소식을 우편으로 받은 후 버스를 타고 두 시간여 걸려 강동교육청에 도착했는데, 종착지가 아니었다. 근무지인 강일중학교는 거기서도 버스를 타고 30분 이상 더 걸리는 곳에 있었다. 그때 처음으로 서울이 참 넓다는 생각을 했다.

학교에 가서 가장 먼저 한 일은 교장 선생님을 찾아뵙고 신고하는 것이었다. 군대에서 자대 배치를 받은 후 중대장을 찾아가 "이병 ○○○, 몇 년 몇 월 며칠 부로 본 부대 근무를 명 받았습니다." 하고 신고하는 것과 같았다. 군사 문화가 지배하던 시절이라 그랬을 테다.

학교 분위기도 병영과 크게 다르지 않았다. 교사에겐 자율적인 교육 활동이 제한되었다. 그 때문에 윗분들과 여러 차례 마찰을 빚었던 기억이 생생하다. 발령받은 첫해 가장 기억에 남는 교육활동은 아이들을 데리고 인근 암사동 선사유적지를 찾은 것이었다.

탐구 활동의 일환이었지만 갑갑한 학교 공간을 벗어난다는 것 자체가 내게 해방감을 가져다줬다. 처총회(처녀총각 교사들의 모임을 그렇게 불렀다) 선생님들과 전국 명승지를 찾아다니던 기억도 새롭다.

발령 이듬해 나는 1학년 17반의 담임 교사를 맡았다. 학급당 학생 수가 60명 가까이 되었던 것 같은데, 지금과는 비교할 수 없을 만큼 교육환경이 열악했다. 초등학교를 졸업하고 상급학교에 갓 진학한 아이들은 한 명 한 명이 내겐 어린 왕자였다. 그들은 순수했고, 싱그러웠고, 사랑스러웠다.

그중에서도 30년이 더 지난 지금까지도 잊히지 않는 특별한 제자가 한 명 있다. 학기 초 번호순으로 조를 짜 화장실 청소 당번을 시켰는데, 물걸레와 양동이를 든 채 열심히 청소를 하는 아이가 있는가 하면 친구들과 장난을 치면서 노는 아이도 있었다. 열심히 하는 아이들 중에서도 특히 눈에 띄는 아이가 있었는데, 키가 제일 작아 출석번호 1번이던 학생이었다.

나는 그 친구를 반장에 임명했다. 학기 초라 선거로 반장을 뽑는 데 한계가 있어 임의로 반장을 뽑았는데, 아이들에게 물어보니 모두 찬성이었다.

"○○를 반장으로 임명하려 한다. 화장실 청소를 솔선수범해서 열심히 하는 성실한 학생이고, 입학 성적도 우리 반에서 1등이고 전교에서 3등이다. 이만 하면 반장 자격이 충분하다는 게 선생님 생각이다. 2학기부턴 너희들이 직접 선거를 통해 반장을 뽑도록 하겠다."

내 말에 아이들은 일제히 환호성을 질렀고, ○○가 반 아이들 사이에서 신망이 무척 두텁다는 사실을 확인했다.

○○를 반장에 임명한 후 어느 날 퇴근 무렵, 그 아이의 어머니가 교무실로 나를 찾아왔다. 어머니는 ○○를 반장에 뽑아주셔서 너무 감사하다며 인사차 들렀다고 했다.

"초등학교 6년 동안 늘 공부도 잘했고 성실했는데, 키가 작고 집안 형편이 워낙 어려워 반장을 한 번도 못했어요. 그런데 선생님께서 그런 거 따지지 않으시고 반장에 뽑아주셔서 너무 감사합니다."

어머니의 인사말을 듣고 놀랐다. 나 같으면 6년 내내 반장을 시켜줬을 텐데 왜 한 번도 반장을 못했는지 의아스러웠다. 키 순으로 반장을 뽑는 것도 아니고 가정 형편 순으로 반장을 뽑는 것도 아닌데 왜 그랬는지 이해가 가지 않았다.

○○는 2학기에도 반장을 맡았다. 선거로 뽑혔는데, 압도적인 표를 받아 반장에 당선되었다. 키가 작고 가정 형편이 어려워 좋은 옷을 입고 다니진 못했지만, 표정이 항상 밝았고 자신보다 어려운 아이들을 돕는 일에도 적극적이었다. 돌이켜보니 노자가 말한 '피갈회옥(被褐懷玉)'의 어린 성자였다.

노자는 말한다.

"말에는 종지가 있고 일에는 중심이 있다. 사람들이 이를 깨닫지 못하기 때문에 나는 알려고 하지 않는다. 나를 아는 사람이 드물기 때문에 나는 더욱더 귀한 존재가 된다. 그러므로 성인은 거친 삼베옷을 걸치고 있지만 아름다운 구슬을 품고 있다."

言有宗(언유종) 事有君(사유군) 夫唯無知(부유무지) 是以不我知(시이불아지) 知我者希(지아자희) 則我者貴(즉아자귀) 是以聖人(시이성인) 被褐懷玉(피갈회옥)

_『도덕경』70장

스탠퍼드대학교
설립에 얽힌 일화

미국 동부의 하버드대학교와 서부의 스탠퍼드대학교는 첫손가락에 꼽히는 명문 사학이다. 스탠퍼드대학교가 하버드대학교보다 늦게 설립되었는데 그와 관련해 일화 하나가 전해진다.

어느 날, 허름한 옷차림의 노부부가 사전 약속도 없이 하버드대학교 총장실을 찾았다. 총장 비서의 눈에는 그들이 동냥을 온 가난한 농부처럼 보였고, 바쁘다는 핑계로 면회를 거절했다. 하지만 노부부가 워낙 간청하는 바람에 면담을 주선해줬다.

어렵게 총장을 만난 부부는 말했다. "이 학교에 1년 다닌 아들이 하나 있었는데 무척 행복하게 생활했었습니다. 그런데 1년 전 불의의 사고로 세상을 떠났습니다. 오늘 총장님을 뵈러 온 건 캠퍼스 내에 그 아이를 위한 기념물을 하나 세우고 싶어서입니다."

총장은 부부의 청을 일언지하에 거절했다. "하버드에 다니다 죽은 학생을 위해 동상을 세울 순 없습니다. 이곳은 공동묘지같이 될 것입니다." 부부는 고개를 내저었다. "아니에요. 총장님 그게 아닙니다. 동상을 세우려는 게 아니라 그 아이를 위해 하버드에 건물 하나를 기증하고 싶어 오늘 총장님을 찾아온 것입니다." 총장은 의아해했다. "건물 하나 짓는 데 비용이 얼마나 드는지 아세요? 댁들 같은 분들이 감당할 수준이 아닙니다. 최소한 100만 달러가 넘게 들어요." 부부는 미소를 지으며 말했다. "아, 그래요? 그렇다면 1천만 달러 정도면 대학교 하나를 설립할 수 있겠군요." 그들은 곧 자리를 떴다.

부부는 곧바로 고향인 미국 서부 캘리포니아 팔로알토로 돌아가 대학교를 하나 설립했는데 바로 스탠퍼드대학교다. 외모로만 사람을 판단해 VVIP 고객을 놓친 하버드대학교 총장은 망연자실해 학교 정문에 문구를 써 붙였다. "사람을 외모로 판단하지 마라."

『어린 왕자』에 나오듯 소중한 건 눈으로 볼 수 없다. 마음으로만 볼 수 있다. 화장실 청소하는 태도를 보고 반장을 뽑았던 것, 그 일만큼은 지금까지도 큰 보람으로 남아 있다.

한 번에 두 걸음을 걸을 수 없다

보폭

까치발로 서면 제대로 서 있을 수 없고
보폭을 너무 크게 하면 제대로 걸을 수 없다

企者不立 跨者不行
기자불립 과자불행

나는 운동권 출신이 아니다. 대학 시절 이념 서클에 가입하거나 학생회 간부로 활동한 적이 없기 때문에 조직적으로 시위에 관여하지 않았다. 하지만 시위가 있을 때 과 동기들이나 기숙사 친구들과 함께 어울려 현장에 참여한 적은 더러 있다.

그날도 그랬다. 1980년대 초반 가을쯤으로 기억하는데, 그날 사범대학 동기생 K로부터 "오늘 오후 0시 종로5가 보령약국 근처에서 가투(학교 밖의 길거리에서 벌어지는 시위를 그렇게 불렀다)가 있다."라는 소식을 전해 들었다.

K는 사회주의 계열 정당의 당수를 지낸 아버지 밑에서 자란 탓에 진보적 성향이 강한 친구였는데 대학 신입생 시절 그의 집에 가서 함께 스터디를 하기도 했다. 장 폴 사르트르의 『지식인을 위한 변명』을 읽고 함께 토론하던 기억이 생생하다. 나는 법대에 다니는 기숙사 친구 J와 함께 가투 현장에 나갔고 그곳에서 K를 만났다.

우리 셋은 가투 현장 곳곳을 뛰어다니며 시위에 참여했고, 경찰의 추적을 피해 종로5가 뒷골목에서 배회하다가 시위대가 해산할 때에 맞춰 현장을 떠났다. 그즈음 나는 서울○○교회 부설 야학(고등공민학교)에서 영어 교사를 하고 있었는데 마침 그날 저녁 수업이 있었다.

수업이 끝난 후 K, J와 막걸리를 한잔하기로 했는데 마땅히 아는 식당이 없어 우선은 함께 교회로 갔다. 교회는 종로4가에 위치해 있었고 가투 현장에서 도보로 10여 분밖에 걸리지 않았다. 그런데 평일이라 교회 내 다른 시설들의 문이 모두 닫혀 있어 부득불 수업이 있는 교실 옆 벤치에 앉아 친구들을 기다리게 했다.

주일에는 예배당으로 쓰이는 공간이다 보니 교실은 비교적 널찍했고 양옆에는 벤치들이 죽 늘어서 있었다. 나는 학생들에게 친구들이 수업에 참관하게 된 경위를 설명했고 학생들은 너그럽게도 박수로 그들을 맞았다.

학생들의 양해를 구하긴 했지만 그것이 결국은 사단을 일으켰다. 당시만 해도 영어 수업이 주로 문법 위주여서 그날도 나는 문장의 5형식 구조에 대해 칠판에 판서를 해가며 열심히 설명을 했다.

그런데 그때 갑자기 J가 벌떡 일어나 앞으로 나오더니 말했다. "그렇게 설명하면 학생들이 이해하기가 어려울 것 같다." 그러면서 내 손에서 분필을 뺏어 쥐더니 제 나름대로 설명을 해나갔다. 황당했지만 순간적으로 일어난 일이다 보니 나는 친구를 제어할 틈이 없었고 졸지에 수업 진행 교사는 P에서 J로 바뀌었다.

문제는 거기서 끝나지 않았다. 이번에는 K가 나섰다. J의 설명이 미흡하다고 생각했던지 K는 "그보다는 이렇게 설명하는 게 낫지."라고 말하면서 교단 앞으로 나왔다. 그리고는 J에게서 분필을 뺏어 쥐더니 10여 분 넘게 수업을 진행했다. 수업 진행 교사는 P에서 J로, 다시 J에서 K로 바뀌었다.

소용돌이가 지나간 후 수업 교사는 다시 P로 바뀌었지만 돌이켜보면 참으로 황망하기 그지없는 일이다. 제 잘난 맛에 살아가는 서울대 학생들의 수업 쿠데타였다. 공부에선 한가닥 하는 친구들 탓도 있었지만 그 상황을 제대로 통제하지 못한 내 책임이 가장 컸다. '내가 이렇게 잘난 친구들을 뒀다.'라는 내 심리적 치기가 한몫했음을 부인하기도 어려웠다. 일부 학생들이 눈살을 찌푸리는 건 당연했다.

며칠 뒤 나는 호된 대가를 치렀다. 학생들의 불만 섞인 민원이 야학의 교장을 맡고 있던 선배에게 전달되었고, 그 선배가 나를 부르더니 대뜸 구둣발로 내 정강이를 걷어차며 말했다. "애들 장난하냐? 학교가 무슨 놀이터야?"

그 말에 나는 깊이 고개를 숙였다. 입이 열 개라도 할 말이 없었다. 요즘 같으면 인사위원회에 회부되어 징계를 받고 심할 경우 강단에서 퇴출될 수도 있을 정도의 큰 사건이었기에 나는 선배의 질책을 달게 받았다.

그다음 수업 시간에 나는 학생들에게 정중하게 사과했고, 학생들은 이번에도 너그럽게 내 허물을 덮어줬다. 그렇게 사건이 마무리되었지만 내 기억 속에 남은 부끄러운 상처는 잊히지 않는다.

노자는 말한다.

"까치발로 서면 제대로 서 있을 수 없고 보폭을 너무 크게 하면
제대로 걸을 수 없다. 스스로를 드러내려는 사람은 밝지 않고
스스로를 내세우는 사람은 도드라지지 않는다."

企者不立(기자불립) 跨者不行(과자불행) 自見者不明(자견자불명)
自是者不彰(자시자불창)

_『도덕경』 24장

친구들과 나는 스스로를 드러내려 했다. 학생들의 보폭을 넓혀주려는 선한 의도를 가지고 있었지만 방법과 절차에서 한참 잘못되었다. 지나치게 드러내려는 마음을 앞세우다 보니 지혜롭게 처신하지 못했고 학교와 학생들에게 폐를 끼치는 꼴이 되었다.

무리하게 보폭을 넓히다가
죽음을 맞은 파홈 이야기

즐겨 읽는 레프 톨스토이 단편집에 「사람에게는 얼마나 많은 땅이 필요한가」라는 소설이 실려 있다. 자못 교훈적이고 꼭지 주제와 관련해 많은 걸 생각하게 하는 작품이라 간추려 소개한다.

어느 날 도시에 사는 언니가 시골에 사는 동생네를 방문한다. 둘은 도시 생활과 시골 생활의 장점에 대해 이야기를 주고받다가 언쟁을 벌인다. 동생의 남편 파홈은 난롯가에서 두 여자의 수다를 듣고 있다가 생각한다. '시골 생활이 낫지. 하지만 문제는 땅이야. 땅만 넉넉하게 있다면 악마도 두렵지 않을 텐데.'

파홈의 이 말이 악마의 귀에 들어갔고, 그 순간부터 악마의 농간이 시작된다. 악마의 기획으로 인간을 시험에 들게 한다는 기본 플롯은 괴테의 『파우스트』나 구약성경 『욥기』와 닮았다.

물론 결말은 다르다. 악마는 파홈의 큰 소리를 듣곤 속으로 외친다. "좋았어. 한판 붙어보자. 내가 너에게 널찍한 땅을 주지. 하지만 그 땅으로 너를 내 손아귀에 넣고 말 테다."

파홈은 조금씩 일군 재산으로 땅을 사 모으기 시작했다. 하지만 땅이 늘어날수록 욕심도 늘어났다. 땅이 예전보다 많이 늘어났지만 그는 결코 만족하지 못했다. 그러던 어느 날 파홈은 인근 마을의 촌장으로부터 귀가 번쩍 뜨이는 제안을 받는다. 1천 루블의 돈을 내놓으면 하루 동안 걷는 땅 전부를 자신의 소유로 해준다는 내용이었다. 파홈은 마침내 꿈을 이루게 되었다며 밤잠을 설친다.

다음 날 일찍 일어나 촌장의 모자에 1천 루블을 던진 후 앞을 향해 나아간다. 떠나는 파홈을 향해 촌장은 말한다. "잊지 마시오. 해가 지기 전까지 당신이 출발한 이 장소로 돌아와야 하오. 그렇지 않을 경우 당신은 단 한 평의 땅도 가질 수 없고 당신이 내놓은 1천 루블은 내 차지가 되오." 파홈은 대꾸한다. "적당한 지점에서 발걸음을 돌리면 해가 지기 전까지 이곳에 당도하는 건 식은 죽 먹기지요."

하지만 그건 결코 식은 죽 먹기가 아니었다. 눈앞에 펼쳐진 기름진 땅을 보는 순간 파홈에겐 걷잡을 수 없는 욕심이 생겨났다. 걷는 만큼 자신의 땅이 된다는 조건이었기에 '한 걸음만 더, 한 걸음만 더' 하는 마음이 생겼고, 결국 발걸음을 돌릴 타이밍을 놓치고 말았다. 늦었다는 생각에 파홈은 뛰다시피 걸음을 재촉했지만, 그 때문에 체력이 고갈되어 마지막 순간 숨을 거두고 말았다.

소설의 마지막 문장이 두고두고 머리를 떠나지 않는다. "파홈은 피를 토하면서 숨을 거두었다. 하인은 삽을 들고 파홈의 머리에서 발끝까지 길이에 맞춰 무덤을 파고 그를 묻었다. 파홈이 차지한 땅은 3아르신(약 210cm)이 전부였다." 2미터 남짓한 땅을 차지하기 위해 아등바등 하다가 생을 마감한 파홈. 우리 삶도 파홈과 크게 다르지 않다. 보폭을 줄이고, 욕심을 줄이고, 천천히 살아가야 한다.

극단에 이르면 다시 돌아온다

회귀

되돌아감이 도의 움직임이고
약함이 도의 쓰임이다

反者道之動 弱者道之用
반자도지동 약자도지용

　원고가 막바지에 이르렀다. 시작이 있으면 끝이 있는 게 인생인
지라 언젠가는 마지막 장을 쓸 것이라 여기며 부지런히 달려왔는데,
막상 끝이라 생각하니 감회가 새롭다.

　박경리는 『토지』의 들머리 글에서 서문 쓰는 게 가장 어렵다고 토
로했는데 내 경우 마지막 장을 쓰는 게 가장 어렵다. 그동안 하루에
한 꼭지를 쓰는 속도로 달려왔는데, 마지막 장을 쓰는 데는 여러 날
을 허비했다. 결승 테이프를 끊는 심정으로 좀 더 단단하게, 좀 더 알
차게 글을 마무리하고픈 욕심이 앞서기 때문일까?

이런저런 생각에 몸을 뒤척이다가 결국 생각이 미친 게 『주역』이다. 『주역』이나 명리학에 대해선 앞서 간간이 언급했기에 조금 식상한 느낌이 든다. 하지만 노자 사상과 관련한 책의 마무리로는 이보다 더 알찬 게 없겠다 싶어 다시 꺼내 들기로 한다.

『주역』에 의하면 시작은 끝이고 끝은 또 다른 시작이다. 세상에는 출발선도 없고 종착역도 없다. 시공간이 하나로 통합되어 있는 것으로 보기 때문에 『주역』에는 시간이나 공간의 분리라는 개념이 없다.

노자와 장자의 사상 구조도 다르지 않다. 음과 양, 0과 1, 빛과 어둠, 남자와 여자가 분리되어 있다는 생각은 서구식 전통이고 동양사상의 양대 축 가운데 하나인 노장주(老莊周)에선 그들을 상호보완적인 존재, 서로가 서로의 꼬리를 물고 있는 통합된 존재로 인식한다.

이런 생각을 가장 잘 엿볼 수 있는 게 『주역』 괘의 배치다. 『주역』은 64괘로 이뤄져 있고 첫 번째 괘가 중천건괘, 마지막 괘가 화수미제괘다. 중천건괘 다음에는 중지곤괘, 화수미제괘 바로 앞에는 수화기제괘다.

중천건괘와 중지곤괘는 시간과 공간의 창조를 의미하고, 수화기제괘는 만물의 완결을 뜻한다. 재밌는 건 수화기제괘 바로 뒤, 즉 『주역』의 결승 지점에 화수미제괘를 배치했다는 사실이다. 화수미제는 말 그대로 미제, 즉 미완성을 뜻한다. 강을 다 건넌 여우가 강물에 꼬리를 적신다는 유명한 구절이 화수미제괘 효사에 나온다.

화수미제괘는 불을 뜻하는 이(離)괘가 위에 놓여 있고 물을 뜻하는 감(坎)괘가 아래에 놓인 모양의 복합괘인데, 불은 속성상 위로 올라가고 물은 아래로 내려간다. 그렇기에 서로가 접점을 찾지 못하고 제 갈길을 가는 상황을 묘사하고 있는 게 화수미제괘다. 둘은 영원히 만나지 못하고 문제는 미제(未濟) 상태로 남는다.

바로 앞에 있는 『주역』의 63번째 괘인 수화기제괘는 반대 상황을 묘사한다. 물을 상징하는 감괘가 위에 놓여 있고 불을 상징하는 이괘가 아래에 놓여 있는 복합괘가 수화기제괘인데, 위에 있는 물은 밑으로 내려가고 아래에 있는 불은 위로 올라가므로 둘은 서로 만나 물리적 속성에 따라 불이 꺼진다.

상반되는 속성을 가진 두 개체가 만나 하나 되어 일이 종료되는 상황을 의미하는 괘가 수화기제괘인 것이다. 그래서 완결, 완성, 종료를 뜻하는 기제(旣濟)가 괘 이름으로 쓰였다.

『주역』의 화자는 왜 수화기제괘 뒤에 화수미제괘를 배치했을까? 상식적으로 보면 일의 마무리, 종결을 뜻하는 수화기제괘를 64번째에 배치하는 게 자연스러운데 『주역』에선 그 순서를 뒤집어 놓고 있다. 왜 그럴까?

이유는 간단하다. 만물은 고정되어 있지 않고 끊임없이 순환하기 때문이다. 봄이 가면 여름이 오고 여름이 가면 가을이 오고 가을이 가면 겨울이 온다. 겨울이 가면 또 다른 봄이 온다. 그렇다고 봄을 시작이라 말하고 겨울을 끝이라고 말할 순 없다. 순환 고리에서 보면 봄이 끝일 수도 있고 겨울이 시작일 수도 있다.

삶에서의 시작과 끝이라는 것도 그렇다. 우주 만물의 이치에 기대 생각해보면 반환점을 돈 지금의 내 인생은 새로운 시작이다.

노자는 말한다.

"되돌아감이 도의 움직임이다. 약함이 도의 쓰임이다. 천하 만물은 유에서 생겨나고 유는 무에서 생겨난다."

反者道之動(반자도지동) 弱者道之用(약자도지용) 天下萬物生於有(천하만물생어유) 有生於無(유생어무)

_『도덕경』40장

산책길에서 귀를 시끄럽게 하던 매미의 부재가 새삼 아쉬워진다. 매미가 사라질 때쯤 머리에 봇짐을 이고 장사를 떠나셨던 어머니의 모습이 겹쳐진다. 어머니는 늘 내게 "감나무와 고욤나무가 붉게 물들면 다시 돌아온다."라는 말씀을 남기고 떠나셨다. 그렇게 떠난 어머니는 어김없이 다시 돌아오셨고, 그때마다 우리 4남매에게 선물 보따리를 안겨주셨다. 어머니가 사다주셨던 엿가락처럼 시간이라는 걸 길게 늘여놓고 보면 내게 어머니의 존재와 부재는 하나였던 셈이다. 떠난 자리는 다시 돌아올 자리였고, 돌아온 자리는 또다시 떠날 자리였기에 만남과 이별, 가고 오는 행위들은 하나였다.

매미와 어머니의 삶,
검소하고, 간소하고, 소박하게

어머니의 시간이 내게도 다가오고 있다. 육십의 나이와 구십의 나이 사이에는 30년이라는 간극이 존재하지만, 그리 긴 시간이라고 말할 자신은 없다. 잠시 눈을 감았다가 뜨는 사이에 어머니의 나이에 도달할 수 있다.

7년을 땅속에서 지내다가 성충이 되어 세상에 나온 후 열흘의 짧은 시간을 살다가 생을 마감하는 매미처럼, 내게도 연필 한 도막 같은 짤막한 시간만이 주어져 있을지 모른다. 인생 후반전에 주어진 시간을 귀하게 여기며 열심히 살아가야 할 이유가 거기 있다.

매미는 세상을 하직하기 전에 짝을 찾고자 최선을 다해 운다. 매미의 울음은 곧 매미의 삶이다. 매미는 삶에 집중하기 위해 군더더기들을 모두 버린다. 남이 지어 놓은 식량을 한 톨도 건드리지 않고 수액과 이슬만 먹는다. 집에 대한 욕심도 없다. 나뭇가지 하나에만 의지한 채 청빈하게 살다 간다.

어머니도 그렇게 사셨다. 매미처럼 검소하게, 소박하게 사셨다. 구십이 넘은 연세에 치매로 요양원에 계시지만 지금도 내겐 풀 한 포기, 쌀 한 톨을 귀하게 여기시던 검소한 어머니로 남아 있다. 산책길에서 민들레와 제비꽃, 강아지풀을 볼 때마다 어머니를 떠올리는 것도 그 때문이다.

어머니는 세 살 난 손녀를 등에 업고 엄마 오나 가보자며 학교에 간 아내를 마중하고자 낙성대 비탈길을 올라가시던 모습으로도 남아 있다. 어머니는 술, 담배, 화투 같은 데는 일체 손을 대지 않으셨고 오직 당신 삶의 존재 이유인 손녀 사랑에만 에너지를 쏟으셨다.

두 딸아이를 맡아 길러주셨던 어머니이기에 다른 기억들이 다 소실된 지금도 "○○이, ○○이" 하면서 아이들의 이름을 부르신다. 못내 안타깝고 고맙고 죄송스럽다.

내가 인생 후반전의 삶을 단순하고 간소하게 살려고 마음먹고 있는 건 내 존재의 모태인 어머니에 대한 그리움 때문이기도 하다. 매미처럼, 어머니처럼 삶의 군더더기들을 모두 내려놓고 본질에만 집중하며 살아가면, 내게 주어진 시간이 열흘밖에 되지 않는다 해도 후회를 남기지 않을 것 같다.

나는 오늘도 오후 다섯 시에 식물원 산책길에 나선다. 간소한 삶의 출발선이기 때문이다. 산책길에 그 많던 매미들은 곧 자취를 감추지만 그들이 남기고 떠난 울음소리는 여전히 내 귓전을 울린다.

주어진 삶을 나아가게 하는 노자의 지혜

"50년을 살아보니 49년이 후회더라."

行年五十(행년오십) 而知四十九年非(이지사십구년비)

지난겨울 『회남자』를 다시 읽었는데 이 구절을 발견하고 울컥했다. 내 삶이 그랬다. 돌아보니 후회 투성이다. 어린 시절에는 뭘 몰라 이런저런 실수를 했고, 젊은 날에는 끓어오르는 열정을 주체할 수 없어 수시로 넘어졌다. 장년이라고 후회를 남기지 않고 매끄럽게 일을 잘 처리했던 것도 아니다. 지혜가 한 뼘 더 자랐지만 발걸음이 더디고 몸이 무거워 실족하는 경우가 잦았다. 육십 고개를 넘어선 지금은 그 가지 수가 더 늘어났다.

본문 50가지의 꼭지들 외에도 내겐 또 한 보따리의 반성문이 남아 있다. 그들을 다시 풀어낼 즈음 내 육신의 수고를 조금이라도 덜고자 몇 가지를 더 기록해두려 한다.

이로써 진단과 성찰의 기준점을 삼는다면 훗날의 작업이 한결 수월할 것이고 무엇보다 내 입에 마개를 씌움으로써 변명의 여지를 남기지 않으려 한다.

가장 큰 소망은 산책자로서 내 정체성을 지키는 것이다. 아내의 바람대로 전원생활을 하기 위해 마곡지구를 떠나면 식물원 산책이 불가능해진다. 하지만 그때도 나는 산책을 멈추지 않을 것이다.

어느 곳에서 살아가던지 내가 걸을 길은 있을 것이고 길이 있는 한 나는 걸음을 멈추지 않을 것이다. 그 길이 내겐 도를 향해 가는 여정이기에 한순간도 멈추고 싶지 않다. 위대한 산책자였던 루소와 발저를 기억하며 육신의 여건이 허락하는 한 걷고 또 걸을 것이다.

지구를 두 바퀴 혹은 세 바퀴 걸을 정도의 걸음 수가 쌓이면 내 남은 인생에도 종지부를 찍을 날이 올 것이다. 그 순간까지 산책자이고 싶다. 햇살이 따스하게 내리쬐는 날 어느 호젓한 시골길을 걷다가 품이 넓은 팽나무에 등을 기댄 채 숨을 거두는 모습을 상상한다.

나는 검소한 산책자이고 싶다. 소지품이 가벼워야 발걸음도 가볍다. 두고 떠날 것들이 많으면 쉬 발걸음이 떨어지지 않을 테니까 우선은 내 소유물들을 비워야겠다. 지난 10년간 틈나는 대로 비운다고 비웠지만 여전히 내겐 소유물들이 많다.

옷장에는 계절별로 입을 옷들로 가득 차 있고, 책꽂이의 책들도 하나둘 늘어나고 있다. 가랑비에 속옷 젖는 줄 모른다는 속담처럼 조금씩 쟁이다 보니 어느새 새로운 짐들이 되었다. 죽는 순간 머리맡에 『월든』 한 권만 달랑 남겼다는 법정 스님처럼 틈나는 대로 책꽂이를 비워야겠다.

내 집에 황금송아지가 있다 해도 그걸 들고 산책할 순 없는 노릇이다. 검소한 산책자에게 재물은 발걸음을 무겁게 하는 짐이 될 뿐이다. 그러니 그런 것들은 추구할 만한 대상이 아니다. 혹시 내가 집을 비운 사이 도둑이 들어 훔쳐가면 어쩌나 하는 불안감만 가중시킬 테니 차라리 없는 편이 낫다.

나는 비겁한 산책자가 되고 싶지 않다. 길을 가다가 돌부리에 채여 넘어져도 돌부리를 원망하진 않을 것이다. 실족한 내 다리를 내려다보며 나를 반성할 것이며, 앞으로는 좀 더 사려 깊게 걷기로 마음먹을 것이다.

남 탓이라고 생각하면 우산 위의 눈도 무겁고 내 탓이라고 여기면 등짐으로 짊어진 무쇠도 가벼운 법이다. '네 탓이오'를 '내 탓이오'로 바꾸면 짐의 무게를 확 줄일 수 있다.

간단한 마음의 법칙을 두고 그렇게 살지 못했다. "당신이 자꾸 내 발목을 잡으니까 내가 발전이 없지."라며 아내의 마음을 아프게 했고, "조금만 더 밀어줬으면 내 입지가 더 넓어졌을 텐데."라며 아버지와 어머니의 가슴에 대못을 박았다. 자식들도 그렇다. "니들이 아빠 심정을 아니?"라는 질책성 말로 언성을 높여 아이들을 힘들게 했다.

남편으로서, 자식으로서, 아빠로서 더 이상 '네 탓'을 하는 비겁한 사람이 되고 싶지 않다. 모두 내 짐으로 여기고 한 걸음씩 차근차근 걸어가고 싶다.

마르쿠스 아우렐리우스의 『명상록』은 이렇게 시작한다. "할아버지 덕분에 나는 순하고 착한 마음씨를 가졌다." "아버지 덕분에 나는 겸손하고 남자다운 기백을 가졌다." "어머니 덕분에 나는 검소한 생활방식을 몸에 익혔다." "외증조부 덕분에 나는 훌륭한 교육을 받았다." "개인교사 덕분에 나는 적은 것에 만족하고 내 일은 내가 하고 남의 일에 함부로 끼어들지 않고 중상모략에 귀 기울이지 않는다."

그 뒤로 1장이 끝날 때까지 이런 말들이 계속 이어진다. "디오그네토스 덕분에 나는 솔직한 비판을 참고 견디고 철학과 친숙해지는 법을 배웠다." "루스티쿠스 덕분에 내 성격을 바로잡아 고쳐야 한다는 것을 깨달았다." "아폴로니우스 덕분에 나는 자유롭게 사고하는 방법을 배웠다." "섹스토스 덕분에 나는 순리대로 사는 게 어떤 것이며 가장이 다스리는 가정의 본보기가 어떤 것인지를 배웠다."

"알렉산드로스 덕분에" "프론토 덕분에" "카툴로스 덕분에" 로마 제국의 황제였던 그는 지나온 삶을 돌아보며 가장 먼저 자신을 키워준 주변 인물들에게 감사 인사를 건네고 있다. 예전에는 몰랐는데 최근 다시 읽으며 새로운 관점을 발견했다.

덕분에 나도 내 삶을 새롭게 돌아본다. 돌아보니 온통 감사할 것들 투성이다. 아내 덕분에 감정을 조절하는 법을 배웠고, 부모님 덕분에 대학에서 좋은 교육을 받을 수 있었다. 아이들 덕분에 삶을 살아갈 수 있는 희망과 용기를 얻었다.

그 외에도 감사할 일들로 넘친다. 친구들, 선생님들, 직장 상사와 동료들, 대학에서 함께 일한 교수들, 교회 선후배들, 제자들, 외할머니와 외삼촌, 누님들과 동생… 손으로 이루 꼽을 수 없을 정도로 "덕분에"라고 말해야 할 사람들이 많다.

마르쿠스 아우렐리우스가 『명상록』에서 말하고 있는 것처럼 책에서 간접적으로 만난 이들까지 고려하면 그 범위는 더 늘어난다. 법정 스님과 류시화 시인, 노자와 장자, 정약용, 호메로스, 칸트, 톨스토이와 헤세, 프로이트와 융 등 그들 덕분에 오늘의 내가 있고, 내 인격이 성장하고, 성정이 단단해지고, 삶이 풍요로워졌다. 인생 후반전에는 "때문에"를 버리고 "덕분에"를 입에 딱 붙이고 살아야겠다.

정약용은 『자찬묘지명』에서 이렇게 썼다. "내 나이 예순, 한 갑자를 다시 만난 시간을 견뎠다. 나의 삶은 모두 그르침에 대한 뉘우침으로 지낸 세월이었다. 이제 지난날을 거둬 정리하고 다시 시작하고자 한다. 이제부터 빈틈없이 나를 닦고 실천하고 내 본분을 돌아보며 내게 주어진 삶을 다시 나아가고자 한다."

내 심정을 이렇게 잘 묘사한 글이 또 있을까 싶다.

예순을 넘은 나이, 한 갑자를 다시 만나 새로운 여정을 시작한 지금 지난날을 돌아보며 반성하고 주어진 삶을 다시 나아가고자 하는 마음을 이 책에 담았다.

노자의 어깨에 기대는 가벼운 마음으로 책을 쓰기 시작했는데 마지막에 조금 무거워진 느낌이다. 각자 짊어진 삶의 무게가 결코 가볍지 않기 때문일 것이다.

다산의 글이 내게 맑은 거울이 되었듯 내 글이 인생길을 가다가 지친 누군가에게 한 모금의 생수가 되었으면 하는 바람을 전하며 글을 맺는다.

인생 오십, 노자 오십훈

1.

빈손으로 왔다가 빈손으로 가는 인생, 소유에 집착하지 마라.

생이불유(生而不有) 위이불시(爲而不恃)

2.

너무 꽉 채우려 하지 마라, 조금은 빈틈이 있어야 아름답다.

허이불굴(虛而不屈) 동이유출(動而愈出)

3.

말을 잘하는 것보다 침묵하는 법부터 먼저 배워라.

다언삭궁(多言數窮) 불여수중(不如守中)

4.

앞서고자 하면 그 몸을 반드시 뒤에 둔다.

후기신선(後其身先) 외기신존(外其身存)

5.

겸손한 사람을 당할 자는 세상에 아무도 없다.

상선약수(上善若水) 수선리만물이부쟁(水善利萬物而不爭)

6.

가졌으면 더 채우려 하지 마라, 필요한 건 하나로도 족하다.

지이영지(持而盈之) 불여기이(不如其已)

7.

집안의 금송아지는 근심만 키울 뿐이다.

금옥만당(金玉滿堂) 막지능수(莫之能守)

8.

부귀를 누리면서 교만하면 스스로에게 허물을 남긴다.

부귀이교(富貴而驕) 자유기구(自遺其咎)

9.

공을 세운 후에는 몸을 뒤로 물려라, 그것이 하늘의 도다.

공수신퇴(功遂身退) 천지도(天之道)

10.

어린아이의 마음을 가져야 천국에 갈 수 있다.

전기치유(專氣致柔) 능영아호(能嬰兒乎)

11.

있음이 이로운 건 없음의 쓸모가 있기 때문이다.

유지이위리(有之以爲利) 무지이위용(無之以爲用)

12.

구하기 어려운 물건이 사람의 행동을 방자하게 만든다.

난득지화(難得之貨) 사인지행방(使人之行妨)

13.

총애를 받아도 욕을 당해도 늘 자신을 돌아보라.

총욕약경(寵辱若驚) 귀대환약신(貴大患若身)

14.

나 이외에 다른 신을 섬기지 마라.

귀신천하(貴身天下) 가탁천하(可託天下)

15.

흘러간 시간에 집착하지 마라, 오늘이 최고의 선물이다.

집고지도(執古之道) 이어금지유(以御今之有)

16.

꺼진 불도 다시 보고 돌다리도 두들겨보고 건너라.

약동섭천(若冬涉川) 약외사린(若畏四隣)

17.

흙탕물 휘젓지 마라, 가만두면 절로 맑아진다.

숙능탁이(孰能濁以) 정지서청(靜之徐淸)

18.

화려한 꽃도 언젠가는 시든다, 근본으로 귀의하라.

부물예예(夫物芸芸) 각복귀기근(各復歸其根)

19.

우선 네 자신을 믿어라, 그래야 남들도 너를 믿는다.

신부족언(信不足焉) 유불신언(有不信焉)

20.

화목한 가정에는 효자가 없다.

육친불화(六親不和) 유효자(有孝慈)

21.

참된 진리를 깨우치려면 성스러움과 지혜를 버려라.

절성기지(絶聖棄智) 민리백배(民利百倍)

22.

사사로운 욕심을 버리고 검소하게 소박하게 살아라.

견소포박(見素抱樸) 소사과욕(少私寡欲)

23.

남들에게 어리숙해 보여도 나답게 사는 게 최고다.

속인소소(俗人昭昭) 아독혼혼(我獨昏昏)

24.

우물이 깊을수록 물맛이 좋다, 부지런히 내공을 길러라.

공덕지용(孔德之容) 기정심진(其精甚眞)

25.

시작이 반이다, 우선 하나부터 해라.

성인포일(聖人抱一) 위천하식(爲天下式)

26.

꽃향기가 진하면 나비가 모인다, 굳이 뽐내려 하지 마라.

부자견고명(不自見故明) 부자시고창(不自是故彰)

27.

아무리 큰 역경과 고난도 언젠가는 지나간다.

표풍부종조(飄風不終朝) 취우부종일(驟雨不終日)

28.

욕심이 과하면 가랑이가 찢어진다.

기자불립(企者不立) 과자불행(跨者不行)

29.

불필요한 삶의 군더더기는 과감하게 덜어내라.

기재도야(其在道也) 여식췌행(餘食贅行)

30.

구름에 달 가듯 자연의 순리에 맞춰 살아라.

천법도(天法道) 도법자연(道法自然)

31.

삶의 무게를 담담하게 견뎌라.

경즉실본(輕卽失本) 조즉실군(躁卽失君)

32.

화려한 불꽃놀이에 한눈팔지 마라.

수유영관(雖有榮觀) 연처초연(燕處超然)

33.

잘 걷는 사람은 자취를 남기지 않는다.

선행무철적(善行無轍迹) 선언무하적(善言無瑕謫)

34.

영광된 날을 기억하되 오욕의 역사도 잊지 마라.

지기영(知其榮) 수기욕(守其辱)

35.

통나무처럼 순수하고 수수하던 시절로 돌아가라.

복귀어박(復歸於樸) 대제불할(大制不割)

36.

하고자 하면 실패하고 잡고자 하면 잃는다.

위자패지(爲者敗之) 집자실지(執者失之)

37.

극단으로 치닫지 마라, 극단은 도가 아니다.

물장즉로(物壯卽老) 시위부도(是謂不道)

38.

승리는 담담하게 즐기되 미화하지 마라.

염담위상(恬淡爲上) 승이불미(勝而不美)

39.

이름을 얻은 후에는 멈춰야 위태롭지 않다.

명역기유(名亦旣有) 지지가이불태(知止可以不殆)

40.

자신을 아는 사람이 밝고 자신을 이기는 사람이 강하다.

자지자명(自知者明) 자승자강(自勝者强)

41.

없애려면 먼저 흥하게 하고 빼앗으려면 먼저 줘라.

장욕폐지(將欲廢之) 필고흥지(必固興之)

42.

귀한 건 천한 것을 근본으로 삼는다.

귀이천위본(貴以賤爲本) 고이하위기(高以下爲基)

43.

큰 그릇은 늦게 만들어지고 큰 소리는 잘 들리지 않는다.

대기만성(大器晚成) 대음희성(大音希聲)

44.

만족할 줄 알아야 욕을 당하지 아니하고 오래간다.

지족불욕(知足不辱) 가이장구(可以長久)

45.

학문은 날마다 보태고 도는 날마다 덜어낸다.

위학일익(爲學日益) 위도일손(爲道日損)

46.

뿌리 깊은 나무는 바람에 흔들리지 않는다.

선건자불발(善建者不拔) 선포자불탈(善抱者不脫)

47.

아는 사람은 말하지 않고 말하는 사람은 알지 못한다.

지자불언(知者不言) 언자부지(言者不知)

48.

어려운 일은 쉬울 때 도모하고 큰일은 작을 때 시작한다.

도난어기이(圖難於其易) 위대어기세(爲大於其細)

49.

잘 싸우는 사람은 성내지 않고 무공을 드러내지 않는다.

선전자불로(善戰者不怒) 선위자불무(善爲者不武)

50.

자연은 말수가 적고 바른말은 거꾸로 들린다.

희언자연(希言自然) 정언약반(正言若反)

오십에 읽는 노자

초판 1쇄 발행 2023년 3월 21일
초판 3쇄 발행 2024년 2월 6일

지은이 | 박영규
펴낸곳 | 원앤원북스
펴낸이 | 오운영
경영총괄 | 박종명
편집 | 김형욱 최윤정 이광민 김슬기
디자인 | 윤지예 이영재
마케팅 | 문준영 이지은 박미애
디지털콘텐츠 | 안태정
등록번호 | 제2018-000146호(2018년 1월 23일)
주소 | 04091 서울시 마포구 토정로 222 한국출판콘텐츠센터 319호(신수동)
전화 | (02)719-7735   팩스 | (02)719-7736
이메일 | onobooks2018@naver.com   블로그 | blog.naver.com/onobooks2018

값 | 18,000원
ISBN 979-11-7043-393-4 03150